怪异鬼才——三岛由纪夫

唐月梅 著

九州出版社
JIUZHOUPRESS

图书在版编目（CIP）数据

怪异鬼才——三岛由纪夫 / 唐月梅著. —北京：九州出版社，2014.6

ISBN 978-7-5108-3037-2

Ⅰ.①怪… Ⅱ.①唐… Ⅲ.①三岛由纪夫（1925～1970）—传记 Ⅳ.①K833.135.6

中国版本图书馆CIP数据核字（2014）第127667号

怪异鬼才——三岛由纪夫

作　　者　唐月梅　著
出版发行　九州出版社
出 版 人　黄宪华
地　　址　北京市西城区阜外大街甲35号(100037)
发行电话　(010）68992190/3/5/6
网　　址　www.jiuzhoupress.com
电子信箱　jiuzhou@jiuzhoupress.com
印　　刷　三河市中晟雅豪印务有限公司
开　　本　810毫米×1120毫米　32开
印　　张　16
字　　数　250千字
版　　次　2015年3月第1版
印　　次　2015年3月第1次印刷
书　　号　ISBN 978-7-5108-3037-2
定　　价　34.00元

目 录

第一章　奇异一生的开始

一、中落的家世

公元1925年，是日本改朝换代的前夕。大正年代即将宣告结束，次年改元昭和。日本历史翻开了另一页。在这历史的转折时期，1925年元月14日晚上9点，在东京都四谷区永住町（今新宿区四谷）的一家租赁的“犹如陈旧的衣橱般吱吱作响的老房子里”，一个新生婴儿诞生了。这是一座“有假威吓人的铁门、前院和犹如偏僻地区的礼拜堂那么宽阔的洋房，从坡上看是两层，从坡下看是三层。这宅邸给人一种阴暗的感觉，显露一副错综复杂的样子，充溢着盛气凌人的余威。宅内还有许多阴暗的和式平房。”[①]这个四口之家的户主是平冈定太郎。他及夫人夏子，与儿子梓、儿媳倭文重生活

① 《假面自白》，《三岛由纪夫全集》，第3卷，第165页，新潮社1973—1976年版。

在一起。如今平冈家又增添了一口人——这家的第三代人。

这个出生时体重只有2438克、不足两公斤半的婴儿，在问世的第七天，他的祖父平冈定太郎给他命名。不过，与其说是命名，不如说是借用了别人的名字，这种命名法在当时也是不多见的。这个家族有一个不成文的传统命名法，即习惯借用自己的恩人或名人之名，以表达崇敬之情，所以定太郎借用了其大恩人、枢密院顾问、造船界巨头古市公威男爵的名字，给这个新生婴儿取名为“公威”。这一天晚上，定太郎非常欣喜而又庄严地在一家人面前于奉书纸上挥毫，写下刚劲的“平冈公威”四个字，放在方形案上，然后摆置在壁龛里。这个平冈公威就是后来蜚声海内外的日本作家三岛由纪夫。也许是他出生在历史的转折期，也许是他后来当上作家发挥了特异的鬼才，或者两者兼有，一位日本评论家称他是“日本悠久历史的骄子”。

平冈家族原籍兵库县印南郡志方町上富木村，本是富裕农家出身，但从定太郎兄弟一代开始，跻身仕宦。定太郎和兄长万太郎都是毕业于东京帝国大学法学系，曾任律师。1898年，日本成立首届政党内阁，万太郎参加进步党，当上了众议院议员，连任四届。定太郎则进入内务省，从事务官起步，历任栃木县警察部长、广岛县内务部长、宫城县内务部长等职。1905年由大阪府书记官晋升为福岛县知事。三年后获得政友会内阁内务大臣原敬（一说是他的义父）的垂青，破格擢升为桦太厅长官，只身赴任。可以说，平冈定太郎步入仕途后，青云直上，官运亨通。

但是，平冈定太郎就任桦太厅长官第7年的1914年，涉嫌一宗受贿案，被迫引咎辞职。事情据说是：定太郎接受了德国基门斯公司10万日圆的“政治献金”，利用职权私下将某海区内的17个（一说11个）渔场的渔业权和制罐头业权批给了桦太渔业物产会社。平冈定太郎没有中饱私囊，他将这笔款项全部提供给提携过他的原敬作为竞选活动经费。原敬的宿敌大浦兼武利用桦太渔业物产会社的告密，将这件事暴露于世。以这个轰动日本国内外的“基门斯事件”为契机，当时以山本权兵卫为首的政友会内阁宣告倒台，成立了由立宪同志会支持的大隈内阁，要求罢免平冈定太郎等涉案人员的职务，以进一步打击原敬及其所属的政友会一派。为此，平冈定太郎卷进了政友会和立宪同志会的深刻对立和政治斗争的旋涡中，成了替罪羊。结局是，他虽然没有遭到刑罚，却丢了官职。按三岛由纪夫后来在《假面自白》中的说法：“祖父任殖民地长官时发生了疑案，他承担了部下的罪过，引咎辞职。我不是玩弄美丽的辞藻，祖父对人难得糊涂的信赖，可谓到家了。在我的半生中还没见过有谁可以与他相比的。”[①]

平冈定太郎从桦太回到东京，改而从事实业，任南洋

---

① 《全集》，第3卷，第165页。

祖父定太郎与祖母夏子。

拓殖制糖株式会社社长，他本想借此重振家威，不料事与愿违，他的事业连连失败，只好依靠借债、典当、乃至变卖房产度日，最后连兵库县印南郡志方町上富木村的17世纪以来的祖传田地也变卖精光。平冈家从此家道中落。公威后来是这样描述的：“我的家几乎是以哼歌的轻快速度衰落的。负了一大笔债，财产被没收，出卖了房子，随后越加贫困，就像黑暗的冲动，越发燃旺了病态的虚荣。”[①]这是对当时平冈

① 《全集》，第3卷，第165页。

家境况非常形象的概括。

祖母原名永井夏子。永井家与江户幕府首领德川家有姻亲关系。夏子的祖父永井尚志[①]是江户幕府的重臣，官至“若年寄”。这个官职，次于“老中”，直属将军，负有管辖“旗本”武士的职责。他还曾统辖过长崎的海军讲习所和造船钢铁厂，致力于日本海军建设，颇有功绩。当时的海军名将榎本武扬和胜海舟都是出身于他主持的海军讲习所。永井尚志为了拥戴德川第15代将军德川庆喜公爵，亲自率领由武艺高超的警备队——“新选组”下长州，企图调整与长州藩的关系和谋杀无能的幕府执政者。他虽然挺身深入虎穴，但有勇寡谋，这一倒幕计划遭到长州方面的拒绝，以失败而告终。德川庆喜被贬蛰居。永井尚志、榎本武扬直奔箱馆，组织临时政府，抵抗幕府官兵，尚志任箱馆奉行，与榎本武扬一起坚守五棱廓。但最后官兵攻破箱馆城后，他被押回东京，投入狱中。关于这件事，永井家族一直守口如瓶。1872年大赦获释，恢复官职。1876年才辞去元老院权大书记官的职务，隐退归家。永井尚志隐退之后，老来无子，从亲戚家领养了一嗣子。他就是夏子的父亲永井岩之丞。实际上，

① 关于夏子的世家，多数日本评论家如是说，但是《三岛由纪夫资料总集》著者福岛铸郎称，一般将永井尚志说成是永井岩之丞的养父是错误的，永井尚志和永井岩之丞是一个人。永井尚志生于1813年11月，奥殿藩主松平乘尹之子，后来成为旗本永井能登守的养子，通称岩之丞云。

夏子与永井尚志没有直接的血缘关系。岩之丞任大审院大法官，养育了12个子女，乃是一大家族。其宅邸落座东京都下谷上野樱木町，据此他们成立了“樱木会”，后代子孙成家之后，自动成为这个会的会员，所以该组织像滚雪球一样，越滚越大。夏子是长女。据说她幼时患有歇斯底里症，非常任性，双亲无法管教，她10岁上（一说12岁），父亲岩之丞将她寄养在与明治天皇血缘很近的亲王有栖川宫家，学诗习画，接受皇族贵族严格的礼仪教育，度过了5年的岁月。夏子原本受到自家武士家风的教养，如今又接受有栖川宫家的皇家家风的熏陶，这给她幼小的心灵造成相当大的压力，她自觉不自觉地养成一种武士的骄矜和皇族的孤高气质。在她的脑子里，名门意识和家谱的自豪感与日俱增，在性格上，她发展成狷介、自负、顽固、狂躁，具有一种强烈的独占欲。所以，在永井家人的眼里，夏子“是个多么可怕的存在，多么令人嫌恶的存在”[①]。或许由于有了这个痼疾的缘故，或许还因她是永井家的长女，且已是芳龄18，双亲希望她早日出嫁免得耽误她的弟妹成婚的缘由，尽管她并不心甘情愿，也只好下嫁给一个世代农民出身、其时任内务省文书课兼记录课员的小官吏——平冈定太郎。

永井夏子与平冈定太郎结婚之后，从夫改姓平冈，从

① 平冈梓《吾儿三岛由纪夫》，第41页，文艺春秋社1972年版。

此俨如平冈家的户主，拥有绝对权力，以她的武士家风的骄矜，主宰着平冈家，控制着平冈家的每一个人。她生下独子梓不久，患了严重的坐骨神经痛和脑神经痛，更频频间歇性地歇斯底里大发作，“像一股特大的台风，席卷全家的每一个角落，可见全家受害的惨状”[①]。据说夏子十分憎恨定太郎，原因：一是定太郎涉嫌上述的贪污案后，平冈家缘此一蹶不振，家运衰落，走向贫困，毁灭了她出嫁平冈家以来的奢侈生活；一是她患的坐骨神经痛和脑神经痛似乎同定太郎“好酒贪色”染了一身性病不无关系，她受到了精神上和肉体上的双重折磨。她的独子平冈梓在《吾儿三岛由纪夫》一书中曾这样记述：“母亲患了严重的坐骨神经痛，一生非常苦楚，曾听医生悄声地说，这是父亲所为造成的”[②]。公威，即成为作家后的三岛由纪夫在《假面自白》一书中也这样写道：“痼疾脑神经痛，间接而顽固地腐蚀着她的神经，同时也使她的理智增加了无益的明晰度，谁能知道这种持续到弥留之际的发作性狂躁，竟是祖父壮年时代的罪恶的遗物呢？”[③]人们由此推断，夏子的病可能是定太郎的性病传染所致。不仅夏子憎恨定太郎，公威似乎也蔑视他。公威常常有意回避提及他的名字。公威作年谱时谈到上学习院中等科

---

① 《吾儿三岛由纪夫》，第41页。

② 《吾儿三岛由纪夫》，第41页。

③ 《假面自白》，《全集》，第3卷，第165页。

（相当初中）前在祖母身边，入学习院中等科后回到父母身边，就是没有提及祖父；在一些文章中写了祖母的死、妹妹美津子的死，就是没有写祖父的死。如果不说是蔑视祖父的存在的话，至少也是对祖父没有什么特别的感情。他还曾经这样说过："祖父的事业欲、祖母的病及浪费陋习，是一家苦恼的根源。"①

不知是夏子的生理关系，还是定太郎的性病原因，他们婚后翌年生下长子平冈梓之后，就再没有生育了。公威的父亲平冈梓成为平冈家的独生子。

平冈梓与其父平冈定太郎一样，出身于东京帝国大学法学系，获法学士后进入农林省，任事务官而至林业局长（一说是水产局长）。他办事认真，性格忧郁。1942年3月日本偷袭美国珍珠港，发动了太平洋战争以后，他知难勇退，辞去公职，经营一家小公司，维持生计。公威的母亲倭文重，原姓桥，是汉学家、开成中学校长桥健三之次女。倭文重出身书香世家，自幼受到儒教的熏陶，重视伦理道德，喜爱戏剧，颇有文学艺术素养。她禀性恬淡，对世事疏远，有些地方不同凡响。

这，就是平冈公威中落的家世。

① 《假面自白》，《全集》，第3卷，第165页。

父亲梓与母亲倭文重的婚礼纪念照。

二、娇宠的生活

公威呱呱坠地的第49天，就开始过着一种异于一般婴儿的奇异生活。祖母夏子对丈夫定太郎十分憎恨，对儿子梓本来寄予很大的希望。可是儿子梓未能如她希望的成为一个出类拔萃的官僚。她由希望而失望，表示了极大的不满。所以长孙公威出生后，作为祖母的她就把全部希望寄托在这个孙儿身上，并决心由自己亲自教养。于是，公威出生后的第49天，她就以在二楼养育幼婴太危险为借口，将公威从他母亲倭文重的怀里夺了过来，让公威的床与自己的病床并排着，不让公威离开自己的身边一步。她身佩怀表，每隔4小时，准时按动二楼的电铃，让倭文重下楼来怀抱公威喂奶，时间严格限定在10到15分钟之内。有时候，快到喂奶时间，倭文重的奶胀得厉害，心想：公威饿了吧。她多么盼望早点将孩子抱过来，饱饱地喂他一顿，却遭婆婆夏子的拒绝，未能如愿。作为孩子的母亲，倭文重不知暗自哭过多少回，流过多少泪。每天除了喂奶时间，这位母亲压根儿就很少有机会接触自己的孩子，亲亲自己的孩子，享受一下母子天伦之乐。平时，连换尿片、寝具、夜间照料等等，一切的一切都由祖母夏子自己亲自监督女佣来做，将公威完全置于自己的严格管理之下。

倭文重和公威这种不正常的母子关系约莫持续一年之后，倭文重正想向婆婆夏子提出将公威领回自己身边教养的时候，一件意外的事情发生了：一天，这位独占公威的祖母夏子外出观赏歌舞伎，全家人，连六个女佣和学仆终日紧张的神经顿时松弛下来，个个高兴得像过节一样。这时，恰恰就在这时，谁曾料到一直被谨小慎微地看护着的过了一周岁的公威，尾随母亲上二楼，被母亲那拖地的衣服下摆绊住，爬到第三级楼梯不慎骨碌碌地滚落下来。本来阶梯并不

一岁时的平冈公威。

太高，不知怎的竟摔伤了额头，出乎意料地流了许多血。于是家人紧张地一边连忙将他送进附近医院治疗，一边立即给剧场观戏的作为一家的主宰者夏子挂了传呼电话。夏子听到这个消息，急匆匆地从剧场赶回宅邸，脸色刷白，用右手拄着拐杖，支撑着微微颤抖的矮小身躯，伫立在家门口，直勾勾地盯视着出来相迎的儿子梓，用极其沉着的口吻，逐字一板一眼地吐了一句："他已经不行了吗？"梓说："不要紧了。"老人确认孙儿公威平安无事后才松了一口气，迈着不灵便的腿脚跨进屋里来。

这件意外的事，破灭了倭文重领回儿子公威的热切愿望。夏子对公威进行更加严格的管理，雇佣了一名护士专门看管公威。不仅绝对禁止公威上二楼，而且连在一楼自由走动也不容许，母亲倭文重想带孩子到户外吸吸新鲜空气、晒晒太阳就更不用提了。老人整天将公威闭锁在她自己那间"充满令人窒息的病痛和老朽气味的病房里"[1]，无时无刻不将公威置于自己和护士的视线范围之内。

男孩子生性贪玩、好动，公威也不例外。他幼时挥舞着掸子、尺子，到处走动，最爱玩汽车、枪一类男孩子的玩具。可是祖母夏子却不允许，她将这些东西全部收藏起来，而且禁止公威同附近的男孩子们玩，她总让公威玩一般女孩

① 《假面自白》，《全集》，第3卷，第166页。

子玩的东西，后来还特地从街坊精心挑选了三个女孩子，固定地陪伴公威玩折叠纸、搭积木、过家家一类游戏。他最喜欢玩搭积木，爱设法使搭好的积木保持最大的均衡和左右相称，也爱积木的“瓦解崩溃”式的倒塌。据倭文重回忆，“公威这个时候对祖母绝不敢有半点违命，都是默默地、老老实实地服从，看着实在可怜”[①]。有时他也产生一种逆反的心理，常常嚷着要跟女孩子玩打仗的游戏。公威天长日久地扎在女孩子堆里，自己也着上了几分女孩子气，甚至连说话也一派女孩子调了。夏子这样做的理由，一是怜恤孙儿孱弱，跟男孩子玩，容易“出事”或容易学坏；一是她本人坐骨神经痛发作时，屋里稍微发出任何一点响声，譬如开关门扉声、玩具喇叭声、相扑的喧嚣声等噪音，她都忍受不了。特别是剧痛时，连公威跌个屁股蹲儿，发出低沉的声响，她都加以斥责。

1928年2月，公威3岁上，母亲倭文重生下了一女婴，取名多津子。1930年1月，公威5岁时，母亲倭文重又生下一男婴，同样也按照这一家族的命名法，取自其父母的恩人、当时有权势的官僚江木千之的名字叫千之。祖母无意像公威那样，把千之放在自己身边，所以公威的妹妹多津子、弟弟千之就与父母住在一起，而公威则仍留在祖母的病床边。公

① 《吾儿三岛由纪夫》，第46页。

威在这种温室般的环境下成长，受到“过度的保护”，不仅失去了孩子应有的天真与活泼，而且长成一副病弱的身躯，精神和肉体几乎失去了对外界的一切抵抗能力。公威5岁上，即1930年正月初一一大早，人们在喜洋洋地迎接新年的时候，他却患了严重的尿毒症，引起头痛、恶心、抽搐，处在危笃的状态。家人急送医院，由一位主治医师检查。家人挂着一副阴沉的脸，担心地向医师探询病情，这位主治医师简单地回答说：“没救了！”说罢他给公威注射强心剂和葡萄糖。在公威的手臂上已经两个小时摸不着脉搏了。家人以为这回公威算完了，连入殓用的白寿衣和公威平时喜爱的玩具都齐备了，众多亲戚从四面八方赶来守候。千叶医科大学系主任、倭文重的兄长也赶来参加抢救和治疗。约莫过了一个小时，公威排出大量的尿液，这意味着心脏开始跳动了，朦胧的生命之光渐渐地在公威的脸颊上复苏了。“得救了！”“已经没问题了！”全家人放下心头的一块大石头，个个感觉简直像做了一场噩梦。

其后公威的这种病，一个月里或轻或重总要发作一两回。病危不知多少次光顾了他。他本人后来回忆说：当时“我的意识逐渐凭借倾听向我走过来的病魔的脚步声，就能辨出是接近死亡还是远离死亡的疾病”。[①]俗话说，久病成医，公威也成

① 《假面自白》，《全集》，第3卷，第167页。

1930年8月，在桦太丰原神社平冈定太郎铜像前合影。前排左三起为祖父定太郎、公威、祖母夏子、母亲倭文重。

了“病通”了。直至他上小学，这种病才完全治愈。

据说这是孩子在受到过分娇宠、过分保护的情况下，最容易患的病。大概公威总是在脾气暴烈的祖母身边，受到严格的看管，个人没有自由，才会得这种病的吧。

公威患了这种病之后，祖母夏子更加担心，她不仅没有改变致病的“过分娇宠”，反而采取了更多的“过分保护”的措施，不让公威离开自己寸步，连她自己上厕所也要将公威带在身边。同时更严厉地禁止公威外出，不让公威自由地去见自己的父母。每天只让公威回到父母身边半个小时，顶多一个小时，时间一到她就令女佣或学仆把公威唤回来，而且稍微超过片刻，翌日她就不让公威再与父母会面，以示惩罚。公威都5岁了，只有在风和日丽的日子里，她才偶尔让公威与母亲到户外呼吸新鲜空气，晒晒太阳，遇上这样的时候，公威觉得“简直像赴恋人的幽会，留下了快乐与美好”。[①]有一次，母亲出于对孩子的怜惜，在祖母入睡的时候，想悄悄地瞒着祖母出门走走，不料祖母突然醒来，又把公威拉回自己那间光线昏暗、空气混浊的病室。除此之外，她对公威的食物也一一严加管理，制定了许多条条框框，譬如吃鱼，说青白色的鱼容易腐坏，诸如青鱼、沙丁鱼、秋刀鱼等都不让公威吃，只让吃比目鱼、鲳鱼、家鲫鱼等这类白肉的鱼。在吃点心方面，说带馅点心容易馊，只让吃味道清淡的威化饼干或薄脆饼干。吃土豆必须吃经捣碎滤过的土豆泥，水果也只能吃削了皮切成薄片的苹果片和少量蜜柑。有一回，祖母带公威造访大伯父家，伯母称赞他“长大了”，祖母听后很高兴，破例允许他吃了伯母做的菜肴，其中吃了青白色的师鱼，公威就觉得这“意味着赋予我以大人的资格”，自己也像个“男子汉”了，是“一桩值得纪念的事”[②]。

祖母夏子岂止对孙儿公威溺爱，而且对公威与倭文重的

① 《谈谈母亲》，《全集》，补卷1，第197页，新潮社1982年版。

② 《假面自白》，《全集》，第3卷，第181页。

母子之情还产生了一种莫名的嫉妒。公威有什么事，先喊一声“妈妈”，而不是先喊“奶奶”，她就不高兴。公威在她跟前一提起“妈妈”二字，或说“我想到妈妈那儿去”，她就皱起眉头，找种种借口诸如天快黑了、凉了或者快吃饭了等等，禁止公威前去。因此，公威此后在祖母面前尽量不提“妈妈”或不说“到妈妈那儿去”之类的话。5岁上在病痛中呻吟时，呼唤的是“奶奶”，而没有呼喊一声“妈妈”。直至公威上中学后，父母迁居，他才回到父母身边。他与祖母别离时，祖母依依不舍，那种凄凄切切的场面，简直就像一出“新派的悲剧”。祖母在一段很长的日子里，日日夜夜思念公威，独自一人抱着孙儿的照片向隅而泣。她与公威相约每周必须回到她身边留宿一次，如果公威爽约，她的病就会立即发作。所以公威说：“13岁的我，有一个60岁的情深的恋人。”[①]可以说，夏子对孙儿的爱，有一点超越了常轨，近乎一种官能性的反应了。母亲倭文重不无感叹地说：“婆婆从我手里把具有天使般美好心灵的儿子夺走，还把他圈在昏暗的病室里，犹如圈在栅栏里的动物一样。婆婆妒忌我，她把本应冲着我来的矛头无情地刺向可怜的、年幼的孩子。再加上我既不能抵抗又不能逃脱，只能眼巴巴地望着这种情景而深感痛苦。”她还对公威在扭曲的家庭环境下培养起来

① 《全集》，第3卷，第189页。

的性格不无担心地说："在这样的环境下，公威当然得不到普通人的一般教育，他像被揉和的黏土似的，随时都可能变形，可是，我又不得不凝视着这种可怕的现象。这孩子心地善良、天真活泼，难道就让这棵伸展着的、具有可塑性的幼苗被无情地践踏吗？他很可能就在畸形的状态下成长啊！"[①]总之幼年的公威就是这样在祖母夏子这位"守护神"的庇护下，过着娇宠、扭曲的生活，他尝不到童年真正的幸福与快乐。倭文重说："孩子的性格时时刻刻不断地受到扭曲，作为母亲不无担心地睁大眼睛注视着，并感到真正对不起孩子。既然要顺随过去的道德，那么就只好如此，别无他途。只好舍弃孩子，以尽孝心。"[②]"这种异常的生活持续了好几年。我觉得这种环境决定了公威阴暗的一生的命运。"[③]

日本评论家佐伯彰一将平冈公威幼小的处境归纳为"被锁在两三重隔离的状态下。首先是与母亲隔离，其次是与户外自然的隔离，第三是与同年代的游玩伙伴的隔离"。[④]也就是说，祖母夏子将公威完全关在她那间终日门窗紧闭的又暗又潮的病房里。公威就是这样在与世隔绝得"几乎水泄不通"的环境里开始他那奇异的一生。

---

① 倭文重《旧笔记》，转引自吉田和明《三岛由纪夫》，第83页，现代书馆1985年版。

② 《椅子》，《全集》，第6卷，第126页。

③ 《吾儿三岛由纪夫》，第45页。

④ 佐伯彰一《三岛由纪夫评传》，第268页，中央公论文库1988年版。

三、幼年的空幻

"异常儿"公威在祖母夏子施展三重隔离的异常生活条件下，自然地被剥夺了童年所期待的、应有的大部分东西，他不得不脱离一般幼童的常规生活模式，自己另外找一种"自我保护"的生活天地，那就是格外倾向属于自己所有的另一个世界——对绘画、童谣、童话产生一种一般幼童难得有的极其强烈的兴趣。他常常独自一人闭锁在祖母的病房里，用铅笔或钢笔聚精会神地作画，在听母亲讲童话故事时总是全神贯注地倾听，仿佛企图从童话故事里寻求某种在现实世界中得不到的东西。他每每耽溺于无边的梦幻，久而久之无意识地躲避到非现实的世界里。在梦幻的世界、非现实的世界中，显示出他最有个性的事例，莫过于他任意幻想自己诞生时的光景，而且自信十足地硬是认为那时"自己清清楚楚地亲眼看见过初生婴儿洗澡用的澡盆的边缘。那是一个崭新的光亮的树皮盆，从内侧看，盆边放射出微微的亮光。只有这地方的树皮令人耀眼，活像是用黄金制成的。轻轻摇晃，水的舌尖像是舔着那里，却没有舔着。但是，盆边缘下面的水，不知是反射还是阳光照射的缘故，光柔和地映在水面上，看似小小的光波，不断地相互撞击着。"[①]

① 《假面自白》，《全集》，第3卷，第164页。

这个5岁的幼童向家人讲这番话的时候，大人们总是笑他，向他解释说：初生婴儿还没有睁开眼睛呢，就算睁眼了也不可能在自己的记忆里留下什么明确的概念啊。可是公威还是坚持说自己确实曾经目睹过自己诞生时的这种光景。偶尔他在不太熟悉的来客面前讲这番话时，祖母就担心别人会以为他是个白痴，遂即厉声打断他的话，让他到别的地方玩去。但是，他的出生时辰不是白天，而是黑夜，不可能有阳光照射，大人们就戏弄他说："这么说，原来不是阳光，是灯光？"此时，幼年的公威毫无苦恼地将自己的思维推向悖理之中，他认为就算是在黑夜也罢，这盆边不可能没有曝光照射啊！

5岁上，公威已经开始能读画书和绘画写字了。他很爱看童话画集，很爱听童话和童谣，家人购买了不少童话集给他，母亲还特地买了留声机，让他听童谣。他一听就连续听两个小时。由于祖母不许发出任何声响，他只好在祖母不在家的日子里才放留声机。他格外偏爱其中一本童话集的扉页画，有时竟长久地凝眸观赏，足足一个漫长的下午都沉湎在这童话世界的光怪陆离的遐想中。这是一幅法国童话的圣女贞德图。画面上画着圣女贞德骑着白马，头戴护脸罩，凛然地抽出剑伸向蓝色的天空，大肆挥舞。白马张着大鼻孔，怒气冲冲地用它那健壮的前蹄扬起一片尘埃。公威觉得骑士仿佛面对死亡，面对着一个对象，它是某种不吉利的力量正飞向天空。于是他便幻想着骑士的下一瞬间将会被杀掉，于是又对骑士的死作一番美妙的幻想。有一回，他凝神望着这画面，恍恍惚惚地陷入对骑士厮杀场面冥想的时候，护士问他："小少爷，你知道这张画的故事吗？"他说："不知道。"护士告诉他："这个人看上去像个男人吧，其实是个女人。这是个女扮男装上战场为国效劳的故事呐。"公威听罢，不禁愕然："是个女人？！"于是，他莫名地叹道："这个英俊的骑士怎么会不是个男人而是个女人呢！"因为他幼小的心灵里，觉得死是美的，死者必须是个男的，所以他大失所望，涌上一股无以名状的厌恶感。他的幻想猝然地被粉碎了，从此以后他就抛弃了这本童话书，再也不去碰它了。

一本匈牙利童话集的插图也曾长久地掳获过这个幼童的心，引起他一种不可思议的幻想。这幅插图是：一位王子身穿黑色紧身衣裤，左手拿着弓，右手搭在森林中的一棵老树梢上，脸上带着严肃而沉痛的表情，俯视着眼看就要向他袭来的那条龙的血盆大口。这一童话故事是讲这位王子拯救了妹妹，同美貌的女妖王结婚后，经受了七次死的考验，幸亏含在口中的钻石发挥了魔力，他七次死，七次都起死回生，以至享尽成功的幸福和喜悦。他第一次死是被龙咬死，上述的插图就是王子被龙咬死前的光景。其余六次是被蜘蛛咬死、被溺死、被蜜蜂蜇死、被蛇咬死、被扔进布满密密麻麻的大尖刀的深渊里刺死、被犹如大雨般的不计其数的大石头砸死。

公威经常或读或听这个童话故事，甚至阅读和聆听了上百遍。他每次阅读或聆听之后，总幻想着“王子被龙整个嚼碎之后，突然又恢复了原状，并机敏地从龙口跳了出来，身上连一点蹭伤都没有，龙当场就倒下死了”这一段，他觉得有点悖理，却又乐于幻想。他想象着自己也要么被杀害，要么战死的情状。所以他自幼对死的恐惧比别人多一倍，譬如当他欺负了女佣，第二天女佣侍候他吃早餐，他担心女佣会报复，在酱汤里下毒药，就决不伸手去动一下酱汤。

幼年的公威涉猎的童话故事中，有许多人物是公主和王子。但他不喜欢公主，只爱王子，尤其偏爱面临死亡的王子、遭杀害的王子和一切被杀的年轻人。他喜欢安徒生童话《玫瑰妖精》中的一个正在亲吻情人留下的遗物玫瑰时却惨遭坏人刺死的年轻人、王尔德童话《渔夫和美人鱼》中紧抱着美人鱼被冲上海滩的年轻渔夫的尸体。他特别喜欢童话《被杀害的王子》，当他将王子那身紧身衣裤所显露出来的体形，与他残酷的死结合在一起空想的时候，竟然产生一种神秘的快感。

公威被闭锁在祖母的昏暗的病室里，有时候他从笼罩着自己周边的黑暗中，看见了“夜”的幻影，看见了“夜都会”。仿佛还看见“夜”在他的面前打开帷幕，出现了松旭斋天胜的幻觉。天胜那丰满的肢体被五彩缤纷的衣裳包裹着在舞台上悠哉悠哉地向他走将过来。于是天胜就成为他童年最迷恋的幻影。松旭斋天胜是日本近代著名的女魔术师，掌握上千种魔术，占据日本魔术界的宝座。公威第一次观看天胜的表演，眼花缭乱，想象着自己有朝一日也成为天胜，并把天胜的舞台变成自己童年时代的“时间与空间纠纷的舞台”，欲图在这个“舞台”上把自己装扮一番。一天，他潜入母亲的房间，打开衣柜，拽出一件最鲜艳最华丽的和服穿上，将一条红玫瑰花纹腰带层层缠绕在腰间，并用绉绸包袱皮包裹着额头，脸上抹上一层薄薄的白粉，手拿一支棒状的银色手电筒、古色古香的饰金钢笔，以及但凡稀奇的、光彩眩目的东西都统统带上，欣喜若狂地走到祖母房间，一边喊：“我是天胜啊！我就是天胜啊！”一边在屋里跑来跑去。他的狂热，使他目中无人，他把自己的注意力全然集中在自己扮演的天胜角色上。这种意识，使他只看见他自己了。当他的目光与在场的母亲的视线碰撞在一起时，母亲把眼帘耷拉了下来，他理解了，不由得热泪盈眶。为什么呢？或许是因为他由此“领略到置身于爱的目光下的、显得多么不像样的孤独这种教训，同时又从它的反面学会了自身拒绝爱的办法吧？！”[①]最后，女佣制止了他，把他带到另一个房间里，像薅鸡毛似的将他身上的装扮剥个精光。

他在昏暗的病室里，独自穷极无聊之时，就在灯光下

① 《全集》，第3卷，第176页。

将好几本厚厚的、金光闪闪的世界童话集当做建筑材料，按他的想象加以纵横组合，构筑起他想象中的另一个舞台——“宫殿”。“宫殿”的墙壁用的是阿拉伯童话集封面的蔓藤花纹图案，“宫殿”内的地板用的是印度童话集封面的工笔画式地毯图案，“宫殿”上空不封顶，鸟瞰全景，他想象着这个空间是“宫殿”中院，即“神殿”，由于灯光照射的关系，“殿檐”的影子投在中院里，这光和影深深地吸引着这幼童的好奇心。他幻想着“中院”的几何学式的花纹地板被影子覆盖和被光照射的地方，变幻着浓淡的色彩，显出明与暗的反差。于是，他感到灯光就像大白天灿烂的阳光，产生了同样的效果，这种效果仿佛使“宫殿”顿时变成巨大的东西，这使他深感震惊，他还从中发现，它甚至拥有与太阳的尺寸相适应的那么巨大的现实性。幼年的公威就是这样以自己的独特方式观察着现实与幻想的变换，任凭遐想驰骋，遨游于他稚幼的幻想世界。

除了闭锁在屋内独自陷入空幻之外，公威不时透过自家的大铁门门扉、墙缝，窥视屋外的世界。他经常从墙板缝里窥视邻居同龄的男孩子玩打仗、相扑、摔跤和拍球取乐，异常热闹，这与自己单调的禁锢生活相比，简直就像另一个世界。他不可思议之余，通过这些孩子的现实，想象着并企图设法理解这些孩子所拥有的小天地。他对拥有孩子的小天地的同龄人十分羡慕，也很妒忌，进而对自己的境况感到苦闷、忧郁与哀愁。

快上小学的一个早春日子里，母亲倭文重带他上表妹家串门，他觉得他仿佛夺回了自己的小天地，享受到比在家里多数倍的自由，像久关在笼里的小鸡，一经走出鸡笼，就在院子里欢蹦乱跳似的，他竟和两个表妹玩起男孩子的打仗游戏来。他们四下跑来跑去，嘴里发出模仿机枪的啪啪啪的声音。公威装扮成被杀的王子，突然间跑上客厅，捂住胸口，啪嗒一声倒了下去。表妹们吓了一跳，连忙赶上去问道："你怎么啦？"公威说："我战死了呗！"他觉得当他弯曲着身子模仿倒下去时，自己就像处在被击中而死去的状态，心头涌上一股不可言喻的痛快。他就是这样在空幻中将自己变为王子，变为美的死者。上述这些空幻成为他的幼年时代一种强烈的甜蜜的梦想，他常常落入这种自我陶醉之中。

公威从5岁开始，外面的世界给他留下了最初的记忆，客观的某些实际影像给他留下了不可思议的苦恼的记忆，那就是：有一回，家人牵着他爬坡道回家的时候，只见一个头缠肮脏手巾、脸蛋红润漂亮、眼睛炯炯有神的年轻人，肩上挑着担粪桶，脚步稳健地迎面过来。这个掏粪工身穿一条藏青色紧腿裤，把他下半身的轮廓清楚地勾勒了出来，一个东西优美地活动着，他仿佛从这里看到了一种特异的展现。于是他对这条紧身裤，连带对掏粪工及其职业竟产生了一种不可名状的倾倒，在他的小小的脑海里，甚至浮现出"想当掏粪工”的念头。

后来公威本人这样解释说：“所以如此，是因为我对他的职业感到一种极度的悲哀，一种对扭曲身子般的悲哀的憧憬。我从他的职业感受到一种感觉上的‘悲剧式的东西’。从他的职业产生一种‘挺身’的感觉、一种草率的感觉、一种对危险亲近的感觉、一种虚无与活力作惊人地混合的感觉。这些感觉流溢了出来，向5岁的我逼将过来，把我俘虏了。”他还认为这个“最初的值得纪念的影像，不断地威胁着我，使我半生陷进苦恼的境地”。①

不久，公威将同样的感觉、同样的情绪转移到电车司机和地铁检票员的身上。特别是地铁检票员，身处弥漫着橡胶般、薄荷般的气味的地铁站，这种气味与他的绿色制服双排金扣互相结合，就容易促使这个少年联想起“悲剧性的东西”。他“正是通过自己的悲哀，参与到他们当中去的”②。

童年的公威还憧憬过汗臭味儿。有一天，他听见从远而近传来一阵哀切的歌声，便急忙拽着女佣的手，飞也似的跑到大门口，看见一队操练完毕返回营地的士兵，他们身穿肮脏的军服，肩上扛着枪支，踏着沉重的军靴，步伐整齐地从他家门前经过，一阵阵汗臭味儿像一股股炒过黄金似的海岸上海风刮来的潮气向他扑鼻而来。他嗅到了，陶醉了。在

① 《全集》，第3卷，第169—170页。

② 《全集》，第3卷，第169—170页。

他的内心里，这些士兵的职业的悲剧性，这些士兵的死、这些士兵对一切东西的官能上的欲望，渐渐地并且顽固地唤醒了他。这些，诸如圣女贞德、被杀的王子、掏粪工下半身的轮廓、士兵的臭汗味……据公威后来在《假面自白》中解释“……在人生的道路上，我初次遇到的就是这些奇形怪状的幻影。它以着实巧妙而完整的形态，从一开始就站在我的眼前，是一无或缺的。日后我到这里来寻访自己的意识和行动的源泉时，也将是一无或缺的。”

屋内的童话世界和屋外的现实世界交织的这些幻影，执拗地追赶着幼年时代的公威，而追赶他最多的一种“异样性的东西”，是血与死。换句话说，这种无意识的对三重隔离的反抗，使幼年公威的几乎所有空想，从一开始就已含有某些悲剧性，有了某些血与死的幻影。他不可思议地表现出一种热切愿望似的绝望。这些异常的幻影和绝望，后来养成公威一种特殊的嗜欲和浪漫的憧憬。这种嗜欲和憧憬的细胞潜在他体内的文学根底里，构成他的文学生命体。或许可以说它们在公威成为作家三岛由纪夫以后，发挥着运动、营养和繁殖的机能作用吧。

第二章　文学的摇篮

一、读书·恩师清水文雄

1931年4月，6岁的公威按照祖母的意志安排，跨进了学习院的大门，开始他小学的学生生活。

战前的学习院是一所封闭式的贵族学校，是一堵皇室的藩屏，由宫内省直接管辖。学习院分初等科（小学）中等科（初中）和高等科（高中）。学生绝大多数是皇族、华族[①]出身，如果没有特殊身份的介绍人，即使富豪巨贾的子弟，连参加入学考试也无资格，别说平民百姓的子弟了。

平冈家族并非皇族、华族出身，祖母夏子虽然出身武家名门，她本人曾寄养在与明治天皇血缘很近的有栖川宫亲王家，接受过5年严格的贵族礼仪教育，但与皇族、华族毫

① 日本自明治维新后赐给公、侯、伯、子、男爵位的人及其家族，战后废止。

无血缘关系，只不过在皇家家风熏陶下，养成一种贵族的骄矜气质而已。但她却念念不忘自己家谱的武士血统，力图将公威培养成一个具有高贵气质的人，于是她硬作姿态，追求派势，以体弱多病的公威适应不了一般学校的“粗野”生活为由，千方百计地将一介平民子弟塞进了这个贵族的特殊世界——学习院就读。

学习院初等科分文科和理科，公威就读文科。公威每天上学由母亲倭文重亲自接送。这样，他可以与母亲自由地会面。纵令短暂，但也有了属于母子俩自己的时间，从这个意义上说，母亲仿佛又夺回了儿子，她高兴得落泪了。儿子公威回到母亲身边，也仿佛获得了自由与解放，高兴得简直就像与“恋人幽会”一样。母亲倭文重早就盼望这种时刻的到来。公威是这样记述母亲在此之前表达自己心情的一段话：“在忍受服从中，我好不容易养成了认命的习惯。如今似乎看到了朦胧的曙光。有一点希望，那就是今年孩子将入学了。”“如果孩子上学，就算只有短暂的时间离开家，母子两人也能过上喜气洋洋、悠然自得的半天吧。可是，啊，这究竟会不会被许可，会不会比现在的处境还糟呢？”①

母亲倭文重期盼的这一天终于到来了。她决心在接送儿子上学的时候，尽量让儿子享受大自然的恩惠，享受属于

① 《椅子》，《全集》，第6卷，第126—127页。

1931年，初入学习院初等科的平冈公威。

孩子的活泼与欢乐。所以放学后归途中，她常常带公威上公园游玩。公威有时拾拾橡子儿，有时哼哼歌儿，有时又欢快地捕捉翩翩起舞的蝴蝶，还不时地吃到母亲买来的、在祖母面前难得吃到的冰激凌，其乐融融，几乎一扫平日呆在祖母病室里寂寥的愁容，舒展开一副孩子天真无邪的笑脸。可以说，这是母子最幸福的时刻。

可是，一回到家里，公威又被隔绝在祖母的病室里，在祖母的病床边画画，做作业。母亲辅导公威复习功课，祖母也要他们坐在自己的身边，置于自己直接监督之下。

公威七八岁上，他父母搬迁到祖父母家斜后方的一栋楼房，另立门户。从父母家的二楼，可以望见祖母的病室。公威上三年级的时候，有一回，他关格子门的声响稍大了一些，祖母的腿脚就痉挛疼痛起来。她严厉地训斥了公威一顿，公威走到母亲那儿哭诉了一番。后来祖母为此事盘问公威与母亲在一起谈了些什么，在祖母长时间的追问之下，公威被迫说出“妈妈让我去她那儿”这句话，祖母听后，暴跳如雷，次日一整天禁止公威到母亲那儿去。到了傍晚时分，倭文重终日未见儿子一面，实在忍受不了，索性搬了一把藤椅子放在自家二楼的窗边，落坐在藤椅上，两眼直勾勾地注视着对面婆婆的病室，目睹孩子的头在动。孩子像往常一样，坐在自己祖母的病床边，小心翼翼地不发出一点响声。偶尔他跟随由护士搀扶着上厕所的祖母身后，母亲就清楚地看到他向走廊移动的小光头，内心闪过一丝快乐，可马上又涌起一阵心酸和悲凉。

1933年夏子的病越来越重，躺在床上的时间越来越多。这一年除夕中午时分，倭文重趁婆婆中午熟睡的时候，下了很大的决心，悄悄将公威带出门，冒着呼啸的寒风，高高兴兴地到照相馆拍了一张母子合影。在照相馆里，母亲面对照相机，悄声地对公威说："孩子，不要动。"她的左手紧紧握住公威放在她膝上的小手。这时节尽管气候寒冷，母亲的掌心却渗出了冷汗。这张照片上的平冈公威，虽似学童，推着光头，但模样简直像早衰的老人，脸上露出一副悲哀的表情。母亲看见儿子这张照片的模样，心情既喜也悲，这是不言自明的。可是，对这两桩事，公威那幼小的心灵却另有一番感受，既是复杂的，又带几分逆反心理。后来他曾这样回顾自己当时的心境："神经质的幼年期，我并没有痛切地感受到母亲的悲伤，因为母亲强把悲伤隐藏了起来，这是毫无疑问的。母亲坐在二楼的藤椅上所看到的，难道不就是母亲自身的姿影吗？"但他又说："在母亲的种种感情移入中，有的地方也估计错了，我并不像她所认为的那样……（相反）我喜欢那样。现在留下的美好记忆里，即使还有诸如同母亲的短暂邂逅，从学校的归途中同母亲手拉手作春天散步的场面，不过，即使在这种时候，祖母那种病态的、绝望的、执拗的情爱也并非荡然无存。"甚至认为"母亲要从现在我的内心，寻找悲伤的确切的证据，恐怕就困难了”[①]。可以说，他们母子短暂的快乐，也是隐藏着悲伤的快乐。快乐是短暂的，悲伤却是持久的。这种状况，一直维持至1938年公威13岁上中等科二年级、父母迁居涩谷区大山町15号以后，回到父母身边，才告一段落。

上学给公威带来欢乐与幸福的同时，也给他造成新的苦恼与忧愁，他只是从一个封闭式的小家走到另一个封闭式的大家——贵族学校。首先他出身不是皇族、华族，是一介平民，而且是一介连爵位也没有的平民子弟，他站在同学当中，难免感到身份悬殊，低人一截，抬不起头来。譬如老师一般问及同学们最尊敬的人是谁，绝大多数的同学都回答是父亲。公威反复思考，自己的父亲是个中产阶级的官僚，决不能这样回答，他渐渐产生了某种自卑感。他曾以自己的体验，抱着对大音乐家贝多芬的同情心，向他弟弟千之感叹过：“贝多芬是平民出身，他的姓名中的‘芬’字被人挖苦说：这不是贵族标志‘VON’（日语“芬”与“纹”字谐音，纹即家徽，日本贵族都有家徽的标志）！”这句话，折射出当时公威自己的自卑和些许不满的心理。其次，公威自小泡在女孩子堆里长大，不仅说话满口女孩子调，连一举一动都是女孩子的姿势。上学后，生活环境变化了，他似乎难

① 《全集》，第6卷，第131—138页。

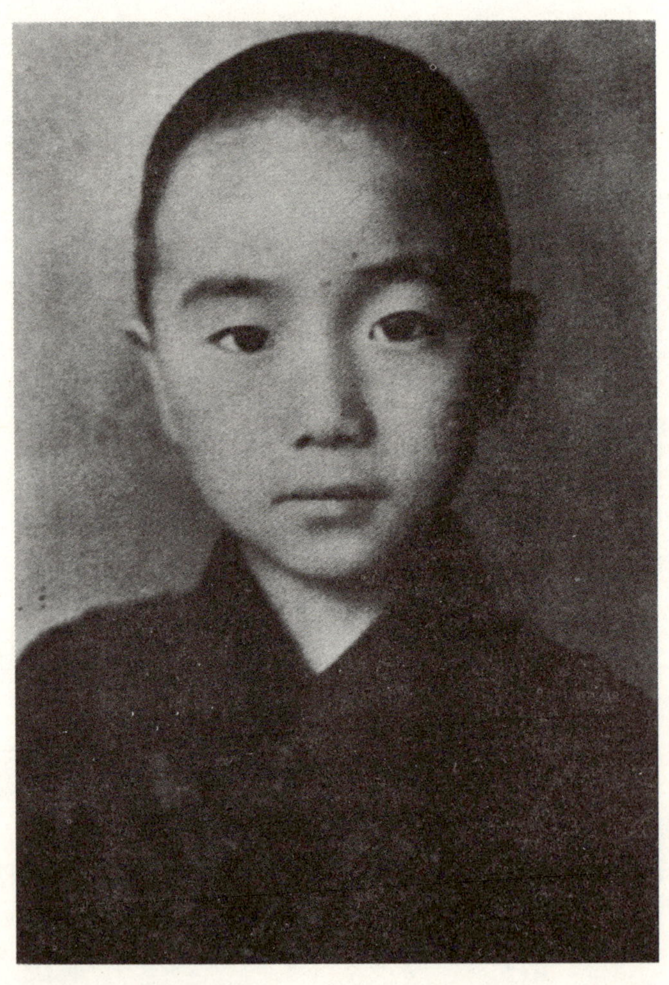

八岁时的平冈公威。

以招架，课间男孩子们在一起玩男孩子常玩的游戏，他全都不会玩，无法参与其中，男同学就作弄他，有时拿蛇来吓唬他，有时制造种种事端来欺负他。有一回，一个坐在他后面座位上的男同学欺负他时，他做出了反应，两人犯淘气，老师给予严厉的体罚，让他们俩站在教坛上互撞前额，公威前额被撞得肿起一个大包。在男孩子群中，他多少感到有点孤独。再加上学习院从初等科开始就实施斯巴达式的教育方法，对学生进行严格的体育训练，体弱多病的他自然承受不了，他感到有一种沉重的压迫感，是很自然的。不久他得了肺门淋巴腺炎，脸色苍白，上学的时候经常用湿布包裹着咽喉，脑袋显得更大了，同学们戏称他“青葫芦头”、“白面书生”。

学习院虽然是一所贵族学校，进行极其正规的传统教育，但有的地方却比战前严格的日本学校自由些，罕见地组织学生去远足。然而，学校每次组织这种活动时，祖母夏子总是以公威体弱为由，不让孙子参加。小学二年级时，未被祖母容许参加学校组织的江之岛旅行，他大失所望，于是写了一篇题为《江之岛远足的时候》的作文：

远足我休息了。

20日早晨醒来，立即想到这样一件事：这时候大伙儿已经到新宿车站，乘上电车了吧。

一有时间，我就到祖母、母亲那儿去聊天。每当想到同学们大概已经到江之岛了，我真想去。因为我没有去过江之岛，所以更加想去了。从早到晚，我一直想着这件事。晚上我一入睡，就做了这样一个梦：我也同大伙儿一起去江之岛了。我们尽情地玩。前面立着一块岩石，没有路了。于是，我从梦中惊醒。①

这篇作文，除了将“休”字错写成“体”字外，文字流畅，具有一定的想象力，通过短短一篇文章，将自己想去远足的炽烈愿望和未能去远足的灰心情绪宣泄无遗。这篇作文，显出他的作文水平。

后来，经祖母特许，他参加了学校组织的另一次鹿岛旅行，参观七八世纪兴建的鹿岛神社，他踏进那简素的神社境内，投入大自然的怀抱里，郁郁葱葱的古树、神态悠闲的麋鹿、一座座自然古朴的神宫建筑，一切都使他感到新鲜，处处都吸引着他。他陶醉之余，乘兴买了一张鹿岛神宫的明信片，写了一封简短的、带有幻想性的信寄给祖母，信的内容是：

奶奶：您讨厌地震，所以我寄这张明信片给您。这图片是鹿岛神宫院内。正如图片所显示的那样，从外面看似很小，可是一旦挖起来却非常大，无论怎么挖也挖不尽。据

① 亨利·斯克特·斯托克斯著、德冈孝夫译《三岛由纪夫——死与真实》，第89—90页，钻石社1985年版。

说，这样就能镇住地震这尾鲇鱼头呢！

他与同学一起外出旅行，这是唯一一次例外。平时他在校内十分孤僻，很少与同学交往，也很少参加课外体育活动。学校放假，他想跟同学玩玩，可是祖母既不让他到同学家里去，也不让他把同学带到自己家里来。公威终日挂着一副无表情的脸，对于任何事物，都无动于衷或反应迟钝。有一回，父亲平冈梓要带孩子公威外出，祖母不同意，父亲与祖母吵了几架，最后就硬把公威带到新宿，观看蒸汽火车，正好火车在他们面前疾驰而过，父亲以为公威会像其他孩子第一次看见火车那样感到高兴、吃惊或害怕，可他却脸不改色，毫无反应，依然是一如既往的无表情。所以父亲梓说：公威的面孔，活像一副能剧假面具。

公威入学之前，接受了良好的文化教育，终日泡在书堆里，已经学会读书写字，而且习得一手好字，能写出像诗的东西，对事物的感受性比一般同龄的孩子敏感、纤细得多。上学之后，除了体育课以外，各门功课都获得了很好的成绩，国文表现尤为突出。老师让他帮助后进同学复习功课，他非常耐心，没有一点厌烦，常常为此而很晚回家，工作表现得出色，不仅受到老师的称赞，而且赢得同学的爱戴和尊敬。同学对他一改以前的轻蔑态度，他在同学们中间的尴尬处境也随之逐渐得到改善。他的国文分数常常拿到最高分，而且写了习作《他与她》、诗歌《干杯》等，几乎每期都给学习院初等科杂志《小樱花》投稿。可是他的作文分数却不是很高。原因有两种说法，一种是：公威的作文或作诗简直是大人的感受，没有一点孩子自己的感觉，不符合老师的要求，老师有意不给打高分。还有一种说法是：老师从他的习作中发现他读书范围很广，充满了想象力，心中是肯定和较高评价他的才能的，之所以不给高分，其意在于严格要求，防止他自满，并从旁指导和鼓励他，让他更上一层楼。此时，课余时间公威更自觉地闯进了少年的文学世界，他很爱读讲谈社出版的《少年俱乐部》上刊登的文章，尤其是少年文学作家小川未明、铃木三重吉等新浪漫主义作家的作品，小说充满童心和幻想，文笔纤细、抒情，写出了沉重的悲伤的气氛，展现悲剧的命运，更能吸引住这个学童的心。

公威入学习院初等科以后，一方面在贵族子弟群中，由于身份悬殊以及乍一接触学校生活很不适应，觉得低人一等，产生一定的自卑感。另一方面，由于他学习非常突出，自己又觉得高人一头，从而有一种强烈的拔尖意识和自我表现的欲望。在自卑与拔尖、自我表现的意识中，求得自己心理上的平衡。

他刚上中等科一年级，写了随笔《春草抄——回忆初等科时代》，第一次在综合性校刊《辅仁会杂志》上刊登了。接着第二次写了《秋・二题》等五首诗，也在这一校刊上刊登了。后来他被选为文艺部委员，他受到很大鼓舞，产生了更大的虚荣心，总想早日当上文艺部部长。此后他对文学活动更加积极投入，每期都给《辅仁会杂志》投稿，此时已显露出公威作为一个作家所需具备的文学素质的端倪。当时文艺部长丰川升在一次杂志编辑会议上就说：在中等科一年级出了一个非常有文才的同学，他初读这同学的作文时有点纳闷，觉得文章不像出自少年的手笔，怀疑他是不是“剽窃”别人的作品。可是他不间断地拿出新作品来，写得很好，这样，疑团才慢慢消除了。有一回，学习院主管国文课的岩田九郎出席文艺部委员会会议，文艺部长丰川升将公威介绍给他认识。公威的文才得到了岩田九郎的承认和指导，公威的写作才能发挥得更淋漓尽致，此时他的作文分数是全班首屈一指，令同学们刮目相看了。上中等科二年级，公威在《辅仁会杂志》上发表了第一篇短篇小说习作《酸模》，副题是：《秋彦的幼时回忆》。

小说故事是：少年秋彦等常去玩耍的小丘上有一座监狱，母亲不让少年靠近它。一天少年游玩归途中，在树林里迷了路，在那里偶然碰上一个从那座监狱逃出来的囚犯。少年与囚犯通过他们脚下草地上绽开的一朵酸模花（俗称虎杖花）开始了他们之间的对话，囚犯被少年的童心所打动，自觉地返回了监狱。翌年，囚犯刑满释放出狱，送给少年一朵酸模花。双亲知道后，让孩子将这朵花扔掉。秋彦成年后回到故乡，他对少年时代与囚犯之间的心灵邂逅的事完全忘却

学习院中等科时的自画像。

了，但酸模花依然与昔日一样绽开。

据日本评论家分析，作者本人就是秋彦的原型。有一回他父母带他外出，无目的地散步，来到他家附近一处人烟稀少的地方，远远地看见一座与一般建筑物完全不同的异样建筑，四周围上高高的围墙，周围杂草丛生，杳无人影，显得非常荒凉。这就是当时的市谷监狱，有点令人毛骨悚然。公威好奇地问双亲这是什么建筑物，双亲有点犹疑，不知如何回答。公威则刨根问底地一定要追查清楚。母亲就说："这里面关着坏人，我们赶紧回家吧！"可是，母亲越不让他靠近监狱，公威却越立着不动，仍然定睛凝望着这座在他心目中的怪物。这件事，对于公威的冲击似乎颇大，不由产生一种逆反心理，他心中总期待着一种破坏日常性的、戏剧性的东西。直到上中学以后，他以此情景作为基础，加上某些虚构，写下了这一篇短篇小说习作。小说脱离了日常性而梦幻另一个境界，在那里展开其浪漫的故事情节。《酸模》发表后，在文艺部内外获得了肯定的评价。他那早熟的文才越发毕露。公威成为作家之后，还根据这个囚犯的悔改故事，写了《晓钟圣歌》、《东方的博士们》等小说。

《酸模》这篇作品发表前后，学习院中等科来了一位著名的国文教师、研究和泉式部的专家清水文雄，他担任公威他们中等科三年级的作文、语法课。对公威来说，他不仅是一位老师，而且还是一位最理解平冈公威的人。清水文雄就任之前，已读过公威的《酸模》，发现了少年作者的天才，所以上任之后，非常留意这个学生，他经常与其他老师谈起这个学生。就任翌年，清水文雄当了学生宿舍青云寮舍监之后，隔日住寮一次，公威经常进出舍监室，有时还到清水老师家里求教。老师也乐于给他进行辅导，热情地引导公威学习日本古典文学。某年夏天的一个下午，公威来到清水文雄家，清水给他讲解平安王朝的女作家日记。这时候，远处传来爆裂般的雷声。公威生平最讨厌雷鸣，他总觉得自己终有一日会被雷电击毙，所以闪电雷鸣的刹那，他手脚冰凉了。天空近处又划过一道闪电，他觉得宛如铁锥碎片洒落在自己的头上，他马上趴在桌面上，感到自己实际上已经死了

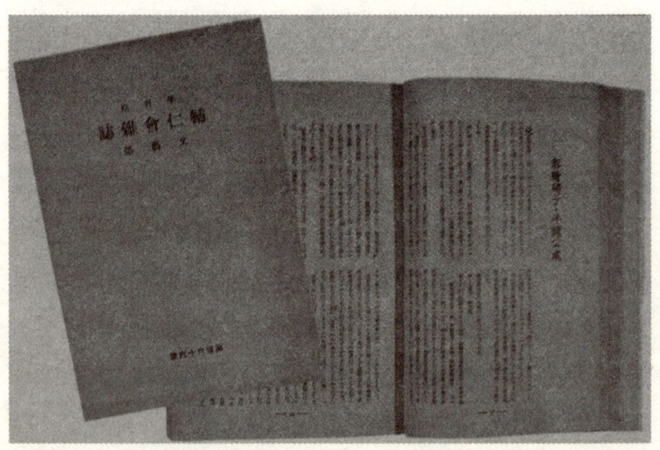

1940年11月，学习院辅仁会文艺部《辅仁会杂志》第166号刊载平冈公威习作“彩绘玻璃”。

似的。这一瞬间，他幻觉中仿佛看到清水，还看见王朝女作家日记中的女主人公披着轻纱被击毙了的姿影，自己脑子里闪现了女主人公受苦生涯的片断……清水老师久久地凝望着雨和雷电，面不变色。雷雨停住了，师生两人面面相觑。老师没头没脑地吐了一句：“式部写完日记之后被雷击……”忽又把话收住，莞尔一笑说：“我被这阵雷打蒙了。”公威觉得这段谈话使他得到一个“极其宝贵的阅读古典文学的方法”[①]。还有一年暑假期间，清水老师给同学的作文作业命题为“好书读后感”，公威选了《古事记》，以日本武尊的《思国歌》为中心，评说古代英雄悲剧的浪漫性。清水读后，非常感动，在一次朝会集合时，他高兴地指着公威向其他老师介绍说：“这就是平冈公威。”大家发现这个脸色苍白、体质瘦弱的学生竟写出一手好文章，不禁大吃一惊。清水文雄还介绍公威认识了《文艺文化》的同仁保田与重郎等人，并向《文艺文化》推荐公威的作品。公威认识清水文雄之后，在清水文雄的指导下，开始转变读书的倾向，热心学习古典文学，尤其平安王朝和中世纪日本文学，同时也主动涉猎西方文学，尤其是英国唯美派作家王尔德的作品，譬如谷崎润一郎译的王尔德的剧本《温德梅尔夫人的扇子》、佐佐直次郎译的剧本《莎乐美》、日夏耿之介译的《王尔德诗

① 《师生》，《全集》，第25卷，第137—138页。

集》、神近市子译的《狱中之歌》、本间久雄、小山内熏译的《王尔德全集》，以及拉迪盖的《魔鬼附身》等作品。他读了这两人的作品以后认为，王尔德的作品让他“有一种恍如被雷击一般的感觉。这才真正是大人的书。它表现了恶在于听其自然、官能解放和美，没有一点说教的臭味”。拉迪盖的作品“展现了一种未言的透明的美，燃起了我的斗志”，于是他“疯狂地妒忌，狂热地想，必须同拉迪盖较量”[①]。在他们的影响下，他埋头写了许多自己后来认为应该“当作废物扔掉的小说”，他开始探索这两位外国作家的小说之源。此外他还零零星星地读了一些诸如希腊悲剧之类的翻译作品。他从爱读王尔德、拉迪盖的书进而喜欢读谷崎润一郎、泉镜花的小说和伊东静雄、北原白秋、立原道造的诗。他十分倾迷于王尔德那种否定宗教、道德和唯美的艺术至上主义的精神，也喜欢谷崎润一郎的肉体恶魔主义、泉镜花病态性的幻想、伊东静雄浪漫的空幻、北原白秋妖艳的语言以及立原道造爱与死的诗的戏剧性等等。公威在床头柜上总是放着书和笔，阅读这些人的作品时，习惯在书中喜欢的段落或词句加上旁注或划上旁线。他这样不断地读书、习作，为其走上文学之路打下了坚实的基础。

公威从进入学习院初等科、中等科而高等科，高等科

① 《迷恋拉迪盖——我的读书经历》，《全集》，第27卷，第210页。

二年级，他终于当上了梦寐以求的文艺部长，主持《辅仁会杂志》的编辑工作。上三年级，又当上总务部长，统管各部的预算。他觉得“每日都很幸福，从中得到了满足”，而且“饱尝了权力的快乐”[①]。他的体育课成绩一直不佳，体育老师戏称他是“婆婆鸭”，因为他的脑袋大，脸很长，跑起步来吧嗒吧嗒地活像一副鸭子跑的模样。公威最怕上体育课，只要有点感冒，他就去医务室开个证明，名正言顺地请假，不上体育课。高等科毕业时，除体育课成绩为中上之外，各科成绩均为上。尤其是在清水老师的指导下，国文、作文课出类拔萃，无与伦比。他以优异的成绩名列榜首。日本天皇恩赐一只金怀表以示奖赏。他走向讲台接受这一恩赐时，平时毫无表情的、活像一副“能乐假面具”

平冈公威于学习院时代的恩师清水文雄。

① 《梦的原料》，《全集》，第30卷，第29—30页。

的脸上，只露出了一丝表情，这是他少年时代少有显露的明朗表情。

公威后来是这样谈到他的读书经历的：“清水文雄是我的好老师。清水老师教我们作文和国文法课，我真正接受他亲切教诲的是在课外。他主要把我导入平安王朝文学的世界。关于我从他那里获得古典文学的教养，我至今未曾有任何一瞬间后悔过。当清水老师把柔和的美的考察，作为唯一的批评标准给我打开古典文学宝库的时候，我受到的感动恐怕今生不会再有第二次。我已经读过了许多翻译的外国文学作品，不知不觉间积累了用世界文学的视野来审视日本古典文学的修炼。所以在清水老师等前辈举起的明灯照耀下，我时刻都睁大惊异的双眼观赏着具有希腊悲剧技巧的《源氏物语》的罪的主题，以及非个性而抽象的、完整的《古今和歌集》的纯粹美。我从清水老师那里所获得的教诲，使我确立了一种信念，那就是日本古典具有一种力量，执拗地盘踞在日本的现代人的心中。”①

可以说，公威读书期间，清水文雄不仅是公威的好老师，而且是第一个发现公威的文学天赋并耐心地点教他走向文学世界的引路人，这对于平冈公威后来成为作家三岛由纪夫所起的作用是不可忽视的。从此，公威的文笔一发而不

---

① 《师生》，《全集》，第25卷，第136—137页。

可收。

二、从诗起步

每个作家走上文学的道路，都有各自的起点。公威的文学生涯是从诗起步的。从6岁至15岁，他完全遨游在诗的世界里，他读的是诗，写的是诗、短歌和俳句，这成为他幼年少年时代的文学摇篮。

6岁上，公威刚上小学，就萌发了写诗的念头，而且居然写下了以《秋》为题的两首诗：

（一）秋天来了/秋天来了/庭园的柿子红了/树叶也跟着变红了。

（二）秋天来了/秋天来了/我一人站在庭院里/落叶沙沙地向我扑将过来了。

作为诗也许显得十分稚嫩，也许连诗也算不上。但是作为一个幼童，用他那连笔还没有拿稳的小手写出这样的东西，这种写诗的欲望，恐怕在他的同龄人中是鲜见的。

这个小学生最初的诗，许多是反映四季自然景物的，特别是以秋为咏题。日本人的审美意识中，对秋物的感受性最为敏锐，也最为纤细。幼年的公威或许是无意识的，但他的诗极其自然地在这种审美传统中找到自己的位置。他上小学五六年级时，不间断地发表的诗和俳句中，对自然美的感觉和感动，首先也是与秋的自然素材联系在一起的。其中一首诗是《果实累累的秋天》：

蓝天下蜻蜓悠悠飞翔，
旱田的红薯隐隐冒头。
蚱蜢在蹦跳，
稻穗垂下沉甸甸的头。
庭院里的柿子熟了，
果实累累，丰收在望。

尽管这首诗对自然物象是一种平板的罗列，但从中可以看出，他咏秋是由于对秋的微妙变化颇为关心，由关心而产生一种对秋的自然景物的敏锐的反应力。譬如他看到蜻蜓的飞翔、红薯的冒首、蚱蜢的蹦跳、稻穗的垂头，就感到处处都意味着秋的到来。小诗人这种由于对秋物的感觉和感动而引发出来的兴致，是一般小学生所难能感受到的。他似乎已能捕捉到眼前的景物在自己脑海里作瞬间的闪光，由此而联系到秋的变化和展开秋的图景。

小学一年级时，他所咏的《落叶》，带有几分日本传统诗歌的风雅趣味，也许他本人并没有意识到这点，该诗咏道：

这样的秋天，
山上的树叶悄然飘零。
山间的秋风，
呼啸啸地将落叶扫尽。

他小学五年级时，以秋为命题写的俳句，有：

黎明秋雾笼街区，
赶早人影正远去。

小诗人用了“飘零”、“扫尽”、“秋雾”、“人影”等词，显然是要在诗中表达秋天寂寞之情的。他看到秋季自然景物的寂寞现象，进而诱发出自己生活上的孤寂感，这内中反映的不只是一种单纯的情绪，还含有几分风雅的意味，多少体现了日本传统文学美形态中的“闲寂”的情趣，让人读来觉得在某种程度上似乎反映了他观察自然的一种感伤的情调。

公威的幼年诗、少年诗中咏秋的很多。这也许是自古以来日本诗人、俳人受到日本自然风土和文化传统的无形浸润，以秋作为季的咏题颇多，给他以潜移默化的影响。或许是秋季在四季中较为短暂且富有微妙的变化，秋的景物适合于日本人抒发自己的感伤，易于令人销魂，可以借秋物寄托寂寞之情，这种对秋之万般景物的感受性与他幼年寂寞的生活和思想感情，容易达到自然默契吧。

12岁上，公威上了中学，当了文艺部委员，结识了文艺部长坊城俊民，坊城非常照顾他，他也很喜欢坊城。坊城俊民比公威高五年级，这个高班同学具有一定的古典文学素养，他不仅沉溺于日本文艺传统，虔诚地追求以《源氏物语》为代表的日本古典文学美，且十分喜爱法兰西象征诗幽怨的悲调，崇敬利尔阿达姆伯爵，他本人写了许多诗作，表达了唯美的悲哀之情，且自费出版了。公威对此有些羡慕，也有些妒忌，从而更激发他萌生诗的激情和艺术的冲动。从此以后，他更加勤奋地阅读文学书籍，和坊城俊民见面就谈文学，每天都交换长长的文学书简，彼此在书简末尾附上当日创作的诗，来不及写新的诗时，就附上近作的诗或旧作的诗。通信的内容主要是互相批评前信的诗，或讨论诗中的一个单词，乃至从某诗篇得到的启发，或谈读书心得，同时也写些日常生活情况，诸如鉴赏音乐的感受，对某少女的印象，甚至详细地叙述头天晚上做梦的内容等等。他们把他们之间的交谈、往来书简当做是他们最愉快的作业。公威在一次与坊城的闲聊中，知道坊城与一个有夫之妇相恋，被父亲察觉，令其中止交往，将他们拆散了。这是公威第一次听到的恋爱的自白，失恋的坦白，公威不知如何安慰挚友，好不容易才冒出一句："真够饿啊！不过因为这件事，你一定能写出一首很好的诗。"坊城有气无力地回答："还写什么诗哟！"公威马上接口说："可不是吗，所谓诗就是在这种时候拯救人的啊！"说罢，他的"脑子里瞬间浮现出自己成诗的至福状态"①。

公威成为作家三岛由纪夫之后，在自传体小说《写诗的少年》中回顾了他与坊城俊民这段相知以心的经历时说："因为R（指坊城俊民——作者注）明确地认为自己是个怀才不遇的天才，并且也毫不介意年龄上的隔阂，他明确承认少年是个天才，天才与天才之间应该成为朋友。"②

这个时候，公威还与高班同学东文彦、德川义恭等创办了同仁杂志《赤绘》，并通过《文艺文化》认识了诗人林富士马。林富士马周围结集许多年轻的诗人，他们当中有些是"狂人"，经常谈论包括佐藤春夫在内的浪漫派诗人的逸闻佳话。大概还包括议论佐藤春夫与谷崎润一郎之间发生的"让妻事件"的文坛趣闻吧。有一回，林富士马对大家说："对吧，这些地方才显出佐藤的本色，真不错啊！"公威这才晓得一个文学家可以从肉体上去捕捉表现方法。公威觉得在这个文艺沙龙里充满了浪漫的气氛，与学习院文艺部那种"温吞吞的文学氛围"是完全不同的。他说：这种浪漫性，

① 《写诗的少年》，《全集》，第9卷，第271页。

② 同上，第264页。

“是我在母校的文学交际中从未体验过的”[①]。

公威当上文艺部委员以后，可以随时进出文艺部，文艺部无人负责打扫，盖满了厚厚的尘土，一打开门，一股霉气味就扑鼻而来。尽管如此，他一走进文艺部，就马上感到有一种文学的氛围。他常常一人在文艺部里埋头翻阅他喜爱的辞书，寻找他需要的奇谲的语言，更爱翻阅《世界文学大词典》，欣赏浪漫派条目的诗人肖像，他寻找的是英俊的年轻诗人的肖像，而不是满脸胡子拉碴的年老诗人，这些年轻诗人大多英年早逝，他熟悉的年轻诗人如东文彦、立原道造、拉迪盖等也同样是英年早逝，这给他很大的刺激，他不免想到诗人薄命，却又“以幸福的心情来思考诗人早逝的事”，“喜欢思考（自己早逝后）人们对自己的长长的悼词以及死后的名誉”，“思考自己活着要像焰火般尽量在瞬间将夜空照得五彩缤纷，旋即消失”。他还觉得“诗人纵令早逝，也是前途无量的”，于是产生一种“数学式的安心感”，“诗开始使他产生精神上的怠惰倾向”[②]。

当时学习院的学生监督官谈了公威在《辅仁会杂志》上发表的诗作，在一天的朝会上点名让公威到监督官室，一般被传唤到监督官室就意味着要遭监督官训斥，所以同学们无不为他担心，要他做好思想准备。公威被点名后，双手颤

① 《我经历的时代》，《全集》，第30卷，第432页。
② 《写诗的少年》，《全集》，第9卷，第262—263页。

抖，挂着一副无表情的白脸，怯生生地走进了监督官室。出乎意料，监督官一边用铁筷拨弄火盆里的灰，一边和和气气地让他坐下来，开始两人的对话。监督官先问他的家庭状况和他写诗的情况，然后问他："德国有两个不同类型的诗人席勒和歌德，你知道吗？"公威逐字反问了一句："是席——勒——吗？"监督官说："是啊，你可不能当席勒，你应该当歌德啊！"公威没有回答，心想：他未读过席勒和歌德的诗，但看过他们的肖像，歌德是老头，他不喜欢，席勒是年轻人，他还是喜欢席勒。

公威上中等科后，在他的文学知识中，似乎已经形成了诗的概念，并开始运用他独特的思维方式和表现方法来表达他所理解的诗的概念和诗的形象，同时开始以自己独特的方式观察现实，诸如透过虎皮色玳瑁烟盒来看房内的东西；猛烈地摇晃母亲的水白粉瓶子，让沉甸甸的白粉乱舞一阵以后沉淀下来，他透过清澄的水观看瓶底的状况等等，就在这个时候，反映在公威主观感觉中的世界变形了。他竭力寻找奇谲的语汇和特异的感受来捕捉变形的东西。这时候他同样以秋为咏题，写了连作诗《秋・二题》，却与他过去咏秋的诗大异其趣，它所表现的诗的形象异常新奇，却成为公威形成自己最初的特异美意识的一个重要契机。

寂秋

山谷笼罩着难以想象的寂寞，
从那里腾升起袅袅的炭烟。
云烟只顾欣羡碧蓝的画绢，
冉冉上升。
却不知道
广袤的孤空一角，
将是埋葬它的地方。

狗的腿脚受了伤，
一跛一拐走在小路上。

猫啃剩的鼠骸，
残留在潮湿的枯叶上。

枯叶落在鼠骸上的撞击声，
宛如一首灰色的挽歌。

可能是暴风雨的前兆吧。
从谷间飘上乌黑的大云朵。

这首诗不是平板地写秋的景色，而是由秋物的触发，将幼年的诸多体验：如扭曲的生活、寂寥的感情、病态的心理等倾泻在诗里。在他的眼里，云烟欣羡画绢、狗的跛腿、鼠的尸体、落叶声音宛如灰色的挽歌等等，都在开始变形了。

1940年公威15岁。这年3月至5月他的诗兴大发，把写诗看做是一件乐事，一首又一首地写，顺畅地写，一本笺头印有学习院字样的杂记本一下子就写满了，多时一天写出两三首。有一回，他卧病一周，就汇编了一本《一周诗集》，封面剪裁成椭圆形，扉页上写了“POISIES · 1940 · 5 · 12—18”几个英文字。这时候，他开始师从著名诗人川路柳红，并以平冈青城的笔名，给《山栀》杂志投寄诗歌、俳句稿，将11首诗歌习作编成《青城诗抄》（1—5）、《猫头鹰之歌》等诗集。但是川路柳红批评公威的这些诗“几乎没有表达出诗歌应有的巨大的缓慢起伏的抒情波浪”[①]。公威后来也很少去求教柳红先生。事实上他受川路柳红抒情诗的影响似乎也不多。公威认为诗同其他东西不一样，通过诗可以撒撒谎，当他在精神恍惚之际，眼前总是出现新奇的世界，譬如毛毛虫将樱叶变成花边，被人抛掷的小石头透过明朗的青冈栎树望见了大海，冬天的树林向天空伸出假腿，暖炉旁的裸体少女看似燃烧着的蔷薇，但走近一看却原来是人造

① 《师生》，《全集》，第30卷，第432页。

花，冷得起了鸡皮疙瘩的肌肤变形为毛茸茸的天鹅绒花……这时诗兴来了，他有点嫌恶他的前期诗那种对自然景物平板的素描，也开始腻味"创作诗只是一味寄托在自然物的变形上"，于是他的诗"开始逐渐转移到歌颂心灵时时刻刻的变形"，他"确信所谓艺术就是这样一种东西"。[①]但他还没有体验过世界的现实与自己的内心世界之间的紧张对立，他竭力去体验它。

他的《15岁诗集》就是在这种空幻病理的状态下写成的。这一诗集的卷首诗《凶事》，引其中一节如下：

暮色苍茫的时分
我站在窗边等待着奇祸
等待着凶变的狰狞的尘埃
犹如夜间的彩虹
从楼房栉比的远方
潮涌般地划将过来

我等待着凶事的来临
吉报却原来是凶报
今天轹死人的额头黑乎乎

① 《写诗的少年》，《全集》，第9卷，第267页。

匕首凝结着我的鲜血

接着是一首《悲壮调》：

明媚春光的天空
布满了尘土

整条街道
弥漫着黄澄澄的烟雾
几乎被尘土窒息的鸽子
发出了痛苦的悲鸣
翅膀也歪斜了

这两首诗，写了凶变的尘埃、鸽子窒息的悲鸣、翅膀也歪斜了；甚至写了“匕首凝结着我的鲜血”这样的诗句，透露出少年诗人对自然的奇祸、人为的凶事以及对污染的诅咒和悲伤，也流露出少年诗人自身的孤独和绝望，以及追求在孤寂中产生某种悲壮情绪的激动。

《15岁诗集》里还有一首《太阳赞》，其中一节写道：

尽管阳光普照
人们赞美太阳

我却躲开阳光

把灵魂抛在黑暗的深坑那方

一般诗人赞颂太阳，都是赞美太阳的光明，公威却嫌恶光明，狂迷黑暗，这是一种反常识、反理性的感觉和感受。有些评论家认为，也许由于他曾经患过小儿结核病，医生禁止他在强烈的阳光下暴晒，有时他打破医生的禁令，立即受到发烧的惩罚，所以他怕见阳光。这是从少年诗人生理方面来分析，是不是还有心理、意识、思维和价值观念方面的原因呢？即是不是他总是好奇地追求一种破坏日常性的东西呢？追求着光明与黑暗、生与死、美与丑、善与恶等等价值和意义的颠倒呢？这种奇异的破坏日常性的东西，这种价值的颠倒，不是现实世界的客观物象，然而它却被少年主观认定是唯一的真实。也许这些都是少年空幻中的产物，不像他的幼年诗那样追求客观的真实，用写实手法来反映客观的现实，而是企图透过现实或将自己从现实中驱向梦幻，来寻找超现实的美。这些诗很有公威的病态的个性，似乎划出了公威日后始终遵循的文学轨迹。

公威后来在《写诗的少年》中，总结他写诗的体会，大致可以归结为三点：诗不是追随需要才产生，而是完全自然地表现出来的，所以诗的源泉是天才；诗是从悲哀、诅咒和绝望中、在最孤独的时候产生的；诗是由感情的元素组合，这种感情元素就是语言。语言要具有个性，要有个人独自的使用法，并且通过体验才能创造出色彩斑斓的诗[①]。

也许这些诗篇尚不成熟，还带着几分少年的稚气，但不管怎么说，从这些少年诗中，人们可以看到平冈公威步入作家三岛由纪夫的萌芽阶段。三岛文学的原点和原质，正是由这些少年诗开始和酿成的。三岛的文学生涯也是从这些少年诗起步的。

三、母亲——第一个读者

母亲，这是世界上所有语言中最崇高的词汇。母亲对子女的爱是世界上所有爱中最纯粹和最深切的爱。公威的母亲倭文重对儿子的爱，就是这种爱的典型之一。

如前所述，母亲倭文重生下长子公威49天之后，公威就被婆婆夏子独占了。婆婆夏子企图不让儿媳倭文重看望她亲生的儿子，不让公威提及自己生母的名字，有时甚至妒忌儿子梓与儿媳倭文重的相爱。在这种情况下，倭文重忍受着婆婆夏子的欺侮，更强忍着母子生离的苦楚，曾多次在至亲好友面前提及想与丈夫梓离婚的事。但是，这样就意味着同长子公威诀别，她忍受不了。直至公威13岁上中等科二年级，

① 《全集》，第9卷，第265、260、267页。

回到母亲的身边，才结束这段漫长而异常的母子关系。母子的重聚，就像“恋人”的重逢。母子互相倾注的情爱之深，是世间少有的。

儿子爱母亲，母亲更爱儿子。倭文重对公威的爱，不仅表现在生活中无微不至的抚爱上，更重要的是在文学教养和文学创作的扶持上。倭文重本人出身书香门第，从小接受的教养使她向往和酷爱文学艺术。少女时代曾浪漫地梦想过当个抒情诗人，但她出嫁以后，在平冈这个官僚家庭里只有刻板的生活，缺乏文学艺术的氛围。她对文学艺术的追求一概成为泡影。公威从懂事时就展露了诗才，母亲很快地在儿子身上发现自己丧失了的梦的投影，热烈地帮助儿子走进这个诗的艺术世界，以期能圆自己少女时代的梦。所以公威开始写诗时，母亲倭文重就成为公威的第一个读者，成为第一个发现公威身上有自己的基因、第一个积极庇护公威的艺术天赋的人。儿子公威诗兴正浓时，愈发想当个诗人。母亲很快就了解孩子的心，托人寻师指导，她还亲自领儿子到当时的著名诗人川路柳红家拜师。这一天，公威跟随在母亲后头，手里抱着一大摞写满诗的卡片，跨进了坐落在学习院附近的下落合的川路家，在客厅里坐定后，久久未见川路柳虹露面，由于过度紧张，双膝也打颤了。母亲在旁鼓励他：“要沉住气，要沉着！”川路柳虹走过来和蔼可亲地接过公威手上的卡片，当场过目。他没有将公威看做毛孩子，相反将他当做准诗人，公威的紧张心情才慢慢地缓和下来。母亲也释然，露出了会心的微笑。

父亲梓对公威爱好文学的态度则完全相反，他认为平冈家是个正统的官僚家庭，公威作为长子应该继承这份家业。他更认为“文学无用”，担心公威一旦成为文学家就会变成一个“无生活能力的人”，所以对公威的文学热情始终竭力反对和压制，甚至充当“检察官的角色”。他经常出其不意地闯进儿子的房间检查，有时公威正在写作，他不由分说地将儿子正在写的稿子夺过来，三下两下刷刷地撕掉，扔到纸篓里。有时公威不在房间里，他发现书桌上摆放着写得密密麻麻的原稿，就气急败坏地把儿子唤来，训斥儿子是个“不良少年”（小流氓），并且当着儿子的面把所有稿子撕成碎片，公威悲伤至极，不由得潸潸泪下。这个时候，母亲总是袒护儿子，抗议丈夫的粗暴行为，同时一边送上点心、红茶安慰儿子，一边用手帕为儿子揩拭泪水。在丈夫就寝之后，她就悄悄地将两三根蜡烛、蜡烛台、一摞摞稿纸以及墨水，秘密送到公威的房间里。在冬天的寒夜里，公威熬夜伏案写作，她就送棉袍、毛毯乃至点心、水果，关心儿子的冷暖与饥饱，向儿子投以深情的期待目光。儿子对母亲的期望、热情和庇护，异常感动，往往一边落泪，一边奋笔疾书。

平冈梓后来回忆这件事，不无愧疚地说：“公威志向文学，我简直就像遇到瘟神，觉得可怕、忌讳和嫌恶。”[①]

公威认为“这是母亲和我之间的一种像是秘密合谋的工作”[②]。他后来回忆说：“在大人眼里，这种场面只不过是双亲对一个孩子的期待差罢了。可是我却有一种仿佛决定自己终生命运般的感觉，在少年时代容易受伤的心灵里，深深地刻下这一悲剧的场面。”[③]

公威上中等科一年级那年夏天，母亲带公威和弟妹三人到鹈原避暑。那里的美丽景色给公威留下了深刻的印象，后来成为作家的他，发表的《海角的故事》就是取材于鹈原之旅。他写了与母亲的融洽关系，母亲对他的文学追求的支持，还写了父亲为阻止他的文学爱好，不仅撕碎他的原稿，甚至将他爱读的书包括《一千零一夜》也收藏起来，他觉得具有讽刺意味的是：父亲这种错误的做法，“从没有一次妨碍过我的飞翔。我自幼就没有按照他的想法去飞翔。从外表看，是沉沦在梦想里，但事实上是我展开双翅自由地从一个星座渐渐飞向另一个星座”。“也就是说，我从过去一味被动的梦想中摆脱出来，学会了有勇气去梦想。我不能等待人家给我《一千零一夜》，而应该自己动手去写。我从耽溺于

① 转引自佐伯彰一《三岛由纪夫评传》，第295页。

② 《谈谈母亲——我最好的读者》，《全集》，补卷1，第201页。

③ 同上。

梦想中来到了有勇气去梦想的地方。”[①]他还感叹道：在这种时候，“唯有我母亲是最理解我的人”[②]，“我觉得世界上再没有这样好的母亲了”[③]。可以说，这是公威的文学觉醒的宣言，也是公威向人们表明：他勇敢走向文学之路，对他这种勇气起着保护神作用的，不是别人，正是他母亲。

少年公威写诗的同时，开始创作小说，尤其是他的第一篇小说习作《酸模》在《辅仁会杂志》上发表之后，他致力于文学的热情之火越燃越旺。每天放学回家，什么也顾不上，便一头埋在稿纸堆里。有时不加任何推敲，一下笔就是五十页一百页稿纸，写完顺手塞进抽屉里，并不想拿去发表，仅以此为乐而已。因为他除了写稿以外，别无其他乐趣。

母亲倭文重对儿子的作品，无论诗歌或小说。每稿必读，读后给他提出各种具体的意见。因此公威每写完一稿，甚至每天完成的部分稿，都乐意交给母亲过目。当母亲表示赞赏时，他就高兴。当母亲提出批评时，他只是微微一笑，决不气馁。母亲还不时请文学水平高的先生审读公威的原稿。有时先生回答说：“你的儿子与其当小说家，不如当童话作家更好些吧。”她虽然有点失望，但仍然没有改变她支

① 《海角的故事》，《全集》，第1卷，第562页。

② 同上。

③ 《寄希望于我“少女时代的梦”——谈谈母亲》，《全集》，补卷1，第189页。

1944年9月9日，平冈公威以第一名的学习成绩毕业于学习院高等科，获得昭和天皇赐予的银表。

持儿子当诗人、小说家的初衷。

16岁上，公威第一次以三岛由纪夫的笔名发表了第一篇正式的小说即处女作《鲜花盛时的森林》，在张罗举行出版纪念会的时候，始终反对公威写作的父亲觉得儿子行将应征入伍，可能会一去不复返，出于一种可怜的心态，父亲通过他的老友须贺租了上野池端的雨夜庄一个房间作会场，终于使这次纪念活动举办成功了。但是，这并不意味着父亲改变一贯反对公威从文的立场，他没有出席，公威只在母亲的陪同下出席了这个出版纪念会。他高等科毕业成绩优异，天皇奖给他一块银怀表，这时也只有母亲作为唯一的家属陪同他，在学习院院长的引领下，前赴皇宫参加授奖仪式。总之，每当儿子最需要家人的时候，总是母亲陪伴在他的身边，总是母亲或明或暗地庇护他。

17岁上，他写的《芒菟和玛耶》结尾场面，本来计划写约莫10页稿纸，可是他只写半页就收笔，母亲读了以后激励他说："这样反而有余韵。"此后，公威的笔头越写越顺畅，母亲虽仍然不辍地作为他的第一个读者，但因为公威写得太快太多，她不能从头读到尾了。不管怎么说，公威认为母亲是自己的第一个读者，母亲也自命为公威少年时代的作品、文学才能的第一个发现者。母亲与儿子在文学上的契合之亲密无间是世上罕见的。

在公威眼里，母亲是无与伦比的好母亲，母亲对儿子是那样和蔼、慈祥，他觉得眼前出现的母亲总是年轻的、美丽的。他以《绣球花》为题的作文，模仿泉镜花的手法以绣球花比喻自己的母亲，写过母亲的美。他说："一个结日本发髻的标致女人，出现在绣球花的树荫下，起初谁都没有发现，可她就是母亲。"这篇作文，遭到了老师的批评，但这是实实在在地反映了少年公威对母亲的爱与赞美。

学校召开家长会，贵族夫人们都打扮得雍容华贵，公威不喜欢母亲穿着朴素的和服赴会，他希望母亲比别人的母亲更年轻、漂亮，并以此引为自豪。他母亲身体虚弱，有一回，一个同学对他说："你也怪可怜的，在你从学校出来以前，你母亲简直不像个活人。”他听了这句话，非常生气，非常憎恨这个同学。打那以后，他忧心忡忡，总觉得母亲的存在极其无常，好像行将消失似的。因此，母亲稍有点伤风感冒，他精神就紧张，仿佛母亲即将死去，于是，小病当大病来护理，他甚至将自己堆积如山的稿纸和参考书搬到母亲病床边，守候在母亲身边，一边看护一边写作。有一回，母亲生病住院，医生诊断母亲患了喉癌，动手术那天，护士推着躺在活动病床上的母亲进入手术室，母亲平静地对公威说：“握握手吧！”说着她紧紧地握住公威的手。公威觉得“这是有生以来还没有经历过这样可怕的握手”。他和家人在手术室外焦灼地守候着。手术进行了三个钟头。主刀医生从手术室走出来，摘下口罩，嘴角露出微笑，说了声：“不是癌。太好了。”公威与家人如释重负，高兴得简直无法形容。公威说：“从这种可怕的不安中被拯救出来，就更加懂得母亲的重要。”①

公威写了多篇随笔谈母亲，在某些小说里也出现了母亲的姿影。他不断重复地强调一个主旋律。他从自己的文学经历中体验到：“虽然文学最终是个人的独立工作，但母亲的庇护是必要的”②；“一般地说，作家的才能是从对母亲的执

① 《谈谈母亲——我最好的读者》，《全集》，补卷1，第227页。

② 福岛铸郎《资料总集·三岛由纪夫》，第131页，新人物往来社1975年版。

著中产生的，这是我的学说。”①

四、圣塞巴斯蒂昂殉教图

以提香[2]式的忧郁森林和傍晚天空的微暗远景作为背景，稍微倾斜的黑色树干就是塞巴斯蒂昂的刑架。这个非常英俊的青年，赤裸着身体，被捆绑在那棵树干上。他的双手高高地交叉着，捆绑着他双手的绳子系在树上。看不见绳结。遮掩青年的裸体的，唯有一块白粗布，它松弛地缠在他腰部周围。

连我也能判断那大概是一幅殉教图。但是，文艺复兴时期末流的唯美折衷派画家所画的这幅“圣塞巴斯蒂昂”殉教图，毋宁说洋溢着异教的氛围。为什么呢？因为在安提诺乌斯[3]无与伦比的肉体上，没有像在其他圣者们身上常看到的那种布教的艰辛和老朽的痕迹，唯有青春、唯有闪光、唯有美、唯有逸乐。

这个白皙的无与伦比的裸体，被置于薄暮的背景前面，熠熠生辉。他身为近卫军而习惯于挂弓挥剑的健壮臂膀，在那样合理的角度被抬了起来，恰好在其头发的正上方，将其

① 《谈谈母亲—我最好的读者》，《全集》，补卷1，第227页。

② 提香（1490—1576），意大利画家，他倾心于古希腊的艺术思想，以写实手法和明快的色彩表现人性，表现女性的柔美和男性的雄健。

③ 安提诺乌斯（约110—130），罗马皇帝哈图良宠爱的娈童。他陪同哈图良周游地中海，在埃及尼罗河溺死。

被捆绑的手腕交叉着。他的脸稍向上仰，望着苍穹，那双祥瑞的眼睛，深沉而安详地睁大着。无论是挺起的胸膛，紧缩的腹部，或是微微扭曲身子的腰部周围，飘逸着的不是痛苦而是某种音乐般的倦怠、逸乐的震颤。要不是箭头深深地射进他的左腋窝和右侧腹的话，他这副模样就很像罗马的运动健将凭依在薄暮的庭院的树木旁休息以恢复疲劳一样。

箭头深深扎进他的紧缩而结实的、香气四溢的青春肉体里，欲图以无上的痛苦和快乐的火焰，从内部燃烧他的肉体。但画家没有画流血，也没有像其他的塞巴斯蒂昂图那样画无数箭头，只画两支箭落在他那大理石般的肌肤上，宛如把平静而端丽的枝影，投落在石阶上一样。[1]

以上是作者在《假面自白》中所描绘他13岁时第一次邂逅的一幅令他终生难忘的画面。这是公威上中等科二年级，他的父母趁搬家的机会，将公威领回自己身边教养不久发生的事。在这之前他父亲梓因公出差欧洲各国，带回了好几册意大利文艺复兴时期的画集，也许是他父亲生怕孩子把这些画册弄脏，也许是担心孩子看见这些画册中的女裸体像，他一直将它们收藏在柜橱的深处，不让公威接触。孩子的一般心理就是：大人越不想让他知道的东西，他就越好奇，越想

① 《假面自白》，《全集》，第3卷，第190页。

知道。不久父亲留下家人只身赴大阪上任新职，一天公威因患感冒，没有上学，趁机悄悄地从柜橱深处将这些画册拿了出来，逐册一页一页地翻阅，净是意大利文艺复兴时期的女裸体名画，但他觉得这些画没有什么魅力，引不起什么特别的兴趣。可是，他翻到最后几页中的一页，在一角上展现了一幅画像、一幅公威认为“可能是专为我而存在、专等待着我的画像”，使他完全神魂颠倒了。那就是上述的中世纪文艺复兴后期意大利画家、新古典主义先驱雷尼（1575—1642）所绘画的《圣塞巴斯蒂昂殉教图》。

塞巴斯蒂昂是什么人呢？据传公元三世纪（约288年）生于法国的高卢，幼时接受基督教洗礼，参军之后，表现非常骁勇，屡立战功，被皇帝戴克里先看中，任命为近卫队第一队队长，当皇帝发现他是基督教徒，并且引领许多士兵信奉基督教后，对他处以乱箭射杀的极刑。处刑后，弃于荒野，一个虔诚基督的寡妇来为他收尸，发现他尚存气息，于是由她护理，塞巴斯蒂昂奇迹般地复活了。他毫不畏惧，仍然坚持自己的信仰，反对皇帝的专横，皇帝前去拜祭太阳神途中，他叉开双腿，挡住皇帝去路，当面指责皇帝，最后被乱棒打死，弃尸道上。塞巴斯蒂昂为了自己的信仰结束了30余岁的年轻生命。塞巴斯蒂昂的殉教，是欧洲文艺复兴时代文学艺术的热门创作主题，不仅美术界创作了无计其数的殉教图，而且文学戏剧界也留下了不少以这个传说故事为主题

学习院中等科期间，平冈公威醉心于诗歌创作。

的作品。由于大多数塞巴斯蒂昂殉教图把他画成乱箭刺身的英俊青年，露骨地表现了异常的、唯美的、官能性的东西，长期以来，许多修道院是禁止悬挂这类画像的。少年公威翻开了这一画页，目光投在画面上的瞬间，他第一次感触的就是塞巴斯蒂昂在痛苦之极中包含了欢乐的殉教形态。于是这瞬间，他的整个存在被塞巴斯蒂昂的青春肉体燃烧起来的、“无限痛苦与欢乐的焰火”所震撼。他的眼睛里闪烁着异常的光彩，他的血液在体内奔腾涌流。他，一个13岁的少年被这幅画深深地吸引住了。他被塞巴斯蒂昂的殉教精神、殉教的无限痛苦与欢乐所感动，也被塞巴斯蒂昂殉教的肉体、官能性、美、青春、力量乃至残酷的美所刺激，他性异常了，自我陶醉了。

如上章所述，幼年时代公威不爱公主、不爱女性，却爱王子、爱小伙子，尤其爱被杀的王子和小伙子。他看见穿紧身裤的挑粪工，穿双排扣绿色制服的地铁检票员和穿充满汗臭味肮脏军服的士兵，以及童话图片里的被杀的王子、年轻小伙子，都可以给他留下不可思议的苦恼的记忆，深深刻下“悲剧性的东西”——死、痛苦与快乐三位一体的印象。少年时代他看见海边只穿游泳裤的裸体小伙子、看见讲谈杂志上切腹的年轻武士和中弹流淌着鲜血的士兵的图片，或者看见相扑场上的三级力士的肌肉，都会引起他莫名其妙的感动。现在他手捧着这幅塞巴斯蒂昂殉教图，两眼直勾勾地盯视着图中塞巴斯蒂昂白皙的无与伦比的裸体、安详地睁大着的眼睛、大理石般的肌肤、健壮的臂膀、挺起的胸膛、紧缩的腹部、箭头深深射进的左腋窝和右侧腹……这并不是少年的好奇，而是少年得到了一种难以言喻的内心体验，一种少年从未有过的未知的感情体验。借用他本人的话来说，就是“如果说‘好奇的’这个形容词欠妥的话，那么也可以换个说法，叫做‘爱的’或叫做‘欲求的’吧”。[①]如果说，幼年公威看见这些人物和图片的“悲剧性的东西”，“死、痛苦与欢乐”的东西，自然地引起了苦恼和奇妙的感动。还不能算是性意识和性异常，那么这次他看见塞巴斯蒂昂殉教图，却是他幼年时刻印下的这些形象的延长。他第一次自恋了，第一次性意识觉醒了。他自己承认，“自从我对绘画《圣塞巴斯蒂昂》开始着迷以后，我无意中养成了我赤裸着身体的时候，自己的双手就自然交叉在头上。自己的肉体软弱无力，没有塞巴斯蒂昂那种丰润艳丽的面影，现在我试着漫不经心地这样做了。于是我的视线移向自己的腋窝。一股不可解的情欲涌了上来”。[②]确切地说，年轻时代在他体内埋下的倒错的爱与性的种子，渐渐地在他少年体内萌芽了。

公威后来在《假面自白》中，特别作了这样坦率的自白：“德国性科学家马格努斯（1868—1935）之所以对倒错

① 《全集》，第3卷，第188页、第224—225页。

② 《全集》，第3卷，第188页、第224—225页。

者所特别爱好的绘画雕刻类的第一类举了圣塞巴斯蒂昂，在我来说，是饶有兴味的偶然。这件事，在倒错者、尤其是先天的倒错者来说，是很容易猜测到倒错的冲动和加虐淫乱症的冲动在绝大多数情况下，是错综复杂的、难以区别的。”[①]

少年有了这种体验，有时上课坐在教室的座位上，透过教室的窗口，望着一棵在风中摇曳的树，就想入非非，心中暗自寻思道：“不就是那棵树吗！”他联想到塞巴斯蒂昂被反剪双手捆绑在树干上，大量的神圣的鲜血滴落在树干上，更联想到塞巴斯蒂昂在临终折腾的苦痛中熊熊燃烧的年轻的肉体。有时仿佛觉得树干与音乐结合，变成一种强烈的东西向他袭来。上体操课时，他看见同学在单杠上做引体向上动作隆起的肌肉、挺起的胸脯、毛茸茸的腋窝的姿影，也遐想联翩，认为这些比什么东西都更加宜于让他联想起圣者塞巴斯蒂昂。总之，塞巴斯蒂昂的影子一旦落在他的内心里，就久久拂它不去。从此他简直与塞巴斯蒂昂结了缘。他为此撰写了一篇未完的散文诗，说：“塞巴斯蒂昂这位年轻的近卫队队长展示的美，难道不是被杀的美吗！”25年后，他模仿乔尔茨德·拉·兹尔的殉教图所描绘的塞巴斯蒂昂一模一样的姿势，赤裸着身子，用一块白粗布缠在腰间，将双手举起捆绑在树上，还佯装在左肋窝和右腰腹分别插上一支和三

① 同上，第192页。

支箭，让著名摄影家藤山纪信为他拍了一张照片以作纪念。长期以来，他策划翻译法国剧作家丹怒兹沃的剧本《圣塞巴斯蒂昂的殉教》，千方百计地找英、德语译本而不得。30年后，最终只好决定根据法语原著翻译。但他不懂法语，经挚友、评论家村松刚的介绍，认识一位叫池田弘太郎的年轻法语译者，两人合作开始了他认为的“可怕的翻译”工作，办法是由池田逐字逐句译出，他一字一句地问清楚意思，然后自己再用纯粹的日本语表达出来。有时候他们就一个词讨论上数小时，每周周末则通宵达旦地作业。这样做，翻译进度自然缓慢，像蜗牛爬行似的，花了一年多时间才完成。这时，公威不无喜悦地说：“我开始接触到翻译的神髓了。”译文在《批评》杂志上发表，出单行本时，公威亲自从原著的200幅插图以及自己从罗马买回来的60多幅图片中，精选出50幅作为译本插图。他觉得“少年时代第一次与《圣塞巴斯蒂昂殉教图》邂逅，30年后我才亲自出版这本书，以纪念这位圣者。出版这本书，对我来说，简直是一件宿命的事。任何人播下的种子，必须由自己来收割。所以尽可能搞得隆重一点”①，决定出版豪华版本。

他在译后记是这样赞颂塞巴斯蒂昂的：“这位美青年的裸体，极端地表现了年轻、健壮而光辉的肉体和异教的官能

① 《翻译〈圣塞巴斯蒂昂的殉教〉》，《全集》，第32卷，第442页。

性。”“这个行将死亡的年轻人成为英雄式的，又是抒情的美的化身”，“他代表着古代世界的美、青春、肉体和官能性”[①]，对塞巴斯蒂昂的“青春、美与死”极尽礼赞之能事。

可以说，这幅殉教图不仅催促着少年公威青春萌动期的爱与性意识的倒错觉醒或者说变性心态的萌发，而且增加了他对自己那副缺乏年轻人的美的肉体的关心，产生了自我的斯巴达式训练的要求，积极学习剑道、柔道、马术，参加在节日抬神舆等活动，进行男性的身体训练。同时，这幅殉教图打开了他的艺术眼界，成了他文学追求的始源。他对所谓“青春、美与死”的热情和憧憬与日俱增，其日后的作品主题也大多以此作为核心，形成三位一体，展开了他的异端的美学。

年轻的平冈公威对塞巴斯蒂昂的殉教这样如痴似狂，那么他为着表现这种将“青春、美与死”作为殉教美学、这种不断强化着的道德与观念，会不会从一个性爱的倒错者、一个变性心态者成为一个人生的异端者？会不会像塞巴斯蒂昂的殉教那样背上沉重的十字架呢？

---

① 《圣塞巴斯蒂昂的殉教》译后记，《全集》，第32卷，第427—428页。

第三章　在战火下

一、战争阴影的驱动

“我的十年代，战争开始了，也结束了。”①

这是公威在《我的十年代》一文中的一句话。所谓“十年代”，是指从10岁到19岁的年代。实际上，公威6岁上学习院初等科那一年，即1931年，日本帝国主义就发动了九·一八事变，侵占我国东北三省，已经掀开了战争的序幕。所以确切地说，公威从6岁到20岁即1945年8月15日本无条件投降前这一段时间，也就是日本史家称之为“15年战争”这段时间，公威都是在战争的漩涡中度过的。

从1931年九·一八事变到1937年7月7日日本帝国主义发动卢沟桥事变，日本极右翼势力不断兴风作浪，制造了一系

① 《我的十年代》，《全集》，第26卷，第520页。

列震惊中外事件，推动扩大侵华战争。譬如1932年1月28日在上海挑起战事的同时，于5月15日由海军青年军官领导武装政变，袭击首相官邸，击毙首相犬养毅，结束政党内阁制，加速推行军国主义体制，史称“五·一五”事件。1936年日本发动全面侵华战争前一年的2月26日日本陆军皇道派青年军官率部武装政变，袭击首相官邸，杀害了内务大臣、大藏大臣、教育总监，重伤首相侍卫长，并占据了官厅及金融机关所在地永田町、麴町一带，史称“二·二六事件”。这次事件促使日本当局加速军事法西斯化，为进一步扩大战争完成了物质上和精神上准备。

如果说，“五·一五事件”时，公威只有7岁，刚上小学二年级，他对事件本身毫无感受，那么“二·二六事件”时，公威已11岁，是个初中生了。那天清晨天空下着纷纷扬扬的白雪，地上却笼罩着异常紧张的气氛，多少给他留下了朦胧的阴影，而且这一阴影摇曳着长长的尾巴留在他的记忆里，乃至影响其后他的文学道路和人生道路。

随着公威年龄的增长，战火也一步步地扩大，愈燃愈旺。1941年12月8日，日本帝国主义偷袭美国夏威夷海军基地珍珠港，点燃了太平洋战争的烈火。日本全国总动员。法西斯政权从政治、经济、文化各个领域进一步加强“总决战体制”，同时大肆宣扬“皇国传统”、“皇道文化”，日本列岛上下一片战争狂热。反战的抵抗力量极其微弱。这个时期，公威从少年跨进青年期，从不懂世态的孩子渐渐成长为略谙世事的成年人，面对眼前的世态，他不能不有所震动。他于1942年4月在《文艺文化》上发表的题为《大诏》的诗，表现出他对战争的思想倾向是非常复杂的。首先，虽然不能说这首诗是为了迎合时局、趋附时势，但至少可以看出在“总决战体制”下，他也不可避免地染上了同时代青少年人那种所谓狂热“爱国”的通病，在诗中他唱出：

天皇发诏书那天，
鸟群停止了啼鸣，
丛草也悄然无声。
阳光普照天子国，
流泪之剑永不落。
如今战胜的欢声，
仿佛还不停轰鸣。

这表示了他对天皇下达宣战诏敕的感动、对所谓胜利战果的祝贺，以及献身于纯化所谓“圣战”思想的决心。但是他在诗中还道出：

我的心易变，
受到多大的谴责啊。

我扬不起欢笑声，

只有落泪！[①]

他同时这样吐露了嫌恶时局卑俗的心声，这也是不能忽视的。事实上，公威对于战争开始后普遍风靡禁欲主义、随便增加军训时间、统制全部个人生活等等有所不满，认为当局是在“策划着各种愚蠢的革新”[②]，在内心底里潜藏着一种“逆时代”乃至“反时代”的情绪。总的来说，他对战争的反应可以说是冷淡的。

公威这种复杂的重层思想倾向，在他对待勤务劳动、征兵入伍以及日常生活等的态度上，也可以窥其一斑。1941年随着战争的不断扩大，在“总决战体制”下，日本全国成为一座大军营、大军需工厂，全国男女老幼都无例外地或者被驱赴战场充当炮灰、赴军校接受军事训练，或者被强迫到军需工厂“勤务劳动”。这个时候，中学生、大学生在校的军训时间日益增多，最后连上课时间也没有了，全部学生都被驱去“勤务劳动”，而且全体学生都必须接受体格检查，记录在案，随时都有可能被征召入伍。在学习院高等科检查体格那天，公威站在同学队列中，看见学友壮实的身躯，自惭形秽，挂着一副刷白的面孔、双眼发呆，赤裸上身后浑身起

① 《大诏》，《全集》，第35卷，第457—458页。

② 《假面自白》，《全集》，第3卷，第246页。

了鸡皮疙瘩，当校医呼喊他的名字后，他茫然地立在校医面前。校医让他上磅量体重，他望着体重磅就像望着绞刑架，久久地才将他那沉重的脚抬到体重磅上，这时他仿佛是等待宣布对他执行刑罚似的，诚惶诚恐。护士兵出身的助手向校医报告说：

“39.5公斤！”

“至少也得有40公斤啊！”

校医一边记录，一边喃喃地自言自语，又仿佛是对着公威说的。公威顿时觉得自己像蒙受奇耻大辱般抬不起头来。

不久，征兵站对适龄应征青年进行体检复查。他父亲梓绞尽了脑汁，他觉得在城市文弱书生堆里接受复查，公威的瘦弱就不显得突出，而在农村壮实的农民中间，他的瘦弱体格就会明显突出。于是他出了一个点子，让公威回到原籍兵库县印南郡农村兵站作复查。公威到农村复查体检的时候，农村青年轻而易举地将一草袋米上下高举十几回，而公威连齐胸也举不到一回。检察官忍俊不禁，大笔一挥，就把他列为“第二乙种及格”。虽然也算是征兵体检及格，但可以推迟入伍的时间。这段时间里他先后被遣送到静冈县沼津、神奈川县高座郡海军兵工厂“勤务劳动”，实际上是一种强迫性的军事劳役。他在海军兵工厂里担任过图书馆管理员，干过为掩藏兵工厂零部件而深挖壕沟的工作。战争末期，他上大学后，还被遣去群马县中岛飞机制造厂小泉分厂劳动。

当时去工厂的大学生80%是当工人，干体力活儿，剩下的20%体弱的学生从事事务性工作。公威属于后者，在这家生产供特攻队专用的零式战斗机的工厂总务科办公室做事务性工作，他不满地说："动员诸如现代科学技术、现代经营方法、为数众多的优秀头脑的精密而合理的思维，都是为了奉献给一样东西，那就是'死亡'。"[①]这时候，战争更加激烈地进行着，日本本土已遭到同盟国飞机的频频空袭。今日不知明日事，明日也许会遭空袭而毁灭。公威深感战争与死亡为邻，念念不忘的是"死亡"和"终末"，连逃避空袭走向防空洞都好像是走向死亡的方向，走向终末的极致。

尽管公威体格检查是"第二乙种及格"，但随着战火的愈演愈烈，死亡人数愈来愈多，兵源愈发不足，他属于适龄应征者，随时都可能会接到入伍通知书。他的"末世观"就变得越来越浓厚。他自己也承认："这个时代岂止我一人的生死难卜，就连日本明日的命运如何也难测，可以说，自己个人的末世观与时代和整个社会的末世观是鲜见的完全一致。"于是，沉溺在种种疯狂般的梦想之中，诸如他是"薄命的天才"，是"追求日本传统美的最后一个年轻人"，"颓废期的最后一个皇帝"，"美的特攻队"。于是，他更觉得"如果我被抓去当兵，就不能期望活着回来，于是我想

① 《全集》，第3卷，第258页。

留下20年的短短生涯的纪念”，[①]“在‘赤纸’（入伍通知书）即将到来而未到之时，我感到一亿人玉碎的局面必至，我将每一部作品都当着遗作来写。这种气氛给我成长期的心灵的影响是颇为巨大的。”[②]在空袭下，人们都逃到防空洞避难，他却全然不顾，在中岛飞机制造厂的总务科办公室里展开自己的稿纸，书写他的小说《中世》。他觉得这可能是他的“最后一部小说”，“随时会因接到‘赤纸’而被中断”。[③]同时他说：这个时候，“除了写小说之外，没有什么享乐能夺去我的心，我这种文学的野心，也是得到时局的方便”[④]，这样使他有机会“在末世思想中陶醉于一种优越感、一种企图展开反现实的豪奢和华丽的优越感”。[⑤]

他在这种思想、生活状态下，一个个、一批批地送走了体格检查甲种及格的同学。他在学习院高等科毕业考试名列第一，学习院院长陪同他驱车前往皇宫领受天皇颁发的银表奖时，担心他如果入伍身体难以支持，就批评他只准备入伍当普通兵，不愿当特别干部预备生。他还振振有词地说：“不过，我已做好了思想准备。”但是，面对现实，他自己心里总是七上八下，担忧着自己说不定什么时候也会接到入伍通

① 《全集》，第3卷，第258页。

② 《我经历的时代》，《全集》，第30卷，第432—435页。

③ 同上，第434页。

④ 《全集》，第30卷，第432页。

⑤ 《以学生身份写小说》，《全集》，第26卷，第472—473页。

知书，对征兵的到来感到十分恐惧。他坦率地说，“光荣战死”对他是“相当不相称的”[①]。尤其是1945年1月底，东京几乎连日遭到空袭，银座闹市也不能幸免，他所在工厂的学友平均每天有一人接到入伍通知书，他更惶惶不可终日。2月4日他接到一纸通知，让他立刻返回学校。他从工厂返回家中，时而躺在阔别已久的暖融融的床上，时而品尝着比工厂的饭菜不知美味多少倍的佳肴，正在满心喜悦的时候，自家的门铃响了，邮差送来了一封非同寻常的电报。他，不仅他一人，平冈全家人担心的一天终于到来了。电报就是一张“赤纸”——入伍通知书，命令他在两天之内速赴驻兵库县印南郡的部队报到。顿时整座房子都鸦雀无声，全家人都震动了。母亲倭文重悲伤痛哭，父亲梓十分颓丧。这一刹那公威本人虽然觉得自己希望有个快活的死，心情变得坦然，但一旦离别家人，真的踏上奔赴应征入伍的路“走向死亡的方向”，也就心情沉重了。他默然走进自己的房间，执起毛笔在日本纸上写下了“遗书”，感谢恩师清水文雄的鸿恩，祝愿学友的前途光明，关照弟妹代表他对双亲尽孝心，尤其是叮嘱弟弟千之要继承他早日成为“皇军的貔貅”，“报皇恩于万一”，“遗书”最后还不忘呼喊“天皇陛下万岁！”

当时“遗书”没有公开。20年后，文艺春秋社的现代文

① 《假面自白》，《全集》，第3卷，第254页。

学馆出版月报，编辑问他有没有未发表过的旧资料，他便从书架紧里首找出一个被灰尘埋了20年的小箱子，一打开就发现这纸“遗书”，震惊不已，于是执笔写了《我的遗书》一文，公诸于世，并谈及当时他写这纸“遗书”的心境：

“我尽量排除20年后的回想这种障碍来进行思考，可是对现在的我来说，我写遗书时的心理是很有兴味的。把这纸遗书说成全部是谎言，那是很简单的。这之前已出版一部小说集的青年的心理，是不可能如此简单和明朗的。但是把它说成全部都是谎言的话，那里又留下了另外的疙瘩。虽然不是全真的，但也不会全部都是谎言，那么哪里有真的呢？第一，写这份遗书的我，自知并不完全相信这里所写的，也自知自己的真正立场并不是站在以为它完全是假的。这种真正的立场，也许反而是在遗书一方。对近代个人主义及其自我的疑惑，以后根深蒂固地盘踞在我的身上。

“难道不能这样想吗？当时另一只大手在起着作用，抓住了患者末梢的心理主义病的青年的手，让它轻易地这样写的，不是吗？它既不是国家的强权，也不是军国主义，而是某种渗透到内心、并在内心形成一种‘形’的，另一种不同的立场盘踞在我的身上，不是吗？”①

1月28日，平冈公威带着这纸“遗书”以及自己的“遗

① 《我的遗书》，《全集》，第32卷，第371—374页。

发”、“遗指甲趾甲”，踏上了征召的路途。

公威是在老家兵库县印南郡农村接受体格检查，现在不得不到那里入伍。当晚他患了感冒。2月6日他上了列车，感冒愈发严重，支气管炎引起了高烧。抵达老家的亲戚家里，服药后暂时退烧了。翌日去兵站报到时，体温又复升高。兵站军医进行体检时，他认真地向军医撒谎说，近半年来他一直低烧不退，咯血。军医遂将他的支气管炎误诊为“重度结核病”。当天公威在兵站实际上只等了两三小时就被遣返回乡。他乍听医生这一决定，开始吓了一跳，可是马上又想：“与其入伍还不如得病好”，于是他“觉得仿佛得救了”[1]，一股微笑遂涌向他的脸颊。他喜形于色，费了很大的力气才掩饰过去。一离开兵站大门，他拔腿就奔向车站，心里暗自想道：“好歹不是走向死亡，我的脚好歹不是走向死亡的方向。”[2]

公威上了列车，不住地打寒颤，高烧、痛苦仍折磨着他。他浮想联翩，时而想着是回家还是到工厂好，时而想着自己的家人是不是在空袭中全部丧生了？时而又想着自己现在是生，是从军队所意味着的“死亡”中逃脱出来的生。自己从兵站营房奔跑出来的力量的源泉不就是还想生吗！时而还想到自己对军医说谎是“背叛了自己的愿望”，咀嚼着“自己想死却又被死拒绝时的奇妙的痛苦”。可是一返回东

① 《我的思春期》，《全集》补1卷，第117页。

② 《假面自白》，《全集》，第3卷，第260页。

京家中，全家人为他推迟入伍，喜气洋洋地迎接了他，尽管他表白从这时候起，他一方面害怕不知什么时候“赤纸”还会到来，一方面又仿佛企盼“赤纸”自然地到来，但事实上公威并没有像当时的狂热青年因未能“出征”而深感羞耻，相反他回到家中和“勤务劳动”的工厂，就又专心构筑自己梦想的虚构的文学世界。他这种对文学的执著，是与当时周围的战争气氛迥然相异的。

日常生活中还有这样一段插曲，在日本败局已定的一天，公威和好友去部队看望一位朋友，这两位朋友之间进行了这样的对话：

“战争已经不行了，我们只有死路一条了。”

“总之完了。已经垮了，战争不会长久了。这种话咱们只能悄悄说。”

公威在旁听罢，叮问了一句：“你们的意思是说我们会输吗？”

朋友担心周围有宪兵、特务，嘘了一声，环顾了一下四周，然后脸色铁青地说：“是啊！”

公威应了一声：“哦，大概……我也这样认为呵！”

“既然如此，我们就要积极地把日本引向战败，难道不是为了国家好吗？这样就能使几万几十万，不！几百万人得救，不用去白死了！”

“是啊……但是我，我个人的意志，不论哪条路都无意去想它啊！”公威抱着怀疑的口吻说，“不论是引向胜利还是引向失败，都是很困难的啊，不是吗？”

公威承认，从这时起，自己成了怀疑派，常常预感到某种可怕的结局，对未来漠然不安，认为自己的命运已经接近末世了，一切的一切都是徒劳，没什么值得努力做的了。他心头常常涌上一种悲观的情绪。他明白地说：“战争奇妙地教会我们一种感伤的成长法，那就是考虑二十几岁就割断人生了”[①]；另一方面，战争的现实也提高了他脱离现实去梦想的能力。在一片火药味的笼罩下，在“文学报国”的论调甚嚣尘上中，他在文学上显然并没有随波逐流，而且他表示他“嫌恶那些投战争之机的知识层的同时代的人”[②]。这期间，他觉得“在战争中不仅有悲惨”[③]，所以他“拼命地想舍弃当时的现实”，“尽可能地热衷于小小的孤独的美的趣味”[④]，就是响起警报，他也总是抱着一摞正在撰写的稿件躲到潮湿的防空洞里，从洞穴探出头来，观赏远方大城市遭空袭时所映现出来的五彩缤纷的火光。有时甚至不理会警报，登上附近最高的建筑物——一家百货大楼的楼顶，眺望着夜间原野远方

① 《全集》，第3卷，第246页。

② 与手冢富雄的对谈《尼采与现代》，转引自三好行雄编《三岛由纪夫必携》，第16页。

③ 《我的战争和战后的体验——第20年的8月15日》，《全集》，第32卷，第52页。

④ 《我经历的时代》，《全集》，第30卷，第436页。

的地面高射炮炮火和天空呼啸而过的飞机的炮火所交织的火焰。他观赏着这种空袭或空战的景象，觉得美极了，简直就像观赏“看似豪华的死和毁灭的大宴会一样的篝火的光”[①]，从中幻想出国家和民族走向毁灭的美、幻想着死亡的美。他说：“在这样的日子里，确实是幸福。因为这个时候既不用担心就业问题，也不用担心考试。连食物也是配给的，虽然量少。关于未来就全然不是自己责任范围内的事了。所以，生活上当然是幸福的，文学上也是幸福的。既没有批评家，也没有竞争者，只有自己一人沉溺在文学的快乐之中。”“那时候我不感到自己是一种负担，就是说我处在无重心的状态，我的教养是旧书店的教养（事实上，战争末期用钱也只能买到旧书）。我的住处是小小的坚固的城堡。”[②]

综观公威在这段战争期间的历史表现，从《大诏》到“遗书”，从体格检查到逃避应征，从日常生活到文学创作，都反映出其两面性。他一方面在思想、情绪上被一种狂热的战争思想、尊皇精神所包围，振振有词地表示要为天皇和国家而献身，这与整个日本社会的氛围是契合的。另一方面，在行动上、艺术上，他又背离了他的誓言，反对战争的现实，完全陶醉在文学之中，并企图将“战争美学化”，即将战争与美和死联系在一起，这又同整个时代、社会的战争

① 《我经历的时代》，《全集》，第30卷，第436页。
② 同上，第436—437页。

气氛是不合拍的。所以，他也有“焦土的异端儿”之称。

日本学者野口武彦说：“战争年代给公威以强烈的影响。在这个年代里，他是抱着怎样的心情、如何思维的呢？通过许多文章可以看出围绕战争问题，公威内心是存在两面性的。所谓两面性，是指一方面在战争的非常时期，他作为一个日本人，具有与时代共有的、狂热的、所谓‘爱国的’感情，同外界的战争步伐保持密切的联系；另一方面，尽管在战时，他依然顽强地坚守着自己的作品世界和思考世界，甚至达到排他的程度。”[①]

公威自己总结说：自己是“时代的象征者”，也是“时代的落伍者”，对此他“束手无策”。[②]战争期间，“实际上自己作为言论人，并没有受到言论统制的毒害，因为自己内心流溢着奇妙的自由，自己无论如何也要把生活和艺术作二元的思考。我的这种倾向，可能就是在那个时候形成的。”[③]

事实上，这种战争的感情、理性的体验，成了其后的三岛由纪夫对未来生活与艺术的投影。

① 三好行雄编《三岛由纪夫必携》，第16页。

② 《我经历的时代》，《全集》，第30卷，第437页。

③ 《我的战争和战后的体验——第20年的8月15日》，《全集》，第32卷，第52页。

二、《鲜花盛时的森林》问世

15岁以前，他醉心于写诗，有“少年诗人”之称。曾几何时，他的文学兴趣从诗歌转向小说了。处女作《鲜花盛时的森林》就是这个时候问世的。这时公威是个16岁的中学生。

正如上章所述，这时著名国文教师、和泉式部研究家清水文雄担任了公威初中三年级的国文和作文老师，直接引导公威打开日本古典文学的眼界，手把手地领着公威走文学的道路。《鲜花盛时的森林》就是在清水文雄的影响和直接推荐下，在当时日本浪漫派的重要刊物之一《文艺文化》上连载的（1941年9月至12月）。这是公威第一次走出校内杂志，向校外文坛杂志发展。

当时清水文雄兼任学习院青云寮的舍监，公威平时下课后经常将写就的作品拿到舍监室求教于清水文雄。1941年夏季将放暑假的一天，公威将这篇新作拿到舍监室交给清水文雄时，清水接过70页的原稿，放在手上掂了掂，觉得分量很重，比他以前读过的公威的任何作品都长。清水当晚一口气把它读完，非常感动。不久，学校放暑假，《文艺文化》同仁在伊豆半岛修善寺召开编辑会议，作为同仁的清水文雄将公威的《鲜花盛时的森林》原稿带到会议上，让莲田善明、池田勉、栗山理一三人审读。他们三人在下榻新井旅馆的当晚，轮流读毕，无不感叹："一个'天才'在我们面前出现了"，并且当场一致决定在《文艺文化》9月号开始连载，并且第一次用了三岛由纪夫的笔名。

关于三岛由纪夫这个笔名的由来，有各种各样的说法。

据清水文雄回忆：当时他在编辑会议上提出，《文艺文化》是全国性的文学杂志，考虑到公威还是个初中生，并顾及公威双亲的想法，所以建议发表时不用真名实姓。与会者一致同意改用笔名发表，但必须征得本人同意。当大家议论用什么笔名时，不知是谁提出，他们乘坐东海道线电车去修善寺必须在三岛站倒车，去修善寺就很自然地想到"去三岛吧"（日语读音是"三岛ゆきぉ"）。清水文雄回到东京学习院，一方面告知平冈公威决定刊登他的《鲜花盛时的森林》，一方面征求他是否同意改用笔直名的问题。公威大概觉得自己在校内《辅仁会杂志》上发表过许多作品，他的名字已经为校内所知，所以对于改笔名开始有些想不通，于是问道："不可以用平冈公威的名字吗？"清水老师耐心地将同仁们的意见向他传达之后，他反而意外地征求清水老师的意见，用什么笔名好。清水便将他们考虑笔名方案的经纬告诉了他，然后询问道："用三岛ゆきぉ怎么样？"公威沉思片刻，在一张纸片上按日语读音写上汉字"三岛由纪雄"几个字，然后递给清水老师说："用这几个汉字可以吗？"清水文雄接过纸片看了看，觉得"从字面上看"雄"字过重，顺

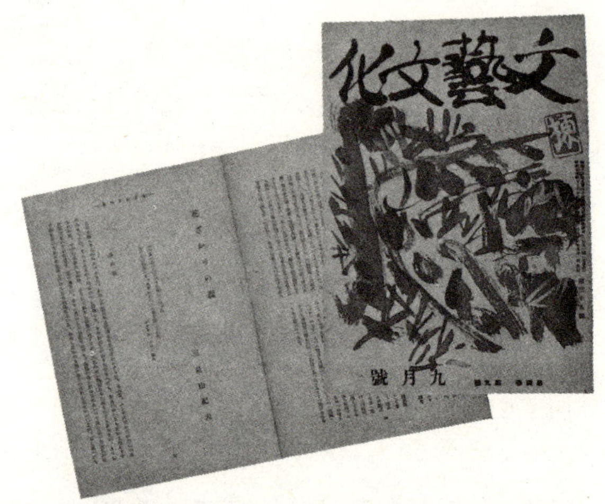

1941年9月，在恩师清水文雄的推荐下，第一次以笔名三岛由纪夫于《文艺文化》杂志第四卷第九号发表短篇小说“鲜花盛时的森林”。

手将“雄”字改为“夫”字（“雄”与“夫”读音相同），然后将纸片交还给公威，说：“就决定用它吧[1]。”

平冈公威谈到自己的笔名时说道：清水老师说，第一次在校外发表作品，作为学生用真实姓名不太好，建议改用笔名。他本想改一个像浪漫派歌人伊藤佐千夫那样具有“万叶风”的古雅笔名，结果将名改为由纪雄，清水先生将“雄”改为“夫”字。姓就顺手拿起清水先生桌上的一本人名册翻了翻，找到了三岛这个姓。文坛上无人用此姓名，姓和名都无浊音，读起来比较悦耳。于是从此就这样一直沿用三岛由

① 清水文雄《围绕〈鲜花盛时的森林〉》。

纪夫这个笔名了。[①]

父亲平冈梓则另有一种奇特的说法：公威把电话簿拿过来，漫无目的地乱翻一气，随便翻到其中一页就将左上角的第一个姓氏权作笔名。他这样想就这样做，便成了三岛某某的由来。因此这个名字究竟是警视厅刑事部的鬼警部的名字，还是小饭馆的名字、水果铺的名字，抑或是高利贷者的名字，全然不晓得，可是他也就这样采用了。[②]

根据日本三岛由纪夫研究家的考察和论证，似乎清水文雄的说法更符合逻辑，接近于实际。

《鲜花盛时的森林》这部作品，就其结构来说，分为序、一、二、三（上）、三（下）等节。小说开始引用了法国诗人夏尔·克罗斯的一句诗：

她在森林的花丛中死去，
她知道，
在别处还有更加茂盛的森林。

“序”中用这样简洁的两段话交代了作品的主题：

……回忆是“现在”的最纯真的证明。在现实中，不

① 《我的笔名》，《全集》，第25卷，第336页。

② 《吾儿三岛由纪夫》，第117—118页。

借助回忆，就不会得到或正确地理解诸如爱与献身等非常纯洁的情感，好似扒开落叶后，清泉才能映照出蔚蓝的苍穹一样。而那些掩盖在泉水上方的零乱飘落的树叶，是决不能映出天空的。

其实，我们拥有很多祖先，他们有的恰似美丽的憧憬存在于我们的内心里，也有不少人站在我们的对面，令人不耐烦地保持着严格的距离。

之后，作者描写主人翁“我”来到一块与自己毫不相干的土地上，心境发生了变化，自己的心也变老了，变成一种近似遁世的心态，接着在读者眼前展开“我”的生存环境，特别交代了紧挨着山脚的海湾，为故事情节的发展作了巧妙的铺垫。第一节通过“我”与祖先邂逅，托出了“我”的家庭状况和自己周围的现实。祖母患有神经痛，经常痉挛，一直被病痛折磨着。母亲固执、矜持，她战胜了父亲，父亲却没有对母亲不满和气恼。可是，父母分居之后，使“我”充满了困惑，对母亲投下批判的目光。第二节回头交代自己的祖先是武士门第和公卿门第，自己憧憬海、河川是祖先延续至自己这一代，这是一种默契。在祖母去世后，“我”发现了自己的远祖熙明夫人的几本日记，并再现熙明夫人在某个夏季一天的日记。夫人在这天的日记里，描述自己周围的山与海的景色，以及对这些景色的感受性。她时而仿佛伸手就能够抚摸天下万物，隐约泛起了一种不可思议的奢侈的亲昵感；时而她的右手碰触到挂在胸前的镀银十字架，给她带来了超自然的愉悦；时而在回忆往事之际，发现自己眼前的洼地竟变成一座佛龛似的，于是渗进了苦恼的愿望，这类愿望通过某种力量可以感动上苍的意志；时而又被一个胸前同样挂着十字架的女子的姿影重叠在一起等等，夫人的所见所闻诸如此类，但她却无法理解它们所蕴含的意义。

“我”读了夫人的日记，夫人究竟看到了什么东西呢？这成了“我”的课题，于是“我”就此展开了幻想式的评论。第三节（上）上溯平安时代先祖的一个古典式的贵族恋爱故事——一个身份并不特别高贵的女人入宫为仕，与她家那位祖先殿上人保持着一种秘密的关系，但男方对她冷淡，此时女方接到旧情人——落发修行的僧人捎来的信，使她的心逐渐转向旧日相好的男人，但是她又担心两个男人最后都会抛弃她，她抱着这种复杂的心情，发出了古典式的困惑和叹息。故事这样开始，然后借助引用故事原文的形式叙述了一大段女子决定委身于旧情人，并与他私奔到纪伊海滨，女子与海邂逅最初移情于大海，后又惧怕大海，她内心对僧人刚刚产生的信赖和爱也冷却下来，最后逃回京城，削发为尼，留下了这样一段感想：“现在看来，前往海边的路途上，之所以从那个男人身上感受到不同寻常的畏惧和信赖，或许是预先把海神想象为男人，并把男人的一言一行都看成是大海的形象的缘故吧。”作者给这个故事下了这样的结论：对大海的恐惧正是变了形的对大海的憧憬。他强调了自己家庭的血统与大海的缘分。第三节（下）又下至明治时代，祖母从一张她的婶母的旧照片，回想起这位夫人与伯爵的婚后生涯，以及伯爵故去后，夫人与一富商再婚复又离婚，过了持续近40年独身生活的经历，但她不怨天尤人，只偶然流露出她对大海的炽热向往……

三岛由纪夫写作《鲜花盛时的森林》时开始倾心日本古典，受日本古典文学的传统精神和技法影响颇大，小说的主人公虽然贯穿于整体，故事演绎却缺乏整体性，更多地着力于各部分的局部细节描写和叙述，情节相对独立，整体结构显得比较松散，各部分似基本独立成篇，可以形成独立的短篇小说。但是时间的推移、情节的开展以及人物性格的发展，又并非全无有机的联系。在主题思想方面，作者开头作了交代，但仍然是朦朦胧胧，给人一种模糊不清的感觉，很难概括出一个整体的梗概。不过局部的情节描写却栩栩如生，而且文体古雅、绚丽，通篇贯彻着古典的情趣。尤其对古典式贵族恋爱故事的描写、对那个燃烧起热情的宫女、对殿上人的自白与谢罪的叙述，更渲染了像古典名著《源氏物语》所表现的那种日本式的情绪、那种日本式的审美情趣。

贯穿小说整体的人与物，除了主人公“我”之外，就是海，就是各种人物对海的恐惧或憧憬。海成为故事发展的重要纽带。故事开始就交代主人公“我”的家的环境是靠近海湾，象征与海紧密相连。宫女对海从畏惧到憧憬的心理变化、伯爵夫人对海一刻也不停息地向往的心态，更成为故事发展的重要契机，以此展现她们由于与丈夫的关系所产生的心理流程，譬如第三节（上）在故事结尾处，宫女入尼姑庵后，在诵经念佛之余就写下了这样一段海与自己的关系的感想：“现在看来，前往海边的路途上之所以从那个男人身上感受到不同寻常的畏惧和依赖，或许是预先把海神想象为男人，并把男人的一言一行都看成大海的形象的缘故吧。”

1944年10月15日，三岛由纪夫于七丈书院出版单行本《鲜花盛时的森林》。

三岛由纪夫在运用日本古典文学结构，即在无始无终的历史空间与时间的整体结构中，使局部自成空间和时间的整体；同时在古典结构的制约下，又借用了西方现代文学的意识流技法，由回忆与联想将空间与时间扩大和倒错，比如从现在追忆往昔开始，上流向一千多年前的平安时代，尔后又下流回百余年前乃至数十年前的明治时代，最后回到现实，来扩大展现人物的深层心理，即爱而未能达到的心理与献身的纯洁感情。总括来说，《鲜花盛时的森林》用纤细与奔放、隐喻与明喻的和洋结合的中间文体，再现了从日本文学的古典世界中吸收的日本情绪。所以说，作者运用古典与现代的结合虽然未能达到浑然相融的地步，但作为一种探索，而且是一个16岁少年的探索，其意义不仅充分展现了他日渐成长的文学才能，而且开辟了一条具有自己特色的创作道路。

三岛由纪夫在一篇《三岛由纪夫短篇全集》的前言中总结说：他当时的作品《鲜花盛时的森林》“是最国文学风格、最王朝文学风格的”，但“还有一点就是总追求时髦，模仿19世纪末欧洲颓废派的氛围”[①]。他在另一篇《三岛由纪夫作品集》的前言中还写道：《鲜花盛时的森林》“似是模仿又非模仿里尔克[②]的作品”，这部作品和他的其他同期作品，都是他“少年时期处在半觉醒的状态下写就的。正如人们所看到的，这些故事的外界是全然不存在的”[③]。

① 《前言》，《全集》，第32卷，第10页。

② 里尔克（1875—1926），德裔奥地利诗人，他的作品大多充满孤独、感伤、焦虑，惶恐的世纪末情绪和虚无主义思想，在艺术上作了不少探索和创新。

③ 《前言》，《全集》，第26卷，第269页。

《鲜花盛时的森林》问世第四年，三岛由纪夫将它与同期写就的《水中月》、《万古流芳》、《苎菟与玛耶》、《祝福日记》等五个短篇小说合集出版处女创作集，书名为《鲜花盛时的森林》，在题赠中，他把这本书献给恩师清水文雄。

1944年9月三岛于学习院文学科毕业，10月进入东京帝国大学法学部。其时正处于战争末期，东京频频遭到空袭，物质匮乏，加上当局通过出书用纸申请的手续，对出版书刊进行严格的控制，所以出书是十分困难的。幸好《文艺文化》的主干莲田善明等同仁大力美言推荐，并交给富士正晴直接张罗。三岛由纪夫和富士正晴为此经常在随时都有可能遭到空袭的东京大街上奔波。三岛由纪夫为了迎合时势，故弄玄虚地在出版申请书上填写了出书目的是“为了保护和继承皇国的文学传统”，最后获得批准用纸，交由七丈书院出版。这期间三岛担心东京遭到严重空袭，就天天祈祷，祝愿这期间印刷厂免遭炸毁，让书平平安安地问世。

由于大家的共同努力，该书使用了当时最好的纸张，并由德川义恭负责装帧，模仿了光琳的杜鹃花扇面原色版做封面，非常精致，印刷也上乘。于1944年11月25日正式出版初版，印数4000册，在“书荒”的年代，一周内便销售一空。由于是战时，并没有立刻引起文坛的反响，但三岛明白“在当时形势下出版这类书是多么异常的”，也就“感到随时死而无憾了”[①]。如上章所述，出版后由父亲梓暗地张罗，由母亲倭文重陪同出席了在上野池端雨月花举行的出版纪念会。翌年1月三岛由纪夫第一次拿到稿酬，就跑到神田书店街，用全部稿酬买了净琉璃和歌舞伎剧本。在出版处女作《鲜花盛时的森林》的同时期，三岛由纪夫还写了《古今的季节》、《寿》、《双关语》等评论文章，对于日本和歌的季题，“寿”的世界的象征性、日本语言的美感等日本古典主题，发表了许多具有独创性的意见，形成了三岛美学的初步理论基础。

从此，学习院《辅仁会杂志》作者平冈公威转向《文艺文化》作者三岛由纪夫，迈出了走向文坛的第一步。

三、与日本浪漫派结缘

三岛由纪夫在《我经历的时代》一文中谈及他的作家生活时，开首就这样写道：“我自己的文学经历究竟应该从哪里谈起呢？就从我在学校里搞过一阵子文学活动，与战争期间的日本浪漫派的关系谈起吧。”[②]的确，三岛由纪夫作为作家的起步，是与日本浪漫派及其主持的刊物之一《文艺文化》分不开的。他不仅通过恩师、《文艺文化》同仁清水文

① 《我经历的时代》，《全集》，第30卷，第434页。
② 《我经历的时代》，《全集》，第30卷，第427页。

雄的推荐，在《文艺文化》上发表了处女作《鲜花盛时的森林》，并以此为开端，在《文艺时代》发表了十余篇小说、诗歌、评论和随笔，而且通过清水文雄的介绍，结识了日本浪漫派的主要人物保田与重郎、莲田善明等人，并在莲田善明的帮助下出版了处女短篇小说集《鲜花盛时的森林》，从此，他与日本浪漫派的《文艺文化》结下了不解之缘。可以说，日本浪漫派及其《文艺文化》，对于三岛由纪夫的文学创作和精神结构的形成，产生了极其深远的影响。

日本浪漫派是战争时期特殊的历史产物。1934年11月由保田与重郎执笔、神保光太郎、龟井胜一郎、中岛荣次郎、中谷孝雄、绪方隆士、保田与重郎6人联名发表的《日本浪漫派广告》（刊于日本浪漫派的杂志《我思故我在》第30号上）宣言："平俗低徊的文学正在流行。日本微温的饶舌，企图昏迷于不变的信条。我们终于创立日本浪漫派，其一的目的，就是向流行挑战……我们深感我们下一代文学家的天赋使命……就是顽强地反抗现状。"保田与重郎更直接地宣告"近代的终结"。从这里可以看出，日本浪漫派的性格与欧洲19世纪流行的一般意义上的浪漫主义不同，他们是从"超克近代"和"回归日本"出发的。翌年3月他们创刊《日本浪漫派》杂志，以否定近代及近代文学为宗旨，以观念性、浪漫性的国学思想作为基础，提倡国粹主义，鼓吹"皇神思想"。为了在文学上贯彻此目的，他们于1938年7月创刊《文艺文化》，主要由莲田善明、清水文雄、池田勉、栗山理一四人负责，提出反近代主义的具体方法是企图复古，美化日本古代和中世，接近日本国学思想。所以，他们在创刊词中，“呼唤古典的黎明”，号召“听命于古典精神的指导”和“绝对的服从”。

20世纪40年代伊始，日本不断加速战争的步伐，为了适应国家主义发展的需要，这种文化上的国粹主义便与政治上的民族主义结合，逐渐蒙上了政治性色彩。1940年11月他们在《我思故我在》第101号上发表了日本浪漫派的第二个宣言书《百一号宣言》，不仅强调“皇国文学至尊的事实，正是我国文学的真髓”，而且声称“世界形势的推移和变化应该在皇国促进下下新的大决心的时机到来了，昭和维新的旗帜已经翻倒了。这时候，真正的文学家应走的道路就是保卫国家的传统。”“现今不是歌颂爱国的真诚，也不是客观述说爱国主义的必要，这已是一种卑怯至极的行为了。”“长久以来，我们号称日本的国粹，主张变革新文学者的教养。我们的新文学的教养就是新国粹的决心，现在必须更进一步前进……”日本浪漫派一步步地准备走向赞美战争，企图美化战争。

正是在这个时候，清水文雄推荐三岛由纪夫阅读保田与重郎的《加冕的第一号诗人》、《日本的桥》、《和泉式部秘抄》等作品。三岛由纪夫读罢颇为感动，认为保田的这些作品是“罕见的美好的书”，“其文体最忠实地传达了那个时代的精神状态”[①]。后来三岛作为学习院文艺部委员长，走访了保田与重郎，邀请保田到学习院讲演，有机会直接认识了保田与重郎。以此为契机，三岛由纪夫潜移默化地接受了保田的皇国美学思想的影响，在清水文雄的具体指导下，遨游古典的世界，埋头阅读《和泉式部日记》、《上田秋成全集》、《古事记》、《日本歌谣集》以及室町时代的小说、谣曲等日本古典文学著作，陶醉在日本古代和中世文学纤细的美意识中。

三岛与当时保田主张日本浪漫派从政治上考虑问题不同，更多的是从文学方面出发，接受保田的皇国美学思想的渗透，即追求从政治异化出来的感情的美，与中世末世意识、死联系在一起的美。三岛本人在《四处流浪》一文中谈到这种影响对自己的得失时指出：“这种影响的一得，就是接近古典，为此而阅读古典。一失就是找到一个借口，认可沉溺于过去的感受性。但是，日本浪漫派与明治时代的浪漫主义不同，它存在贫弱、不幸的一面，这是无可争辩的事实。”[②]他在《我经历的时代》一文中还指出：“战争期间，《文艺文化》颇具指导者理论和国家总动员的功利目的意识，是捍卫纤弱的日本古典美的堡垒，同时又洁癖地排除西方理性

① 《我经历的时代》，《全集》，第30卷，第429页。

② 《四处流浪》，《全集》，第26卷，第302页。

的批评，这种矛盾使它的主张多少带有武断主义的成分。”[①]

由此可见，三岛由纪夫初时还能以自己的独特方式来对待保田与重郎和日本浪漫派，他指出了日本浪漫派“贫弱、不幸”的一面，以及为国家总动员的功利目的、排除西方理性的批评的一面。有一回三岛询问保田与重郎“您觉得谣曲怎么样？”三岛提问的时候，自己觉得“谣曲的文体绚烂，内里潜藏着末世意识，通过极限的语言表现出一种美的抵抗”，所以他本来期待保田会就此说些“不愧是浪漫主义者的立意美妙的话”，可是保田却回答：“哦，就像自古以来的织锦，或者类似当时的大百科词典的文章吧！”这对于偏爱谣曲文体和中世文学的三岛来说，无疑是很大的冲击。他认为“保田的语言没有危机感”，使他“大失所望”[②]。

所以说，日本浪漫派初期，三岛对保田与重郎是有些保留的态度，尽管他的文学构思与保田的回归古典的构思有相一致的地方，但在伦理结构和实践模式则不尽相同，譬如他在对战争的关心方面以及对待近代和近代文学的态度即与保田存在某些差异，他不尽是完全从伦理和实践方面关心战争，也不尽是完全排斥近代和近代文学的。如评论家矶田光一指出的：“三岛在战争期间的作品，是继承日本古典的传统，并从这里梦求脱离现世的美，这表明三岛对战争关心

① 《我经历的时代》，《全集》，第30卷，第428页。

② 同上，第430页。

的方式，与其说是伦理性的、实践性的，不如说是美的东西。”[①]三岛由纪夫也承认，“与其说我从保田那里，不如说更多地从莲田善明那里接受了浪漫派思想的影响，接受了一种感情的教育”。[②]

如上节所述，三岛由纪夫认识莲田善明是从清水文雄推荐《文艺文化》刊登他的《鲜花盛时的森林》开始的。莲田善明从编审三岛由纪夫的《鲜花盛时的森林》起，就非常推崇三岛由纪夫，称赞三岛是“悠久的日本历史的骄子”。他在《文艺文化》刊登这篇小说的编后记中是这样写道：“《鲜花盛时的森林》的作者完全是个年少者。他究竟是什么样的人，暂且保密。因为我相信这是最优秀的。倘使有人一定想知道，我只能回答他就像我们自己这样的年轻人。日本不断诞生这样的年轻人，这是无法言喻的令人高兴的事。对日本文学没有自信的人将会感到惊讶。然而令人难以相信的事实毕竟出现了。

“这个年少的作者是悠久的日本历史的骄子。他远比我们年少，却已成熟。认识这位作者并刊登这篇作品纯属偶然。但你会立即觉得他在我们中间诞生了。”[③]

---

① 《殉教的美学》（第二增补版），第117—118页，冬树社1974年版。

② 《对谈三岛由纪夫——最后的话》，《全集》，补卷1，第669页。

③ 转引自清水文雄《三岛由纪夫的事情》，《日本作家群像18卷·三岛由纪夫》，第76页，小学馆1990年版。

清水文雄的友人和《文艺文化》的同人莲田善明。

对于莲田的这种溢美的赞辞，三岛由纪夫自然感激不尽。以此为开端，三岛由纪夫与莲田善明从文学上到精神上结下了不解之缘。

莲田善明是什么样的一个人物呢？

莲田善明是一个国文学教师，清水文雄任学习院国文学教师之后，他接任清水执成城学园的教鞭。战争末期，他应征入伍，被派遣到南洋群岛，充当日本帝国主义侵略战争的急先锋，1945年8月15日在那里迎来了天皇宣告日本无条件投降的停战令。他所在的驻马来西亚的一个岛上的熊本部队拒绝解除武装，并在板垣大将的指挥下，编成所谓“抵抗部队”，图谋“战到最后一兵一卒”。莲田被指派为“抵抗部队”的大队长。当时的连队长中条丰马大佐察觉到这种不稳定的空气，于是在8月17日召集连队总部的军官举行诀别军旗仪式，并且在仪式上训话时指出："天皇应对这场战争负责，皇军的前途、日本的精神毁灭了！"仪式刚一结束，莲田立即跪在地上，双手抱住大队长秋冈隆穗大尉的腿，大声哭着呼喊道："我万念俱空啊！"他认为连队长中条丰马大佐的讲话是"对天皇不忠"的"通敌行为"，于是在8月19日枪杀了中条丰马大佐，高呼"天皇陛下万岁"之后，自己也饮弹自尽了。

可以说，这样一个莲田善明是个地地道道的愚忠天皇的顽固分子，三岛由纪夫也承认他是"日本浪漫派的最右翼"。这样一个莲田善明对三岛由纪夫的"感情教育的影响"是包含着多方面的，既有表层的，文学上的，也有深层的、政治方面的，两者的影响时而有所偏重，时而互相交替，是实实在在的影响，而且在某些方面还起着深远的潜在的作用。

日本浪漫派同仁于莲田善明为天皇殉死的翌年1946年11月17日在成城学园素心寮举行"莲田善明追悼会"。与会者中最年轻的三岛由纪夫在会上献诗一首，题为《面影》：

你爱古代的云，
亲身体现了古代。
你是一片云上云，
永远留给我们近代，

徒然的虚空。

我羡慕蔽日的浓云，

要把身躯掩埋在

荒漠辽阔的沉土里。

三岛将他对莲田的仰慕感情全部倾泻在这短短的几行诗里。三岛首先接受莲田影响的，就是莲田鼓吹的“死就是文化”这种观点，他说莲田在《大津皇子论》一文所说的“我是这个时代的人，年轻轻的也必须死……因为我知道死就是文化”这句话，一直牢牢地盘旋在自己的脑海里，久久未能拂去。尤其是这种“死就是文化”的想法，像闪电般地袭击了他年轻的心。这与他少年时代对血与死的憧憬相契合，他认为死产生了一种美，时至今日，他仍然无法从这种美中摆脱出来。其次，三岛接受莲田的影响，就是莲田的死及其形式，与他在战争期间认识的“死是一种疯狂的祝福、是祭典”直接联在一起，他从这里“仿佛突然得到了启示，它照亮了我许久以来的迷蒙”[①]，将他对血与死的向往接近于伦理性，但又没有达到伦理性的程度就升华为危险的美与恶。

事隔20年，小高根二郎在《果树园》杂志上连载传记《莲田善明及其死》时，三岛由纪夫给作者写了一封信，表

① 《莲田善明及其死》序，《全集》，第34卷，第364—365页。

示他读了这部作品，“仿佛感到莲田氏和我的结缘的确得到巩固了。通过你的文章，我听见了莲田对我说话。我已经到了莲田的年龄，却仍然游手好闲地活着，实是惭愧。……现在我不撒谎，也不隐瞒，我除了羡慕莲田氏那伟大的临终以外，不知如何是好”[①]。1970年3月出版这部传记的单行本时，三岛由纪夫作了序文。

三岛由纪夫在他人生的最后一次谈话中承认：

“莲田给我的东西是什么，在战争期间似乎一直都看不见，可是随着接近莲田的享年，死就是文化这种闪电般的美的真意，以及莲田当时对‘最大的内部敌人’的愤怒，对知识分子的愤怒，我明白了。”[②]可以说，莲田善明对三岛的影响，跨越战时战后的时空，潜藏在他的生命体内不断地起着看不见的作用，其后20余年化作三岛由纪夫的思想，也化作三岛由纪夫的最后行动。

四、初恋的失败

少年的平冈公威觉得男性比女性更具吸引力，往往窥视男性的肉体和塞巴斯蒂昂的殉教图也会神魂颠倒，想入非

① 松本健一《莲田善明·日本传说》，第13页，河出书房新社1990年版。

② 《莲田善明及其死》序，《全集》，第34卷，第364—365页。

非，甚至发展到精神上的同性爱。尽管《假面自白》这部自传体小说所描写的主人公“我”与近江的同性恋已经小说化，带上了不少虚构性，但也实实在在地反映了三岛曾经发生过精神上的同性爱，这是众所周知的事实。

可是，平冈公威毕竟是自然人。随着少年而青年、平冈公威而三岛由纪夫，他进入了思春期。这时期，正是战争年代，社会上风靡禁欲主义，尤其是他所在的学习院是一所正统、古板的贵族学校，更是缺乏性知识的教育，再加上他并不是一个美貌青年，自我感到对异性没有诱惑力，他本人非常自卑，没有勇气去追求异性，同时混杂了同性爱与异性爱，苦恼于难寻自己的爱情与性欲的支撑点。他常常担心自己在爱情问题上，会遇上某种难以预想的可怕的危险，对自己未来的爱情漠然不安。这种不安驱使他脱离现实去梦想，又企图逃脱梦想，奔向一种他所说的“恶习”。他形象地形容过自己是一只“丑小鸭”，不过，是“像一只坚信自己长大了也能变成天鹅的丑小鸭”[①]。

在三岛的回忆中，他在学习院走读时，上下课乘公共汽车回家路上，经常碰上一个少女，有时两人还比邻而坐，车身晃荡，他们两人膝盖碰膝盖，三岛觉得传来了一股不可思议的温暖，且是久久未能拂去的温暖，这是一种带浪漫色彩

① 《假面自白》，《全集》，第3卷，第222页。

的感受。但是，他们彼此没有打过招呼，更没有交谈过，只是三岛单方面对她产生过淡淡的思慕。这是三岛由纪夫在现实生活中第一次对女性掀起的感情涟漪，也可以说是他性意识的真正觉醒。

还有一回，三岛由纪夫到一位男学友的家中作客，这个家庭非常开放，男女社交自由，男学友的一位非常标致的姐姐，无时无刻不处在三岛同班男同学的包围中，她显得非常热情，落落大方，引起了三岛的注目。三岛不时地将目光投向这位学友的姐姐身上，心里总盼她走到自己跟前露一露面。可是，当她兴之所至，真的走过来时，他又觉得她全然将自己当做小孩子，也许只是觉得自己会作诗写小说，抱着几分好奇心、怜悯心走过来看看自己而已。尽管如此，他觉得她美得简直像是住在另一个世界里的人，不由心荡神驰，腼腆地将自己带来的一本小说送给了她。她却没有什么特别的回应，连感谢的话也没说一句，就飘然而去。一个月之后，三岛再到学友家时，她才简单地说了声“谢谢你的书”。三岛爱慕她，有意接触她，她却无心。三岛只好将她深深地埋在自己的内心底里，对谁也没有提起过这件事。后来听说她结婚了，三岛才觉得自己“对友人的姐姐的爱恋，完全以单相思而告终了”[①]。

① 《我的思春期》，《全集》，补1卷，第105、114页。

战争末期，三岛与另一学友的妹妹邂逅，两人一见钟情，激起了更加炽热的感情波澜，从而堕入爱河了。关于这个女子的名字，三岛由纪夫在他的作品或文章里从未提及她的真名实姓。他在《我的思春期》一文里用的是她的化名浅子。据秋永悦郎的《回忆——致三岛由纪夫氏的书简》（《国文学》1961年8月号）里记载她的真名是汤浅笃子。这是三岛由纪夫的初恋，事情经过是：

1945年早春的一天，三岛由纪夫来到一个过从甚密的学友家，他们在客厅里闲聊时，从客厅的邻室里传来一阵阵悠扬美好的钢琴声。这是友人的妹妹、也是三岛妹妹美津子在圣心女子学院的同班学友笃子弹奏的钢琴声。三岛竖着耳朵听着，他觉得仿佛是专门为他而弹奏似的琴声，把自己带到了一个难忘的温暖、柔和、宁静的女性世界。这一回笃子只是端茶到客厅露了一面，就匆匆退下，彼此没有更多的接触。三岛后来说："实际上听见琴声的时候，也许我就已经开始爱上了她。"[①]从此三岛魂牵梦萦，总想找个机会与笃子相见。

在三岛由纪夫写完《马戏团》不久的一天，即3月9日，这种机会终于到来了。笃子家邀请三岛由纪夫与他们一家人一起赴前桥预备士官学校去探望笃子的哥哥。那天

① 见《三岛由纪夫——血与青春》，第107页，樱枫社1977年版。

一早，三岛在中央线车站上等候笃子一家人，他远远望见笃子牵着两个妹妹的手走下车站台阶，喜洋洋地迎上前去，当他有机会与笃子谈话时，他又不知该谈些什么，没有从口里吐出一句话来。上车以后，他依然默默地眺望着窗外早春微寒的田园风光，久久才脱口说出一句话："读什么小说啊！"笃子没有回答，让他看了看自己手中的文库本《水妖记》。

当晚三岛他们在前桥泊了一宿，东京又遭到猛烈的轰炸。次日他们返回东京时，路经大宫站，碰上了一群蓬头乱发、衣衫褴褛的难民，笃子有点害怕，不由得贴近三岛，一只手紧紧地握住三岛的手，三岛也紧紧地攥住笃子的手，两人的心不约而同地碰撞在一起了。这段前桥之行的体验，也许是三岛第一次与异性相爱的体验。回到东京，他写了一首题为《叙事曲》的爱情诗，发表在《曼荼罗》同仁杂志上，献给了笃子。

此后不久，战事日紧，笃子一家疏散到轻井泽高原去了。三岛和笃子通过频繁通信倾诉彼此的心声。笃子到了轻井泽，被一官厅作为"勤务劳动"而征用。她每天出勤，都热切地盼望着三岛的来信。每每午休时分，她就飞跑回家，看看信箱里有没有三岛的来信，因为邮差是中午时分派信的。三岛心想："对我来说，浅子的信是自己生活上唯一的色彩。同样，对浅子来说，我的信也是浅子生活上的唯一的乐趣。"[1]他们从对方的信中都体味到彼此相爱了。笃子的母亲也非常喜欢三岛由纪夫，让女儿邀请三岛到轻井泽家中作客。笃子寄去邀请信，最后写了这样一句话："殷切见到你的一天！"在战火纷飞的环境下，性与爱遭到了严重的禁锢，这种充满亲切的言语，很明显也是一种爱情的表白了。

三岛将应邀去轻井泽会见笃子的事告诉父母的时候，虽然外面兵荒马乱，但父母二话没说就同意了，而且想方设法帮他买一张当时很难买到的车票。前往轻井泽那天，天空飘起霏霏小雨。三岛上了拥挤不堪的列车，踏上漫长的旅途。他凭依在窗际，望着窗外飞速掠过的雨中景色，觉得这场战争将是以日本和日本国民全部毁灭为结束，仿佛自己望什么都是望最后一眼了，回味过去的人生苦恼和乐趣，也仿佛是最后的回味了。列车快到轻井泽，大概是因为快与笃子见面吧，他又像是对未来充满了信心，脸上露出了一丝欣欣的笑容。

三岛从轻井泽站下了车，步出站口，刚想径直向笃子的宅邸走去，笃子气喘吁吁地骑着自行车来了，她冷不防地在三岛背后拍了一下。三岛吃了一惊，猛然回头一看，笃子的脸颊旋即飞起一片红潮，似带几分天真与腼腆，又似露出几分娇媚。她用十足恋人般的口吻问道："累了吧？"三岛莞尔一笑，应了一声："噢，不累。"两人简短对话之后，就

① 《我的思春期》，《全集》，补1卷，第133页。

没有更多的言语。从车站悠闲地信步走在回家的路上，笃子主动地将话匣子打开，滔滔不绝地谈起她每次焦急地盼望三岛来信的心情。三岛觉得笃子与他自己所在的兵工厂“勤务劳动”的、整天挂着一副愁容的女学生迥然不同，她充满了生机和活力。

三岛到了浅子家，与笃子家人围桌用餐。笃子的家人寻根问底地探听东京的近况，天南海北地闲聊开来。三岛“仿佛是刚从战乱的街巷回到了和平的村庄的士兵，成为话题的主人”[①]。从粮食匮乏、伤亡惨重谈到军人横暴，甚至有意夸大地谈到了自己留在东京的危险性。笃子全家人都好像听故事似的，唯有笃子一人泛起几分愁容，担忧着三岛在东京的安全与健康，偶尔还亲昵地叮嘱一句：“你自己要珍重啊！”当晚，笃子无微不至地照顾他，为他安排了一间客房，备了一张柔软的床，而且一会儿端来开水，一会儿送上烟灰缸，进进出出客房好几次。她的每次进来，三岛都想将她留下，两人单独促膝相叙，但他又迟疑，没有启口。笃子大概猜中了三岛的心思，最后一次走出客房时，回头用会说话似的水灵灵的眼睛望着三岛，甜甜地说了一声：“晚安，明儿见！”转身就把房门关上了。这一次，三岛陶醉了，简直就像来到了一个“极乐的世界”[②]。

---

① 《全集》，补1卷，第134页。

② 同上，第135页。

翌日下午，他抓住与笃子接近的一次机会，对笃子轻声地说："咱们俩出去散散步吧？"笃子兴致盎然，像一只小鸟似的飞快跑到母亲跟前问道："我们俩出去散步可以吗？"母亲爽快地答应了一声："噢，走好啊！"三岛异常兴奋，觉得笃子的母亲这一亲切的声音，"在我的良心上颤动，我的良心就是这样容易受伤啊！"①

三岛终于找到了与笃子单独幽会的机会。两人走在雨后阴沉的白桦树林间，一会儿望望白桦树上的白松鼠，一会儿看看披在白桦树上晶莹欲滴的水珠，快活极了。三岛拉着笃子的手，想把笃子带到一个恬静无人的地方。可是这里的路他不熟悉，走啊走啊，竟走出了白桦林，来到了一条喧闹的街衢。这时，笃子发现路旁有一条覆盖着洋齿草的小径通向一个小山坡，于是这回由她向导，两人沿小径攀登而上。雨后路滑，笃子好几次险些滑倒，三岛紧紧拉住笃子的手，一步一步地沿坡而上。路越走越难行，越在考验他们的勇气。三岛觉得此时"仿佛看到了自己的生的意义和力量"②。他们两人到达山坡上，眼前展现一片茵茵如丝绒的草地，好像特地为他们铺垫似的。天空放晴了，大自然以明朗的表情在拥抱他们。百鸟也啁啾鸣啭，好像在热烈地欢迎这对初恋情人的到来。他们席草地而坐，长时间无言相对，大地沉静得惊

① 《全集》，补1卷，第136页。
② 同上。

人可怕。他们拥抱、进行“人生第一次美丽的接吻”、“从内心发出的清新的接吻”。这时旖旎的景色与他们的抒情融合在一起了，两颗年轻的心跳动在一起了。他们的初恋达到了白热化。

他们两人的爱情也得到双方家长的默许，笃子觉得已经到了应该结婚的时候了。事实上，笃子家在催促着他们成婚，笃子本人也多次同三岛提及举办婚事的问题。三岛总是踌躇不定，似乎还没有打算结婚。一天笃子来过电话后，三岛颓丧地对弟弟千之说：“催得这样急，我也没有办法啊！”

据三岛的挚友松村刚在《三岛由纪夫的世界》一书中回忆说：三岛这一句话的含意，可能是笃子来电话再次催三岛早日举办婚事，因为这时有人来笃子家提亲了。三岛对此全然不知道，还以为有时间从容考虑他们的婚事，没有及时答应笃子。在三岛迟疑的时候，笃子同一个年龄比她大的银行职员订了婚约。三岛知道这个消息大约是在1945年11月或12月初。他还想约已经订婚的笃子出来面谈一次，但他又想到既然人家已经订婚，就要考虑人家的处境。如果自己疯狂地提出这个要求，人家的家长就会勃然大怒的吧？于是他陷入了这样的状态：“另一个我如痴似狂地呼唤着她”，可是“冷静的我沉着地安慰另一个我”[①]。他不想怨天尤人。笃子

---

① 转引自村松刚《三岛由纪夫的世界》，第99页，新潮社1990年版。

结婚了，他认为："我有一种可称之为'如释重负'的感觉吧。我自己欢欣雀跃。我自负地认为不是她抛弃了我，而是我抛弃了她。"①

三岛由纪夫对自己这段恋爱的经过是这样叙述的："这次恋爱，好像缺少一种程序。那是奇怪的建筑似的恋爱，打开尽头的门，迈出一步就是大海。冷不防地迈到海里的人体，无记忆也无绝望地一个劲地沉落下去，连思考如何游泳的工夫都没有了。"②

关于这件事，一说虽然寻求他人的爱，但他没有明确主动地去爱别人的胆量，当有人表示爱他时，他反而退却了。另外一说，笃子家提出让他们结婚，三岛觉得战争发展下去，自己也很难预料是否会再度被征入伍，所以没有应允立即结婚。

这件事发生之前不久，即10月23日，三岛的妹妹美津子因伤寒病离开了人间。翌年5月，笃子与他人结婚了。这两件事对三岛是一个很大的冲击。他表示："我对我的人生绝望了。其后数年我生活上的荒凉的空自感，至今回忆起来仍然令人毛骨悚然。""此后二三年，我最接近死亡了。未来没有希望，唤起的过去都是丑恶！"③这几句不寻常的话，反映

① 《假面自白》，《全集》，第3卷，第324页。

② 《当头字母》，《全集》，第2卷，第435页。

③ 《从末世感出发——昭和20年自画像》，《全集》，第27卷，第49页。

出三岛由纪夫当时的悲伤、绝望和失落感。

三岛由纪夫的初恋与战争同时结束了。但笃子像一颗启明星长久地在他的心中不住地闪流。初恋失意留下的难以抚平的伤痕过了许久还或多或少地落在他的作品上，《我的思春期》的浅子、《假面自自》的园子、《夜间打扮》的赖子、《盗贼》的美子等都有初恋的恋人汤浅笃子的影子。

这是一段既快活又懊丧的回忆，成为三岛由纪夫“后来的文学热情的推动力”[①]。

① 《从末世感出发——昭和20年自画像》，《全集》，第27卷，第49页。

第四章　战后的时代

一、战后的起点

战争末期，三岛由纪夫所在的东京帝国大学的校园里开始议论起投降的事来了。一些年轻的教授在课堂上也暗示性地表达了这种论点。三岛一方面觉得这是一种令人怀疑的见解，心想："我才不上你的当呢！"自己为此颇感满足；一方面又对时至今日仍然狂信战争胜利的人报以白眼。他说："对我来说，战争胜利也罢失败也罢都无所谓。因为我想脱胎换骨。"①

这期间的某一天，同盟国的飞机在东京上空撒下了英文的劝降传单。父亲梓下班途中捡了一份带回家中，冷不丁地吐出一句："这传单是真的啊！"就将传单递到三岛手里。

① 《假面自白》，《全集》，第3卷，第322页。

三岛没等浏览一遍，就已经明白过来。他瞬间泛起了一种无以名状的矛盾心绪。他不敢正视即将战败这一事实，虽然他明白这个事实迟早会到来。但是他一听到“战败”这个词，还是浑身颤抖，企盼着它不会到来，在“这样继续欺骗自己”，“过着自甘堕落、放荡、不知明日的生活，得了坏透的怠惰腐蚀似的疲劳”。[①]

战局的发展，依然准确无误地朝着日本侵略失败的方向运行。1945年8月15日，日本国正式宣布无条件投降。之前几天，三岛由纪夫因患莫名的高烧，离开“勤务劳动”所在地神奈川县海军高座工厂，正在东京豪德寺亲戚家中疗养。8月15日这一天正午12点报时过后，广播里异常地奏起了日本国国歌，接着传来日本天皇用微颤的语调宣读投降诏书的声音。当时广播杂音很大，但三岛通过电波还是听明白了，准确无误地听明白了。在天皇诏敕时，他像平时一样挂着一副毫无表情的能面具般的脸，竭力掩饰他听广播瞬间的“既不悲愤激昂，也不欣喜雀跃”的复杂感情，觉得这一瞬间“自己的确太窝囊了”。[②]可是他又认为“日本人以8月15日作为转机，将最大的耻辱转换为最大的自豪，这是一种大胆的奇妙的转换”。[③]这一天，他正在撰著写就一半的小说《海角的

① 《假面自白》，《全集》，第3卷，第332页。

② 《8月21日的证明被告不在场》，《全集》，第30卷，第135页。

③ 《我心中的广岛》，《全集》，第33卷，第39页。

故事》，于是他在末行注上“1945年8月15日，战争结束”几个字，就像什么事也没有发生过似的，又伏案继续在下一行叙述他的海角上的罗曼蒂克的故事。

战争末期，三岛成为“怀疑派”，“时代的落伍者”，曾“积极要把日本引向战败”，可是一旦日本战败的事实摆在面前，他又陷入一种困惑、虚脱和失落的状态。他在《从末世感出发》一文中这样描绘他当时的“自画像”：

战败那年夏天，是与破坏之后的颓废和死为邻的变态的生的夏天，是光辉的腐败和新生的夏天。这时期是极其可怕的抒情时期。但是我的私生活，几乎没有在那季节中游泳。我主要是写小说过日子。但那个时代的毒，从我的肌肤渗透到我的体内。（中略）日本战败，对我来说并不是怎么痛心的事和遗憾的事。①

未来没有希望，唤起的过去都是丑恶。我总认为必须全面肯定自己和自己的人生。但在战败后的否定和破坏的风潮下，这种自我肯定只能被认为是逆时代而行。现在看来，时代的影子浓重地投在我这种只完全追赶个性真实的生活方式上了。十年后，我是堕落还是多少有点向上，我自己也不明白。②

① 《从末世观出发》，《全集》，第7卷，第48—49页。
② 《从末世观出发》，《全集》，第7卷，第48—49页。

他在《小说家的休假》一文中还这样叙述他战后的思想状态：

（1945年）夏天的观念将我引向两种极端相反的观念，一是生、活力和健康，一是死、颓废和腐败。这两种观念奇妙地交织在一起，腐败带有灿烂的意象，活力留下满是鲜血的伤的印象。①

在战争期间，他受浪漫派的影响，陶醉于日本古典，追求超现实的夭折的美、死的美，在战后这已成为不可能。于是他宣告："战后的一切失去真实，只是虚假，既没有值得共鸣的希望，也没有绝望。"②战后的时代是"可憎的挫折时代"，是"期待年轻、美与死已成为不可能的时代"。"对我来说，顽强地永生成为卑俗性的象征。我憧憬夭折。但仍然生存，而且预感到必然继续生存。（中略）也就是说，作为时代挫折的象征的形象，就是我不得不规范地顽强继续生存的卑俗性，就是盘踞在心上的自我否定的影像与不合理的、强迫的、破绽百出的自我肯定的影像。"③

从三岛由纪夫这些"自画像"中，不难透视出他的心

---

① 《全集》，第27卷，第84页。

② 《我的战争和战后体验》，《全集》，第32卷，第52页。

③ 《林房雄论》，《全集》，第30卷，第540页。

态，就是一种生与死、夭折与永生、希望与绝望、没有希望也没有绝望、自我肯定与自我否定等等的双重组合的心态。正如他自己所说的："我的心灵指针的振摆，时而倾向右，时而又摆向左。"[①]他甚至感觉不到战后他自己究竟是生还是死。就是说，尽管他曾一再表示过，他"没有受到时代任何的影响"，"也没有由于战争而受到任何创伤"，但事实上，战后他完完全全地失去了心理的平衡，彷徨地寻找和重新确立他战后所需要的生活上、精神上、文学上和美学上的支撑点。

日本无条件投降后，美军以同盟国军名义占领日本，推进日本非军事化和民主化，实行五大改革，即废除专制政治、实行经济制度民主化、解放妇女、鼓励组织工会和教育自由化。尤其以废除绝对主义天皇制、将神化了的天皇"人格化"作为其改革的中心任务。日本广大作家、以"近代文学派"为中心的战后派作家从批判绝对主义天皇制出发，以确立"近代的自我"的文学批评为先行，他们以自己的战争体验，来深刻理解人性、人道、自由、民主的价值，冷静观察和反思战争与人的关系，不仅有承受战败的历史冲击的能力，并且认识到战败的历史事实和自己在这一历史中的责任，在批判绝对主义天皇制和追究战争责任的同时，与根植

---

① 转引自三好行雄编《三岛由纪夫必携》，第16页。

就读于东京帝国大学时期的三岛由纪夫。

于自身内部的半封建性质的感觉、感情、意欲作斗争，在自我内部更深层次上来把握战后的真实。所以他们认为战后开始了他们的“第二青春”，具有非常自觉的、强烈的社会意识和自我意识，这样他们就大大地增强了对社会的关心，顺应了战后日本历史发展的轨迹，因而他们能在文学范围内，从多角度来探讨人在战争中的奇异行径，揭示人性的阴暗面，以及战争给人们留下的创伤，从而形成战后派作家的精神结构和文学结构。

在这种社会和文学的民主改革大潮的冲击下，三岛由纪夫没有跟上时代的步伐，又是一个实实在在的“时代落伍者”。中心问题，就是战后如何对待天皇制问题，三岛既认为“战争的天皇制给日本人带来痛苦”，却又不满于战后日本新宪法废除天皇制和天皇自己放弃作为太阳王朝的代表者的资格，苦苦地追求保持文化观念上的天皇制，这使他落入更大的怪圈。可以说，这困惑了他战后的人生。所以他惶惶不安地说：“战后的社会立即再开粗野的思想和艺术理念的自由市场，社会将不适合于自己体质的东西都抛在一边而不顾”①，所以他对于外面的世界——激荡的社会、沸腾的改革不闻不问，觉得战后的一切都失去了真实，他便将自己的目光从战后的现实移开，对现实把握抽象化，紧紧地封闭在自我的主观观念世界中。他似乎与周围的一切无关，只置身于自己所称的“小小的坚固的城堡”或“坑”里，一味咀嚼着他的战争与战后的体验，摸索和再构筑自己否定战后时代的精神结构和文学结构。可以说，三岛由纪夫采取了与战后派作家完全不同的方式来接受日本战败的事实。

所以一些日本文学史家将三岛由纪夫看做是战后派作家时，三岛完全不承认自己是战后派作家，他说：“我究竟是

① 《我经历的时代》，《全集》，第30卷，第438页。

不是‘战后派’我自己也不得而知。不过，当时的空气，就算不给我贴上‘战后派’的标签，我也会被看成是个落后于时代的旧文学的所谓中间状态或独自的存在，至少在新进作家之间是不被承认的。我在这样的风潮中既不厌弃旧文学，也吃不透新文学，这种心境就是我的真心。”[①]他甚至进一步明确地说：他战后的一些作品“是作为对抗所谓‘战后派’而写的”[②]。

从这一视点出发，逐步形成其战后的文学观和美学观。按他的话来说：“在战后的废墟上，文学世界进行的不是建设的槌声而是破坏的弱音。文学的任务实际上公然进行腐败和分解，就像落满在倒下的巨牛尸体上的苍蝇一样。”[③]他“在战争期间珍惜地捍卫过来的美的教养，由于战败而落空”[④]，于是他转移他的注意力，要在否定战后的精神结构内，再构筑其与战后派文学逆反方向的“美”。他在一篇前言中说过：“过去的辉煌，现在化为死灰。希望只在过去。”也就是说，对三岛来说，“战后民主主义时代是无比厌倦的时代，我的文学最基本的思想方法之一，就是在美的空间中造型战后失去的过去的辉煌”[⑤]，也就是他自称的“赞

① 《我经历的时代》，《全集》，第30卷，第450页。

② 《前言》，《全集》，第32卷，第11页。

③ 《我的战争与战后的体验》，《全集》，第32卷，第52页。

④ 《我经历的时代》，《全集》，第30卷，第451页。

⑤ 矶田光一《殉教的美学》（第二增补版），第116页，冬树社1974年版。

美绝望”。

总而言之，三岛由纪夫战后两三年，在精神上处于一种昏迷与清醒、绝望与希望参半的状态中，开始了他的战后生活和创作。

二、从文的最后抉择

三岛由纪夫从文经过一段曲折的路程。父亲梓坚决反对他走文学的道路，但在母亲倭文重的熏陶和支持下，他从小开始爱好文学，写诗作文，16岁发表了小说《鲜花盛时的森林》以及大量诗作，显示了他的文学才华。

1944年9月他接过学习院高等科的毕业证书之后，面临第一次抉择：上大学选择什么专业？依照三岛由纪夫个人的兴趣，他自然选择国文学专业。但是父亲对他志向文学是皱眉头的。因为三岛的祖辈父辈都是毕业于东京帝国大学或其前身法律系而走上了仕途的，所以父亲的意向还是希望三岛继承他们的事业，读法律系走上仕宦之路。所以当他表达志向文学的愿望时，父亲梓就反对说：“（文学系）是加工增产文学这种东西的，连不需咀嚼就服用的一种词句都从商标上除掉而商品化了，这只不过像富山卖药的，背上各种药走街串巷叫卖的小贩罢了！”当时三岛由纪夫也觉得战争末期，自己不久也将会被征入伍，死将降临到自己头上，选什么系科都一样，于是他完全听命于父亲的安排。他高中毕业成绩优异，根据当时的“内申制度”，不用经过入学考试，由学习院高等科推荐保送，直接进入东京帝国大学法律系，自己对此也不感到有多大痛苦。

三岛由纪夫的志愿虽然不是法律专业，但他入学之后并不嫌恶法律课，而且带着一种强烈的求知欲，去探索这一学问的王国。他认为“法律学既是诉诸于知性的虚荣心的、原理性的学问，也是实际性的学问”，因此他非常喜欢听刑法、诉讼法的课，对于过去一直迷恋浪漫主义的他来说，通过这座架设原理与实际的桥，他能通往一条他自己所说的“邪路”、一条可用文学方式去听讲法律课的路，从中体味到一种“枯燥无味的魅力”。于是，他上法律课就当做文学课来听，这使得他的头脑清晰，观念更具逻辑性，这对于后来三岛独特文体的形成有着不可忽视的影响。所以，他上东京帝国大学法律系，既是最大地丧失了文学，又是最大地获得了文学。

三岛由纪夫在《法律与文学》一文中是这样谈到他的体会的：

一半是由于我的性格，一半是由于受到从战时到战后的理论成了无效的、一切理论都被推翻了似的时代的影响，能引起我兴趣的，是与此完全相反的抽象的结构，即独立的、纯粹的、抽象的结构，只有通过内在理论才能运动的抽象的结构。对当时的我来说，所谓刑事诉讼法就是这样的东西，而且它与民事诉讼法等不同，是一种与人性的“恶”直接联系的学问，这也是它的魅力之一吧。而且那种恶绝没有以活生生的具体性展现在表面上，它必须通过一般化、抽象化的过程而呈现出来。不仅如此，因为刑事诉讼法是进一步追求的手续法，与现实的恶是双重隔绝的。但是，就像监狱的铁窗在我们的脑海里反而更生动地代表罪与法的观念一样，这种枯燥无味的手续的运动，反而让人感到浮躁的词句背后发出了一股强烈的人性本源的“恶”味。这也是刑事诉讼法的魅力之一。“恶”那种肮脏的、原始的、不定型的、令人毛骨悚然的东西，与刑事诉讼法整然、冷酷的理论结构之间突出的鲜明对照，极大地吸引了我。

另一方面，文学，尤其是我从事的小说和戏剧创作，在其技巧的侧面，可以说，刑事诉讼法是个好的范例。极言之，如果把刑事诉讼法的“证据”换成小说或戏剧的“主题”的话，那么剩下的在技巧上应该是完全一致的。

我的文学上的古典主义倾向，正是从这里产生的。我以为小说和戏剧以没有假借的理论的唯一招数来追求不可见的主题，最终在把握了主题的地方就应该完结。在写作品之前，作家并不是明确地知道主题的。如果问作家“你下一部作品的主题是什么？”就等于问检察官“你下一个罪犯的犯罪证据是什么？”因为作品中的人物还停留在嫌疑犯的阶段上。当然，我并不是指故事和情节的结构来说的。作家从一开始就知道主题的，是推理小说，我之所以对推理小说毫无兴趣的原因也在这里。同其外表相反，推理小说这种体裁的小说距刑事诉讼法的方法论最远，总之，是杜撰的东西。[①]

三岛由纪夫还以为小说家“必须使感情和理智很好地结合起来”，“保持百分之五十的感情和百分之五十的理智”，而且“最理想的是保持百分之百的感情和百分之百的理智”[②]。所以他不能自主地选择专业的时候，巧妙地将坏事变成好事，在法律与文学这两者之间找到了平衡，并在理论和实践上，将法律学完全变形为文学。说穿了，他对法律学本身缺乏兴趣，与其说他在法律学的学问上下工夫，不如说他切断了法律与文学的二律背反，在法律学中的文学机制上表现了巨大的热情。

所以战后不久，父亲梓好像察觉儿子这番苦心，对自己强制儿子三岛由纪夫上东京帝国大学法律系有所悟醒，理解了三岛从文的意愿，作出了一个出乎三岛意料之外的决定，他对由纪夫说：“从今以后是文化的时代了，你也能如愿成为小说家了！”但三岛由纪夫还是重返战后已异名的东京大

① 《全集》，第30卷，第180—181页。

② 《法学学士与小说》，《全集》，第31卷，第557页。

学法律系，在上刑事诉讼法课时，总是争取坐在教室的最前排，认真听讲；可是上民事诉讼法课时，他却悄悄地将爱读的小说放在翻开的笔记本旁阅读起来。实际上，三岛将自己的大学生活一分为二，一半学习法律学，一半醉心于文学。具体地说，上午上课，下午无课，他从不参加课外活动，不沾运动、跳舞、咖啡馆、酒吧的边，回到家中也从不复习功课，一味伏案埋头爬格子，或者阅读他当时最喜欢的森鸥外、泉镜花等人的、许多与法律学无关的文学书籍，全身心地在他的文学世界里遨游。三岛由纪夫将战后这种二重生活方式叫做“和尚庙的生活”。

三岛由纪夫的文学生涯从写诗起步，他也有过当诗人的愿望，但在创作实践中，尤其是在遭到指导他写诗的川路柳虹先生批评之后，他虽然也曾企图从各方面改变自己的诗境，但他总觉得“我的体内没有真正的独创的诗人的灵魂”，“我的诗作总也不成功”。于是，战后他完全放弃写诗，而把全部热情和精力倾注在小说创作上，并且竭力跻身于战后蓬蓬勃勃的日本文坛。

战后不久他将写就的《中世》、《海角的故事》、《香烟》、《马戏团》等8篇短篇小说投给筑摩书房创办的《展望》杂志，多次催问都无结果。据三岛说，中村光夫给他打了负120分。不少评论家说，中村打了负150分。他无可奈何地将这些原稿要了回来，霎时间觉得自己仿佛遭到了冷落，似乎有些郁郁不得志，感叹自己在战争期间还“摆着天才的架子”，战后“却成了谁也看不上的无力的学生”[①]。他也知道战后虽然新的文学刊物不断问世，但大多都热衷于发表名家之作，新人的作品很难发表。他有点心灰意冷，心想“只有踏踏实实地学习当官员，除此别无他途”[②]。

在泛起这种复杂的感情的时候，他听说川端康成读了他的《鲜花盛时的森林》之后，向某人吐露过赞赏的话，他觉得这是他唯一的依靠，于是他抱着一线的希望，鼓起勇气，没有持任何人的介绍信，于停战翌年1月贸然地从东京到了镰仓，上门拜访镰仓文库负责人和《人间》杂志创办人川端康成去了。当时没有公共汽车，他从镰仓站步行而去。他到了镰仓文库，进了会客室，目睹室内高朋满座，全是作家、编辑家、出版家，十分激奋，感叹“过去只知道过单调的学校生活和家庭生活的我，这时才第一次接触到战后文坛的沸腾的活力”[③]。他把带去的《中世》、《香烟》原稿，当面交给了川端康成。川端康成十分赞赏《香烟》。时隔不久，在川端的推荐下，镰仓文库主办的《人间》杂志准备留待3月号刊登这篇作品。三岛闻讯，欣喜若狂，飞快地赶到镰仓文库当面向川端康成致谢，将川端看做是良师益友。其后他放

---

① 《假面自白》，《全集》，第3卷，第438页。

② 同上，第3卷，第438页。

③ 《全集》，第3卷，第439页。

1960年3月，主演电影《风野郎》装扮的三岛由纪夫与川端康成。

学无事，从学校回家途中，经常绕到镰仓文库拜访和求教于川端康成。此后，他每月都留意《人间》杂志的广告，但在广告的目录上都没有找到《香烟》的篇名，他十分懊恼。不过，他也知道，新作家就像棒球的替补击球员一样，大作家和流行作家的稿件来了，就优先录用，一定会把新作家的东西挤掉，作为备用插空刊登。尽管如此，下课之后他的脚还是常常不由自主地自然移向镰仓文库。到了编辑部，编辑们也知道他的来意，他本人也不好意思启齿催问，只呆呆地坐在那里，背地偷看进进出出的作家，观察战后文坛的情况。在三岛久盼之下，《香烟》在《人间》7月号上刊出了。由于他“等得疲劳不堪，多少丧失了感激之情”，“又一次感到失望而开始致力于法律的学习”[①]。尽管如此，他的作品第一次被正式介绍到战后的正统文坛之后，意想不到的喜悦接踵而至，《人间》又决定登他的《中世》。他为了修改原稿，亲自跑到镰仓文库找川端康成。他刚将稿子展开放在膝上阅读时，杂志编辑久米正雄来了。川端给他作了介绍。久米正雄从三岛手中接过《中世》原稿，匆匆地翻了一遍，读到最后一行，说道：“归思方悠悠，哦，有学问啊！”《中世》发表之后，三岛由纪夫的创作欲望更加强烈了。他一口气写完《夜间的准备》，由川端康成介绍交给了《人间》杂志主编木村德

① 《我经历的时代》，《全集》，第30卷，第442页。

三。木村德三读过《夜间的准备》之后，对三岛说：“总觉得这部小说没有力量！”后来木村还约他写了《春子》，他写了一百多页，木村读罢，认为过于冗长，他当场拿起铅笔一下子删去二十多页。木村觉得“主题”明确了。三岛自己承认，《人间》刊登这两部作品，都是经过木村“缜密的提醒”作了改写和增订。所以三岛由纪夫说：木村德三“给我增添了不知多大的力量”，“即使说（这些作品）几乎是与木村氏合著的，也不言过其实”，他与木村的关系“犹如新拳击手与老教练的关系一样”[①]，他觉得自己“学生时代有这样一个文学上的助言者，实在幸运”[②]。当时三岛由纪夫的唯一头衔是：“在《人间》杂志上写小说的三岛”。

1947年11月，三岛由纪夫从东京大学法律系毕业了，他面临第二次抉择，也是从文的最后抉择。前面已经谈过，战后不久，父亲梓曾对三岛说过“你也能如愿成为小说家了”，可是当三岛由纪夫要作出职业选择的时候，父亲梓又改变了主意，还是让三岛走仕途之路，以继承平冈家三代人当官僚的家业。所以三岛由纪夫大学毕业后，经过高等文官考试合格，于翌月进入大藏省，也完全是遵从父亲的主意。他入大藏省后，先后担任过银行局国民储蓄课课员、大藏省机关报《财政》编辑，但他“身在朝曹营心在汉”，虽然他

① 《我经历的时代》，《全集》，第30卷，第440页。

② 《学生时代写小说记》，《全集》，第26卷，第475页。

1947年，三岛由纪夫任职于大藏省银行局国民储蓄科。

作为公务员，尽职尽责，常常加班至晚上八九点钟，但下班回家，就一头栽进书堆和稿子堆里，有时一夜只睡三四个小时，甚或彻夜不眠，第二天早上上班，常常在电车车厢里打瞌睡。有一回，由于疲劳过度，在电车站候车时，从月台跌落在轨道上了。这样，在大藏省工作了8个月，不久，当他有可能调任地方税务局局长时，他却觉得日本文坛是中央集权之地，自己是匆匆走红的新作家，倘使离开东京几年，就有被人遗忘的可能。在他彷徨于选择从仕还是从文的时候，河出书房的坂本一龟来约他写一部长篇小说。当时三岛也正策划创作一部长篇，两者不谋而合。特别是对三岛来说，真是求之不得，他下决心将作家的生命赌注下在这部长篇小说上。于是，9月2日他决然向大藏省提出辞呈。9月20日他很快地获得了批准，向同事们告辞之后就去参加一个文学座谈会，当晚兴奋不已，通宵达旦伏案写作。尽管如此，他内心仍然忐忑不安，心头不时泛起这样的疑问："辞去官厅工作，当专业作家，生活能维持下去吗？"

他自己又"极其合理地"回答："至少现在不成问题。"

"五六年后就不知道了。"

"但为了使五六年后没问题，现在就必须倾注全力去从事最基本的工作。"

他"就是按这样的逻辑思维，使自己安下心来了"。因此三岛由纪夫说："对我来说，这次约稿非常适合时宜，是千载难逢啊！"[①]

它不仅催生了三岛由纪夫成名的长篇小说《假面自白》，而且也成为三岛由纪夫从文的最后抉择。

三、战后初期的创作

战后初期，三岛对自己的事业作出了最后一次抉择：弃

① 《我经历的时代》，《全集》，第30卷，第436页。

仕从文之后，就辞去官职，无后顾之忧地将整个身心投在文学事业上，写出了许多短篇小说如《香烟》、《中世》和长篇小说《盗贼》等。他将《香烟》、《盗贼》连同学生时代发表的习作《酸模》、《彩绘玻璃》，称作“四部处女作”，因为后两者是处女习作。《香烟》是作者短篇小说处女作，《盗贼》则是作者长篇小说处女作。不知为什么，三岛由纪夫没有将16岁写就的《鲜花盛时的森林》列入处女作。

如上节所述，《香烟》经川端康成推荐刊登在《人间》杂志1946年7月号上，战前曾部分发表在《文艺世纪》上的《中世》，全篇刊载在《人间》杂志同年12月号上。

《香烟》故事描写一个贵族学校的初中生长崎，在环绕学校的树林里散步时，发现两个他不认识的高班同学瞒着老师，躲在这里抽被禁止的香烟。其中一个人将烟盒递给长崎，劝他抽一支，起初长崎推辞了。同学却点燃一支烟，硬塞在长崎手里，说：“你若不吸一吸，火就灭了。”长崎在好强心的驱动下，吸了一口。他觉得霎时间一股沼泽的气味和馥郁的烟味扑鼻而来，猛咳个不停，眼前仿佛出现一个巨大的燃烧着热带树的幻影。手指尖上的香烟气味侵犯了他的全身，怎样揩拭也揩拭不掉，连坐电车的时候，周围的人仿佛也嗅到这种气味，将他看成是罪人似的直勾勾地盯视着他。他不由地泛起一种罪的意识。从此以后，悔恨开始折磨着他。他无论上学或回到家里以后，仿佛用一种与过去迥异的目光来看待一切。一次，他在学校体育部活动室里遇上伊村等高班同学正在抽烟，他脱口说出：“请给我一支。”同学们哄堂大笑。伊村揶揄他说：“真的会抽吗？”此刻他回答伊村的，全然是另一种东西，他罄尽所有赌注，投到一个唯一正确的答案上。他并且渴望这个答案能迅速地决定他今后的生活准则。他漠然感到丑忽然向美变形似的，少年是多么可诅咒可恨啊！

可以说，《香烟》是三岛由纪夫本人以中学生时代为背景的一篇精神自传，他笔下的主人公长崎从少年到青年的青春意识的觉醒，突破一般以性意识为象征，而巧妙地以少年吸第一支香烟为媒介，构筑少年向青年转变期的精神结构，同时通过一支香烟嗅到未知的世界，内心深层荡漾着人生的不安、颤栗，以及沸腾的生命力，便对高班同学产生一种憧憬，一种同性爱的萌芽。这篇作品刊出后，虽然没有产生足以使他一举成名的效应，却引起文坛的注意，而且这毕竟是三岛由纪夫战后初期正式跃登文坛之作。一些评论家称，这是他通往战后日本文坛的“通行证”。因此，三岛由纪夫是很感激推荐者川端康成的，他觉得除了母亲倭文重以外，川端康成便是他在文学上的第二位庇护人。

接着问世的短篇小说《中世》，由七回及一个“大团圆”结尾构成，作者以倒叙的手法，描写禅师灵海痛心地听取足利义尚的年轻侍从菊若讲述其主子义尚阵亡头天傍晚，站在庭院里观赏红叶时，泉水尽头出现了一颗夕明星，义尚对他说：“这颗明星宣告白昼的终了……所谓丧失就是无限的支配。”灵海还听菊若说：“当晚他梦见群星陨落，心想莫非是贵人丧命的预兆？”不久果然传来25岁的义尚在近江阵亡的噩耗，义尚的父亲大将军义政悲恸欲绝，此时一只大龟从湖边上来爬到义政身边，仿佛来抚慰义政，义政将它视为吉祥物。于是，他招来许多巫女，为儿子义尚招魂降灵，与死者对话，但未能如愿。他将所有巫女撵走，留下美貌的绫织一人，并与她结缘。绫织向义政进言：唯有菊若才能让义尚降灵在他身上。义政言听计从，将菊若招回，果然成功地招回了义尚的灵魂。绫织却已与菊若相恋起来，菊若枕在绫织的胳臂上，嘴里吐出了亡故的义尚的话。在此前后侍医郑阿将大龟杀掉取其脑髓，为义政研制不死灵丹，徒劳奔波。灵海试图劝慰义政未果，却对菊若产生同性单恋。这些事件终了之后，绫织、菊若双双投加茂川自尽。灵海也随之自刎。郑阿踏上无目标的旅途。义政老人仍然怀抱着他那无法实现的幻想。

这篇小说是三岛在战争末期不知“赤纸”何时到来，自己生死未卜的情况下，作为遗作开始动笔的。它以中世室町乱世时代的人们的孤独和死作为主题，书中义政、绫织、菊若、灵海、郑阿这几个人物围绕义尚之死，各自抱着不能实现的不同渴望，走上死亡或渺茫之路。素材主要取自中世佛教的巫咒与万物有灵论说，作者运用现实与梦幻交错、正常世界与异常世界倒错的手法，反映了他本人战争末期和战后初期那种面临接近死的紧张感中渴望生的心态，即他一方面惧怕死，一方面又站在世界的终末来空想绚丽的生。也就是说，他在这种异常的心态下，将自己与作品中的人物同一化。他本人也承认，《中世》是“在我心中凝聚的末世观的美学的作品化”，是“自己个人的末世观与时代、社会的末世观完全一致”[①]的情况下完成的。作品完成后，他交给了《文艺》杂志的野田宇太郎。野田转交给文坛大家志贺直哉过目。志贺读后严厉批评说：这篇小说“都是空想的东西，缺乏真实感。净是梦，而且连梦也是虚构的”[②]，予以否定了。

三岛由纪夫总结这两篇作品时说：《香烟》“纯然是近代小说”，《中世》“一半吸收日本古典，另一半却是模仿19世纪末欧洲的颓唐派”，都是“战后实验期的作品”，他“利用短篇小说的形式，作各种素描式的尝试，（中略）为日后创作长篇小说作准备。即播下主题的种子，让它分别在长篇中生根发芽”。[③]

他的第一部长篇小说《盗贼》，就在这样的实践中酿成了。

---

① 《全集》，第30卷，第343页。

② 转引自《资料总集·三岛由纪夫》，第128页，新人物往来社1975年版。

③ 《三岛由纪夫短篇全集》（1—6）《前言》，《全集》，第10—11页。

作家创作《盗贼》的经过和动机是：在战争结束不久，他重返大学校园，他的妹妹猝然病逝，他的初恋失意。以此为契机，他自称产生了一个野心，就是企图写一部“令人吃惊”的相当长的小说——迄今他充其量只写过5万字为限的中篇小说。他就是从这个时候的生活体验中构思这部小说的。具体地说，他觉得这时候他所追求的古典主义完全与时代的流行背道而驰，于是又回到法国早熟的小说家、诗人拉迪盖（1903—1923）的文学轨迹上，他喜爱拉迪盖17岁写就的《魔鬼附身》那种表现少年男子之爱的诗意与反常之处。这部小说写大战期间一个16岁的学生，诱奸一个在前线作战的士兵的妻子，士兵的妻子怀了孕，在分娩时死去的故事。三岛就是陶醉在故事交织着的这位少年作家的温情、残忍和冷漠之中，他将《魔鬼附身》作为他的“座右书”。由于战争期间出版的改造社文库版的日译本有许多缺字，他就将作品想象得更加神秘，战后再版，将缺字补上后，他再读，就觉得自己的空想力衰退了。三岛还喜欢拉迪盖的《奥热尔伯爵的舞会》，认为这是最“震撼”他的书，他自己说：“我想从孩子般的梦想中，把网张到拉迪盖那里去。我执着于年龄。我想以同样的年龄、同样的量、同样的质的作品，同他对抗。”[①]也可以说，他认为拉迪盖在20岁时死去，留下了

① 《全集》，第二卷解说，第675页。

这些杰作，又想到自己也许20岁时也会在战争中死去，于是将自己假托在拉迪盖身上，以拉迪盖作为自己的目标。这部小说就是他模仿拉迪盖的《魔鬼附身》和《奥热尔伯爵的舞会》的结果。于是，三岛由纪夫尽力使自己保持在这种要与拉迪盖比高低的心理状态下，排除战后不久社会混乱的侵扰、战后派涌流的冲击以及个人事件的悲哀，不为外界条件所左右，奋力写作《盗贼》。每章写就后，立即抱着原稿直奔镰仓，求教于川端康成。他说："不这样做，自己不放心。"终于1948年10月完成了他作为作家的第一部长篇小说。

《盗贼》分《恋爱的结局》、《企图自杀的人》、《邂逅》、《美的生活者》、《吉利》、《大团圆》6章，各章相对独立成短篇，从1947年2月至1948年10月先后分别在《午前》、《文学会议》、《思潮》、《新文学》等刊物上发表，于1948年11月由一家小出版社真光社出版单行本。

《盗贼》的故事描写毕业于大学国文科的、子爵家出身的主人公明秀，待人接物落落大方。一年夏天，他随母亲来到信州高原，与母亲的老相识原田夫人及其女儿美子相遇，明秀对美子一见钟情，恋上了美子。原田夫人发现了这种爱的苗头。藤村夫人在他们两人的关系发展到"非同寻常"的时候，就正式向原田家提亲。但是，原田家并无此意。明秀的"自我韬晦"的性格很强，一种"得到它的霎时间就会丧失它"的观念占据着他，他从恋的开始就已经看到了爱的终了。当提亲失败后，他马上悟到“爱这种东西，具有一种共有物的性质，所有界限都是暧昧的，因此它会惹起许多不幸”，“对待这种天真的组合的玩笑，自己也要努力天真些”。美子也悟到这是“残忍的本能”的必然。后来美子与一个名叫三宅的人结婚了。有一年，藤村家例行举办法事，明秀与其父母的旧友山内男爵的女儿清子邂逅，他对清子的第一印象是“拥有过剩的处女的性质”。他有意接近清子，夏天与清子到轻井泽避暑，他与清子在草坪上攀谈的时候，看到了“一个幻影，一个已经摆脱了嫉妒和爱的非情的美、耸立在那里的巨大的美子”的幻影。此时，清子也想起过去曾与自己相恋过的佐伯的形象来，两人偶然相知对方都曾经历恋爱失败决心寻死的意图，互相保守秘密，最终相爱而结婚。新婚之夜，他们双双“殉情”了，没有留下遗书。谁也想象不出有什么理由，唯一的理由也许是他们太幸福了。这年的圣诞节前夕，已经与三宅离婚的美子，与曾和清子相恋过的佐伯巧遇，他们的视线相碰在一起的瞬间，彼此看到了对方的“恐怖”和“颤栗”。他们俩同时说出，知道“谁能从两人中通过巧妙的盗贼，从根本上彻底盗去真正美的东西，永远年轻的东西！”

作品是以明秀和美子的爱为中心，明秀和美子都有过失恋体验，他们心中盘踞着爱的终了的阴影。明秀不断地想着“死”。他追求“爱”必然与追求“死”联系在一起，他与清子在新婚之夜殉情是为了将他们瞬间燃起的激情变为冷彻的精神而持续下去。结尾清子与佐伯同时道出的话，就清楚地点明了作品的主题。其所追求的不完全是感情上的爱，而是观念性的爱。而且胜利的死，就是永恒的爱。在技巧方面，三岛本想突破他在战争期间一贯追求的古典主义，全心模仿拉迪盖，结果成为古典与现代的机械的大混杂。评论家奥野健男指出："《盗贼》在解明三岛由纪夫的生涯、创作态度以及机械论方面，是一部极其重要的作品。"①

川端康成为《盗贼》作序，评论说："三岛君在这部长篇小说里，写了恋人在结婚之日陷入情死的心理，所以将这篇作品定名为《盗贼》。自杀的这两人盗去的东西是什么呢？一切都是架空的，或者，也许一切都是真实的。"川端还评价说："我觉得三岛君早熟的才华，有眩目耀眼的一面，也有可怜的一面。三岛君的新颖性是不容易被理解的，兴许三岛君本身也很难理解。可能有人认为三岛君通过自己的作品似乎不负任何伤。但是也有人认为三岛经历了无数深重的伤，这种伤痕在作品中反映出来。他既有这方面的强劲，即决不让人饮下冰冷的毒素，也有仿佛把鲜花的花髓编织进去似的，很脆弱的人造假花的逼真。（中略）我早就希望这位最年轻的作家将人生写得扎实些，在古典与现代、虚

① 奥野健男《三岛由纪夫传说》，第189页，新潮社1993年版。

空的花与内心的苦恼的结合取得成功。这篇《盗贼》尝试在心理的构图中盗窃青春的神秘和美，这种尝试也是三岛前进历程中的叹息吧。”①

川端康成的评价是非常含蓄的。特别是期待三岛在古典与现代的结合上下工夫，这对于三岛后来创作的影响是深远的。从整体上说，《盗贼》无论从哪方面看，都不能算是成功之作。三岛由纪夫本人一方面说，“可以看出这部作品受到拉迪盖和德国浪漫派的影响、非常识的、有趣的混合，（中略）尽管批评有好有坏，但都是我喜欢的作品、值得纪念的作品。尤其是我头一回创作长篇小说所遇到的新鲜的惊恐和花费的力气，我终生难忘”②。另一方面，他也承认：1946年他动笔之初，本打算“写成世界的大杰作，有半年时间净是处在梦游的状态下进行创作的”。但结果作品出版后，他觉得“在我写的东西里，可以认为这部作品是最不完整的、永远无希望完成的”③。他自己也“看不到作者过去所受到的所有文学影响的任何脉络，呈现一片杂然。（中略）它不伴随技巧，是五里雾中的冒险旅行”④。

三岛由纪夫这样解剖了自己这部长篇处女作的成败。

① 《三岛由纪夫的〈盗贼〉》百川正芳编《批评与研究·三岛由纪夫》，第310页，芳贺书店1974年版。

② 《圣女》前言，《全集》，第25卷，第435页。

③ 《四部处女作》，《全集》，第25卷，第191页。

④ 《全集》，第2卷解题，第676页。

第五章　战后文学的特异存在

一、假面与真面

——《假面自白》

三岛由纪夫的第一部处女长篇《盗贼》出版后，没有引起很大的反响，他就开始酝酿着另一部长篇小说。正好1948年8月河出书房的坂本一龟向他约稿，他毅然辞去大藏省的官职，背水一战，全身心地投在长篇小说《假面自白》的写作上。从1948年8月开始，构思3个月，从动笔到完稿，前后足足花了5个月时间，一气呵成，而且一连写了18篇不同内容的序文以备用，最后虽然决定不附序文，但其创作热情之高，恐怕是前所未有的。三岛本人也说，他写这部小说时干劲真不得了。1949年7月这部小说由河出书房出版，它以形式的新颖性和内容的奇异性显示了三岛作为作家的特异才能，迅即获得文坛的高度评价。评论家奥野健男认为“《假面自白》

是三岛文学中最优秀的重要作品。不仅如此，它是在日本文学史上具有划时期意义的作品”。“它简直是三岛文学的核心和根子”[①]。连一向对三岛的作品嗤之以鼻的中村光夫，也改写了负150分的记录，而给予肯定的评价。三岛由于这部长篇小说的问世，更牢固地确立了他的作家的地位。

《假面自白》的文学结构分三个层次。第一个层次简单地写了主人公“我”诞生、家庭状况以及家族人际的心理纠葛之后，展现了幼时的“我”那光怪陆离的内心世界，从诞生时亲眼目睹出生婴儿澡盆边缘上闪烁着微微的亮光、憧憬5岁时目睹的挑粪工下半身的轮廓、检票员的金扣制服、嗅到拉练回营的士兵的臭汗，到透过圣女贞德图，冥想着骑士厮杀流血的场面、匈牙利童话里王子被龙咬死，以及在此之前曾6次死亡的光景、王尔德童话《渔夫与人鱼》中紧抱美人鱼的年轻渔夫的尸体、自己狂热地装扮天圣魔术师角色的情景。他将屋外的现实与童话的世界交织出种种不着边际的幻想，感受到一种“悲剧性的东西”，陷进苦恼的境地，并激起一种官能性的欲求，而自我陶醉。结果养成了一种逆反心理，引发出第一次突发性的“恶习”——倒错的冲动，出现第一次“性倒错”。

第二个层次写了在学校的日常生活中，发现男学友近江

① 《三岛由纪夫传说》，第208页，新潮社1993年版。

健全的身躯，壮实的完整无缺的美的幻影，他由开始爱上男性的力量，转而爱上了近江，但“我”与近江的同性恋是放置在固定观念上，由憧憬近江的男人野性的肉感而联想到塞巴斯蒂昂被乱箭射杀，由爱上近江的力度与肉感到爱上塞巴斯蒂昂的充溢的血，已经不满足于自己的肉体的成长，而转向追求自我的“精神锻炼”，开始了性的觉醒，出现第二次性倒错。

第三层次是写与女性园子的初恋，由同性恋转向异性恋，“我”对自己的气质抱有一种不安感，他尝试与异性恋爱，接近园子，但他又自觉欠缺肉体的能力，为“世间究竟有可能存在根本没有肉体欲望的恋爱吗？”而有所迟疑之时，园子与别人结婚了，但他还是约园子幽会，想继续维持与园子的感情，将热情倾注在悖理之上。“我”也知道肉与灵的分裂单纯而直截了当，这种倒错难以成为现实的东西。最后“我”与园子幽会时，出现一个粗壮而野蛮却无比美的肉体，使他无法将自己的视线从这个姿影移开，于是他忘却了园子的存在，出现了第三次性倒错。这三次性倒错都是作者笔下的“我”的性欲与世人一般的性欲的倒错。

《假面自白》是一部自白小说。战后混乱时期，作者由于时代、社会和个人的原因而造成精神上的空虚与失落，尤其是失去文化概念上的天皇制这根精神支柱。他面临超越自我的崩溃，丧失了人的尊严，异常的欲望受到压抑。对于

1948年9月，三島由纪夫为专事写作而从大藏省辞职，同年11月25日，开始写作长篇小说《假面的自白》。

他来说，一切传统道德都变得软弱无力，一切是非价值、伦理都颠倒过来，于是他企图从这种精神危机中摆脱出来。作品就是在这种状态下写就的。作者承认："可以说，这篇作品是当时的作者从精神危机中产生的排泄物的作品，通过作品暂时度过危机之后，作者的关心就可以从那里摆脱出来了。"[①]作者在致河出书房的板本一龟的书简中谈到其创作意图时说："这回的小说，是我有生以来头一部私小说，当然这不是文坛流行的私小说。它试图将对迄今的假想人物进行心理分析，又对自我进行活体的解剖，尽可能获得科学的正确性，犹如波德莱尔的所谓'让死囚来充当执行死刑的人一样，要下相当大的决心'。所以我是捏着鼻子写就的。"[②]

三岛由纪夫运用"假面"的自白这种新的方法论，是贯彻他的这一写作意图的。《假面自白》虽说是一部有日本特色的私小说，但它又非一般的日本自然主义的私小说形式。日本自然主义的私小说主要是如实地揭发人一部分被隐蔽的、被排除的现实——人的肉体，以肉征服灵，就是要求描写私生活的这方面迫近自然的真实，让形象客体化。这是一种外向型的自白，即属于感情性、肉体性的自白。三岛由纪夫的自白则相反，他一贯反对混淆艺术与私生活这两者的

① 《三岛由纪夫作品集》（1—6）前言，《全集》，第26卷，第254页。

② 转引自斋藤顺二《三岛由纪夫及其周边》，第86页，兴英文化社184年版。

关系，所以他暴露的，从整体来说，虽是赤裸裸的真实，却又巧妙地组合成精微的虚构，具有人工装饰性。也就是说，他通过这种“自白”的形式，剥去自己的“假面”，还以自己的“真面”，面对自我的主体来探究自我存在的精神性的东西。可以说，这种“自白”，是自白更高层次上的真实。与日本自然主义的私小说不同，“自白”是内向型的，是完全排除生理感觉的语言，来自白心理的真实和感觉的真实，是一种彻底的自觉的自我分析。这是属于精神性观念性的自白，让形象主体化，又让“虚假”和“幻想”真实化。所以第一层次的描写，作者将叙述幼年的生活事实放在框外，而将幻想置于空间的中心位置；第二、三层次的描写，将少年爱恋的事实完全放在固定观念的框内，而游离于正常的生活现实。

从字面来理解，“假面”就是假的面，是向别人借来的面，或是鬼神的面，起码是经过乔装打扮的自己的面，而不是自己本来的面。然而实际上，三岛由纪夫笔下的“假面”，却是他本人实实在在的“真面”，首先作者拂去了一切伪善，揭示了深深隐藏在自己内心深处的人性，即将楔入深层意识的纯粹性的人生秘密——异常的快感愿望和性欲望，无保留地自白出来，然后自觉地进行冷静的分析，以分辨人的行为的本质与非本质的东西。作者写了自己5岁时目睹掏粪工、检票员、士兵乃至殉教图的塞巴斯蒂昂等的形象，以及他们的力、他们的血、他们的美所唤起的种种意象，就自然迸发出一种原始生命力的渴求，自然景仰青春、美和男性肉体的活力，产生了一种幼年鲜见的快感的愿望和异常的性心理，然而，这一切，作者都是通过“假面”来思考，以便更准确、更客观地描绘出一副天赋人性的真面。可以说，这种“假面”的自白方法是非常新颖的，不仅打破日本自然主义文学产生以来的传统的自白形式，而且将唯美主义的追求价值颠倒的美意识和人工的技巧，以及浪漫主义的从主情出发尊重人的感情因素、感情开放和感情真实，艺术纯化为人的内部生命的文学精神，编织在中世古典主义的完整性的结构和装饰性的文体之内。

从幼年表现出来的快感愿望到少年异常变态的爱，譬如对近江的希腊雕塑式的肉体的爱以及对园子缺乏性能力的“根本没有肉体愿望的恋爱”，都是将人的热情建立在悖理之上，甚至与园子的拥抱、接吻也不知是否带有爱和欲望，还试图从自我陶醉中抽出通常的观念性的因素而无济于事，于是将拥抱、接吻死死地定位在“固定的观念”和“义务的观念”上。主人公与园子的爱，完全成为一种作者所说的“架空的爱”，是一种“人工的正常性”。为此他深感这种行为的丑陋。如果一般从生理学和心理学的分析是很难对这种性倒错作出科学性解释的。作者也知道这种“倒错”是难以成为现实的东西。所以他非常谨慎地以戴上“假面”自白的方式来解决自我的内心生活。作者在《假面自白》里就这样借用主人公的口坦诚自白："在我的情况看来，倒错之所以难以成为现实的东西，乃是因为他只是肉体的冲动，仅仅停留在徒然地叫唤、徒然地挣扎的一种黑暗的冲动的缘故。（中略）用表面的话说，灵还是属于园子所有。我并非简单地相信中世式的灵肉相克的图式，但为了说明方便，我这样说了。以我的情况来说，这两种东西的分裂是单纯而直截了当的。我觉得园子宛如爱的化身，这种爱就是对我正常的爱，对灵性的爱和对永恒的东西的爱。但是，仅此还是不能解决问题。感情是不喜欢固定的秩序的。它犹如乙醚中的微粒子，它喜欢自由自在地到处跳跃、浮动、颤抖。"[①]结局作者只好让一个粗壮而野蛮但却无与伦比的美的男性肉体，将主人公和园子分隔开了。

可以说，《假面自白》里没有伪善、偏见、自虐、自我辩解，更没有沉溺于性行为和性情绪，或者相反以日本封建传统的性的罪意识来描写对肉欲的纠葛，有的是作者冷静而自觉地认识和把握人生及人性的本质，并以大胆而客观自白的形式，将其表现到了极致，进而在文学上将自己深藏在内心对生的渴望和对死的憧憬的空想和秘密，以及对战后"虚无与活跃的异常混合的人生"的慨叹，升华为艺术美。所以《假

① 《全集》，第3卷，第340—341页。

面自白》有假面也有真面。而且这种假面与真面、表与里、虚与实是一致的。那么作者为什么要用"假面"这一面呢？他解释说："在这篇小说里，我放牧了'撒谎'，任凭它到处去吃草。这样一来，'撒谎'家伙们吃饱了'真实'，这块菜地就不至于被糟蹋了。同样的意思，渗透到肌肉里的假面，只有带着肌肉的假面能够自白。因为自白的本质是：自白是不可能的。（中略）在这篇小说里作为'写书人'的我完全被舍弃了。作家在作品中不登场。但是在这里所写的生活，倘使没有艺术的支撑，它转瞬间就会崩溃，因此小说中所写的一切，就算是根据事实，却不能写作为艺术家的生活，那么所写的都完全是虚构的、不可能存在的。我想创造出完全虚构的自白。《假面自白》这个题目，也包含这层意思。"①

日本三岛文学研究家野口武彦称之为"假面的双面神"，他说："对三岛氏来说，战后的生的'正常性'具有这样一种性质：只要不戴上某种假面就无法交际，在那里，连自白如果不戴上假面，也是不可能进行的。这时候，《假面自白》的真意，就成了通过'假面'才能进行的'自白'。读者在这篇作品里摘掉假面，就可以看到把'赤裸裸的真实'自白的三岛由纪夫氏的真面。三岛氏决不撒谎。为什么呢？因为他自白自己赤裸裸的真实。但是实际上，读者

① 《〈假面自白〉笔记》，《全集》，第25卷，第258页。

所看到的三岛氏的真面，就是他制作了一个与其一模一样的假面。在那个带有性倒错者烙印的、孤独的、却是肉感的、与真东西一模一样的假面下，大概隐藏着一个——虽然谁也不能窥知——充满对战后社会的敌意和诅咒的、米多萨[①]般的面。不，在那里，说不定连面也没有。本来成为三岛氏的本质的那种‘抽象的热情’是不要面的，说起来，就是没有面，而只有歌颂恍惚感的表情整个飘浮在宇宙就可以了。因此三岛氏的自白，无论如何没有假面是不可能的。我比喻过三岛氏的文学肖像，是面向生与死两侧的双面神，不过看三岛氏的‘真面’的，恐怕只有死神吧。朝向生一侧的面，总是要戴上某种假面。”[②]

许多评论家也认为《假面自白》具有反时代性和反社会性。三岛本人说，他的这部小说是“凭借时代的力量、时代的恩惠”写出来的，是不是也含有这一层意思呢，我们看看三岛由纪夫是怎样解释的吧。

三岛由纪夫在《我经历的时代》一文中是这样剖析《假面自白》的：“在那部小说里，处处将感觉的真实同一知半解相结合。关于人性问题，我是鼓足勇气将人们谨慎得噤若寒蝉的事揭露出来，并试图将这一切同伦理结合起来的焦躁

① 米多萨，希腊神话的女怪之一。

② 《假面的双面神》，见白川正芳编《批评与研究——三岛由纪夫》，第216页，芳贺书店1974年版。

搅和在一起。但是结果，到了现在我才深深明白，这部小说是我真正凭借时代的力量、时代的恩惠写出来的唯一一部小说。”“我被一种极端的无力感所擒住。深深的忧郁感和美好的高扬感不安定地交替而来，一日之内忽而成了世界上头等幸福的人，忽而又成了头等不幸的人。甚至被这样一种疑问所苦恼和折磨：自己的青春究竟有意义吗？不，自己究竟真的是年轻吗？”①

三岛由纪夫在这里不仅总结了这部小说的艺术、生活与表现形式，而且论及了他写作这部小说的背景和动机。所谓“时代的力量”、“时代的恩惠”，就是指战后不久混乱时代的压抑，成为这部作品的艺术上的源泉，促使他涌起更大的文学热情，对自己成长中的不安与苦恼和爱情生活中的无力和忧郁，进行尖锐的心理分析，来探索自我在新时代的存在。它完全反映出作者三岛在生活和时代压抑中成长，企图疏远社会、游离现实的生活体验和精神状态。三岛在精神上将自己青春期的异常的性欲望倾向合理化，用三岛本人的话来说，这是“像要设法征服自己内心的怪物似的”②。可以说，这是一部三岛由纪夫的精神发展史，要了解三岛由纪夫及其文学，就不能不论及此作。

关于这部小说结构，三岛总结说：它犯了“一个分配耐

① 《全集》，第30卷，第458页。

② 《我经历的时代》，《全集》，第30卷，第458—459页。

力的技术错误”，“谁看了都会明白，《假面自白》的前半部的密度同后半部的粗糙，形成鲜明的对照，……我也明白，这是单纯的技术的失败。后半部的粗糙是因为我写得喘不过气来，疲劳不堪，而过分介意截稿日期，赶时间造成的。”[①]

最后，摘引三岛由纪夫在《假面自白》开首，引用陀斯妥耶夫斯基的《卡拉马佐夫兄弟》中的“热心的忏悔”一段话结束，读者是否从中体味到三岛由纪夫所要抒发的基本题旨呢?

美，是一种可怕的东西！可怕是因为无从捉摸。而且也不可能捉摸。因为是上帝设下的，本来就是谜。（中略）理智上认为是丑恶的，情感上却简直会当作是美的。

二、超常识的爱

——《爱的饥渴》

三岛由纪夫的《假面自白》获得成功，确立了他在日本文坛上的牢固地位。这时候，在他平素无表情的能剧面具般的脸上经常绽开笑容，有时甚至发出豪爽的大笑声。三岛的父亲平冈梓在《吾儿三岛由纪夫》一书中，回忆说：“三

① 《我经历的时代》，《全集》，第30卷，第458—459页。

岛从二十五六岁起逐渐增加了那种引人注目的大笑声，发狂地失声大爆笑，简直像在旁的另一个三岛在代笑。”以后，他“心中明显地产生了两个相反的志向：一个是不管怎样也必须活下去，另一个是向明确的、理智的、明朗的古典主义倾斜”[①]。也就是说，他觉得轻松了，开始寻回战后失落的东西，更加增强了自己的信心。而且倾心于具有古汉文根底的森鸥外，“尝试用鸥外的那种规矩准确的文体、冷静的理智、压抑透了的热情去锻炼自己”[②]。同时，他醉心于古希腊悲剧诗人欧里庇得斯的《美狄亚》和法国诗人莫里亚克的《爱的荒漠》的艺术结构，即表现古典主义的文学传统与现代主义潮流的对立与统一的结构，以此作为他探索新创作的出发点，用他从未有过的自信和热情，投入另一部长篇小说创作中去。

正好这个时候，即1949年夏，三岛的姨母从大阪郊外农园来到东京，在三岛家泊宿。三岛听了姨母讲述姨父所经营的农园里发生的许多故事，其中包括数年前发生的一个天真幼稚的园丁的故事。故事内容，三岛没有讲出来，但是这个园丁的故事猝然在他的脑海里浮现出一个故事梗概，而且几乎是一个首尾一贯的故事梗概，于是他产生了创作的冲动，开始构思：这部长篇小说，就故事的性质来说，人物要少、

① 《我经历的时代》，《全集》，第30卷，第459页。

② 同上，第30卷，第459页。

戏剧性格要鲜明；就田园小说的性质来说，背景和季节的推移是十分重要的。在此之前，他对欧里庇得斯的《美狄亚》的故事，尤其对美狄亚凶狠、奸诈而实行破坏的性格十分倾倒，《美狄亚》的故事描写伊阿宋欲娶国王的女儿，与美狄亚发生争吵，美狄亚假意与他和解。她用毒药杀害了国王和公主，然后杀死伊阿宋的两个儿子，自己乘龙车逃向雅典。三岛曾模仿《美狄亚》的故事写了一篇短篇小说《狮子》。所以他听了姨母的园丁故事以后，觉得他正在酝酿的这一长篇，应以女性为主角，以一个异质的年轻男子为配角，而姨母讲述的园丁正好符合他所想象的这个男配角的条件。于是，1949年秋收季节，三岛由纪夫便亲自奔赴大阪郊外姨母家的农园，小住两周，在农园及其周围采访，收集背景资料，准备创作一部以田园为背景、以爱为主题的长篇小说。1950年早春，他借住在一位亲戚家，开始了写作，每日带饭盒上班，初时一日写10页，有时甚至一日也毫无进展，完稿是同年4月25日。三岛开始参照莫里亚克的《回忆录》的大淫妇一章，将这部小说命题为《绯色的野兽》，交给新潮社之后，编辑觉得这个书名深度不够，他又参照了《爱的荒漠》，改题为《爱的饥渴》。所以他说：这部小说“谁读了都会以为是抄袭莫里亚克的”[1]。

---

① 《题解》，《全集》，第4卷，第559页。

《爱的饥渴》的故事发生在一个已经退休的公司经理、正在经营农园的杉本弥吉家，人物除杉本弥吉以外，就只有长子谦辅夫妇、儿媳浅子和三个孩子、儿媳悦子以及18岁的园丁三郎、女佣美代，人物不多，但都具有戏剧的鲜明性格。主人公悦子在丈夫良辅故去之后，依靠公公弥吉度日，准备死守贞节，甚至想过要像印度寡妇那样殉死，但公公弥吉诱惑她，甚至用骸骨般的手爱抚她，将她推向凝固的恐怖之中。她迷上了园丁三郎，这成为她自己的幸福的根据、生存的理由。悦子与三郎的爱情被公公发现之后，她自己摆脱不了种种苦恼，最后无法继续维持爱，便用铁锹将三郎打死。

1950年6月30日，三島由纪夫出版长篇小说《爱的饥渴》。

故事结构非常简单，但缜密而精巧。开始以回想的形式，回闪丈夫的死、出殡的经过、夫妻的新婚生活、丈夫住院与丈夫的情人来探视，又推回到悦子刚到杉本家，与丈夫一起轻蔑公公，而公公自恃是农村的暴发户，以阶级的偏见作弄新来的悦子。这时候，悦子虽然曾施舍过两双袜子给三郎，却还没有注意到三郎与美代相爱了。当她注意到的时候，她妒忌，终日监视他们两人的行动，甚至检查他们的房间和日记，总想找到一点他们相爱的证据。最后回到了现实的轨迹，悦子发现美代怀孕，找到借口，解雇了美代，并拿出勇气向三郎表达了自己的爱。当他们两人陷入纵情之中，弥吉怒气冲冲，他手拿铁锹赶来，当他目睹这两人的情状后，他的老躯在颤栗，表现了软弱无力的踌躇。悦子忍受不了折磨，愤怒地夺过弥吉手中的铁锹，向三郎抡了过去！作者这种故事结构的安排，目的是通过回忆、联想作倒叙的描写，使人物的意识流动范围扩大，而且深掘人物的深层心理。但从整体结构来看，又贯穿日本古典传统的严谨格局，有序地展开情节，时空的变幻、交叉、叠合是很有节制的，也是十分工整的。

作者笔下的悦子这个人物的感情元素是十分复杂的，她抱有一种压迫般的爱的饥渴。她对公公，间接地表示了温存，又尽量警惕，不让公公误以为是爱情，是诱惑者的存在。公公弥吉则对悦子有一般的“真正占有”欲，以求得自己心情上的平静，从而表现了人物内心世界不正当的隐秘的观念和被压抑的情欲本能的冲动，并且将这种悖德的行为模式与逆伦的意识活动加以装饰，企图用这种生理本能去解释美感的异质。

但三岛由纪夫在《爱的饥渴》中着力投入的不在于此，而在于悦子与三郎的关系上，尤其三郎的男性美上。他对三郎的小脾气、三郎的贫穷、三郎的破绽都很惬意，尤其喜欢三郎虽是男子汉却有处女所珍惜的羞怯，以及三郎健壮而又温顺的肉体、天真微笑露出的洁白牙齿、军人说话的口吻……当悦子发现她送给三郎的两双袜子被抛弃在垃圾箱里，怒火不由涌上心头，这种怒火是由于眼前需要而产生的切实而又抽象的感情；当她弄明白弃袜的个中原因，她又品尝到刹那间的快乐的滋味，显出一种胜利者的骄傲，不由得用充满爱抚的口吻去安慰三郎。当她发现三郎与美代相爱，美代有了身孕，她妒忌，终日监视他们的行动，到处寻找他们相恋的证据，甚至为此而不惜采取任何卑劣的手段，包括她明知他们两人都不识字，还想检查他们的日记来获得一点证据，证明他们两人的关系。她就是这样在日常生活中受到不安的情绪的困扰，而倾注无限的热情来进一步折磨自己。小说里有这样一段描绘，悦子望着三郎激越的运动的身体时所燃起的爱欲：

她感到内面的一种东西，从朦胧的不安定的泥泞中冒出来，冲出她的体外，形成一种几乎像膂力似的肉体的力量，闪烁出它的光华。好几次这一瞬间，她确信人世间什么事都是可能发生的。这一瞬间，大概人可以瞥见平日肉眼所不能看到的许多东西，这些东西曾一度沉睡在忘却的深层，此后偶尔接触又会复苏，再次向我们暗示世界的痛苦与欢乐是令人惊愕的丰饶。然而，谁也不能回避这一瞬间。

所以作家认为这是“一种直截了当的美丽的抽象的行动”，“是人类存在的表现形式，使人的生命十全十美地发挥出来”！可以说，作家是通过观念上的爱、超常识的爱来维系女主人公悦子的爱欲之情的。

三岛由纪夫为了使这种观念上的爱升华为艺术美，他从爱欲与肉感中抽走了人物的猥琐意识和行为，只描写悦子厌恶弥吉的性爱抚，而省去性爱抚行为本身，使这个故事得以纯化，然后用大量的笔墨写了悦子倾倒三郎的纯粹的爱，在她深层意识中所唤起的悲哀——表现为悦子在爱情上的错综复杂的希望与绝望。当她发现三郎与美代的关系，调查美代的身孕时，她希望三郎反证美代的对象是别人，而不是三郎自己；当三郎明确地说出是自己，她在绝望之中又希望三郎再加以否定，哪怕是笨拙的语言或一时的否定，甚至想把赌注押在可能否定这个事实的三郎的羞怯和恐惧上。在这里作者设计出悦子的种种幻影，寻求一种愚蠢的判断，以抚慰悦子受创伤的心灵，让她在幻想中开始“过上真正的生活”，而实际上从此以后，她开始了真正的痛苦。

悦子绝望的极致，就是唆使公公弥吉解雇了美代，之后她内心感到愧疚，产生一种罪意识，可怜三郎的孤独，恋慕的憧憬蹂躏着她的理性，最后她约三郎夜半到葡萄园幽会，她思绪沸腾，更深沉地折磨着自己：痛苦的预测、不可能实现的希望、令人高兴的破灭……悦子本人感受到这一危险的内容，她交织着焦虑与徒然的热烈的梦想，她在描绘着一幅她与三郎幽会时无限喜悦的图景。当她在葡萄园里与三郎相会，带来了意想不到的官能上的愉悦，尤其是她从三郎嘴里知道三郎及其家人讨厌美代，三郎直言不讳地说出自己爱少奶奶的真相之后，她心中涌起一种随时都可能消失的、瞬间鲜明的喜悦，同时又摆脱不了陈旧的阶级意识，将三郎打死，以继续维持观念上的爱。

《爱的饥渴》与其说三岛是以悦子为对象赞美了异性的爱，不如说他心中理想的爱的对象仍然是同性，是通过悦子表现了对年轻园丁的憧憬，以及其独占欲所燃起的爱。总之，三郎是作者理想的爱的对象。他采取这种杀死三郎的结局，是为了结束对对象的爱，最后也只好抹杀爱的对象，以取得瞬间的实实在在的快乐。这是作者内在的深层意识的美的必然，是保持永恒的爱和观念性的美的一种努力，只不过作者是通过悦子的眼来反映自己这种美意识罢了。这种生与美、爱与死对立的文学结构，具有强烈的浪漫色彩，是三岛由纪夫特有的美意识。可以说，它成为其后三岛文学

1967年2月，同名电影《爱的饥渴》之宣传画。

和美学的母胎。

缘此，日本评论家奥野健男指出，《爱的饥渴》“是《假面自白》的直接延伸，也是其发展。为了避免把同性爱表面化的危险，才极力讴歌通过女主人公悦子对美貌健壮的青年三郎的异性爱。三岛由纪夫潜入悦子这个人物中，通过悦子的眼睛，把自己的美意识尽情地表现出来。也就是说，悦子正是作者三岛由纪夫的化身。”[①]三岛本人也说过：“《爱的饥渴》中的悦子其实是男性。”[②]

如上所述，在《爱的饥渴》之前，三岛由纪夫曾写过《狮子》，是为了模仿古希腊悲剧，“实践唯一没有神的人的幸福”，和希腊神话的人物特征，“不愿意成为自己化身的人”这一观念，并且不断尝试将希腊神话中的女性悲剧放在现代日本最合适的风土上。从此以后，这种奇怪的观念就成为他的“固定的观念”。所以关于《爱的饥渴》的主题，作者是这样说明的：“女主人公的特征是，对她来说不幸的预想简直是不可能的（由于没有想象力，完全缺乏对他的同情），但她梦想着能够获得更大的幸福。这种梦想折磨着她。她相信那样的事就是妨碍幸福，就是否定现在。为了肯定现在，就要杀死三郎。杀死三郎的理由仅仅是由于自己不

① 《三岛由纪夫传说》，第238页。

② 日本文学研究资料刊行会编《三岛由纪夫》，第273页。

愿成为自己以外的人。”①

为了实现他的以上主题，他改变了原先将杀死园丁的任务委以弥吉的构思，让悦子来下手完成。他在创作笔记里这样写道：“她不需要救济。她闭上眼睛，祈盼着一切如故。她自称自己是幸福的。保持了幸福这种危险的物质。她把企图破坏它、又企图破坏禁忌的男子杀掉了。”②

这部小说出版之后，农园周边的人向三岛的姨母提出了抗议，说是小说说了他们的坏话，中伤了他们。三岛则声明小说的园丁与他的姨母没有任何关系。奥野健男高度评价这部作品，认为“《爱的饥渴》是一部极重要的纯文学小说。我毫不犹豫地推举它为继《假面自白》之后的三岛文学的杰作。是可以列为三岛文学最好的第五部作品。从《假面自白》必然发展到创作《爱的饥渴》，这是三岛由纪夫内心的呼唤，而且它是一部精彩的虚构”。“我所理想的小说，也许就是像《爱的饥渴》这样的小说。如此构成故事、如此场面、如此展开情节，发展到最后的必然性，以及扎根于作者深层意识的性的愿望和美的倾向，进而发展到伦理道德的必然性，两者精彩地一致了。诚然，这样完善的作品是罕见的，非三岛由纪夫的手笔莫属。”③

---

① 《三岛由纪夫作品集》（1—6），《全集》，第26卷，第258—259页。
② 同上，第26卷，第258—259页。
③ 《三岛由纪夫传说》，第235页。

三、“精神性的喜剧”

——《禁色》

三岛由纪夫自幼就关注男性的魅力，将男性美的魅力化成血液流淌在自己体内，搏动着他的文学生涯。在完成《假面自白》、《爱的饥渴》，形成其构筑所谓“男性美”的基本文学结构之后，他又开始策划创作一部描写男色的小说，将其性倒错说推向一个新的怪异领域，以实现再构筑其理想中的男性美的宏愿。

男色小说在日本文学史上是有其传统的。这里的“色”字，从日语语源来说，奈良时代的“色”字只含有色彩和表情（即面色）的意思，到了平安时代，“色”字的含义扩大，增加了“华美”、“恋爱情趣”的内容。所以在日本直至平安时代，所谓“好色”，包括男色和女色，是特指一种恋爱情趣、一种美的理念。这种观点在近世日本人的美意识中占据着主流。在中世及其后，近世日本的封建社会里实行了历史上最严格的性爱管理，绝对禁止男女接触异性，作为当时社会基础的武士流行起“男色”来，用我们现代语来说，就是男性“精神上的同性恋”。近世井原西鹤的“好色文学”就是从以男色作为主题开始的，他的代表作《好色一代男》、《好色五代男》等都是无视女色而描写甚至赞美男色的。这种“男色”的古典式审美情趣，不能不对以男性作为理想美的对象的三岛由纪夫产生影响。与此同时，三岛由纪夫非常沉醉于古希腊的古典主义以及古希腊人以雕塑来体现对美的理想，尤其是更倾倒于古希腊阿波罗的强劲的肌肉、有真实感和有血有肉、充满生命力的形象，以及庄严坚毅的男性美。在他看来，这些是完美形象的典型。他在旅游欧洲期间，访问希腊之后，对男性美和古希腊文明的感动更加强烈，而这种感动成了其创作的基础。他在创作中将男性美提升为古希腊的男性美，将男色作为比男女性爱更高的爱，并企图将男性肉体与美作为伦理性的东西加以故事化。可以说，日本和古希腊、东方和西方的男性美艺术精神的传统与交流，成为作者实现其更大宏愿的文学河床。他的另一部重要的长篇小说《禁色》就在这一文学河床里酿成了。

1950年4月底《爱的饥渴》问世后，三岛由纪夫一口气也没有歇地伏案执笔写长篇小说《青春时代》，连载了半年，尔后又开始着手写《禁色》。他为了写《禁色》，曾去伊豆大岛采访，新潮社编辑菅原国隆到竹芝栈桥送行的时候，发现一个美貌的青年抱着一束鲜花前来相送。除了三岛写作时间以外，这青年平时总是陪伴在三岛由纪夫左右，他叫佑一，与三岛由纪夫的《禁色》中的悠一是同音字，有的评论家提出：或许佑一就是悠一的原型。这一点未见三岛本人或评论家论及。但是奥秘不在这里。这一时期三岛由纪夫经常与菅原编辑出入一家设在八重洲大街地下室的“男色酒吧”，这是男同性恋相聚的地方，酒吧“女招待”也是由男扮女来充当的。三岛由纪夫说过：“男色酒吧所搞的那种女性的要素，只不过是伦理上的歪曲。”[①]评论家奥野健男披露，他也曾被三岛领去过这家酒吧。这是三岛为了写《禁色》有意去采访和体验生活的吧。不过有的评论家说，以男色作为小说的主题，也是三岛由纪夫本人的体验。

《禁色》第一部是从1951年1月至10月在《群像》杂志上连载。三岛由纪夫于12月至翌年5月赴欧美作第一次出国旅行，其间停止写作10个月。他回国后续写第二部，题名《秘乐》，在《文学界》杂志上连载。1953年9月，第一、二部统一用《禁色》的书名，由新潮社出版单行本。

《禁色》第一部，描写一个老作家桧俊辅的第一任妻子是窃贼，第二任妻子是疯子，第三任妻子是荡妇，三次婚姻都失败了，他同时被几个情人所背叛，于是认为这是由于自己的容貌丑陋而被现实也被女性拒绝了。当他发现了英俊青年悠一是个不能爱女性的性倒错者，就让悠一与其寄予爱情的少女康子结婚，并让与自己相恋过的镝木夫人和恭子接近

① 转引自松村刚《三岛由纪夫的世界》，第178页。

悠一，让三个女性互相嫉妒和争风吃醋，而利用悠一的美的力量，对现实也对背叛过他的几个女性进行了报复。悠一与女性无缘，缺乏作为“现实的存在”的资格，他是借助俊辅复仇的情念而开始自己的生活的。第二部描写悠一试图不再借助俊辅的力量，按照自己的意志行动，通过自己的力量去摸索一条构筑“现实的存在”的路。于是，他让妻子康子怀孕生产，同时又往来于男色的世界，过着两重性的生活。后来由于同性恋者的告密，让他的母亲和妻子知道了，在这紧急时刻，他得到镝木夫人相助而得救。俊辅通过悠一对现实也对女性复仇的计划失败了。最后恭子受到悠一替代俊辅对她的诱惑和侵犯，镝木夫人目击自己的丈夫与悠一同衾的场面而绝望，下落不明，她们都遭到报复而落入悲惨的结局。这时俊辅自白自己也爱着悠一，他给悠一留下巨额遗产自杀了。但是，悠一却相信，正是这时候自己正式开始了作为“现实的存在”的新的生活。

三岛由纪夫谈到自己的创作意图是：“《假面自白》以来，我所执著追求的主题，是‘精神性的喜剧’。在这部作品里，对于将其具体化了的老作家俊辅这个主要人物的处理，则是要描写成全无精神性的美的、石雕似的、近乎‘自然’的人。”“《秘乐》是承接第一部的种种动机，描写主人公悠一陷于其应陷入必然的结果的过程。也就是说，第二部形成故事逐步深入的悲剧结局。我就是试图描写美在自己的悲惨结局陶冶下的形象。”[①]

三岛强调的“精神性的喜剧”是什么呢？根据评论家奥野健男解释，指青春后期对青春前期的批判，是悔恨、是自我嫌恶，还是留恋着青春。在回顾自己青春前期时，在从这里出发将青春特质一般化时，作者是将它作为“精神性的喜剧”来认识的。就是必须描写被精神性束缚的人将会演出什么样的喜剧，将会陷入怎样的命运。也就是说，作者企图突破他自己所设计的观念性、精神性的苦恼和不安，将它转化为喜剧，从其束缚中摆脱出来，以获得更大的自由。所谓“精神性的喜剧”，对三岛来说，只不过是自己的愚昧的青春前期的体验罢了。[②]如果说三岛由纪夫在《假面自白》里，自白本人青春初期性倒错的行为和体验，在《爱的饥渴》里将自己化身为悦子和三郎相互对立的两个人物，以披露其青春后期的性愿望的错位，那么他的《禁色》就是将前二部作品综合化了。作家本人也说：“我的人生开始了。我非分地尝试将自己的气质彻底地故事化。我抱着一种不顺从的公理，尝试将人生掩埋在故事中。”“《禁色》与《假面自白》、《爱的饥渴》不同，是试图让自己本身内在的矛盾和成为彼此对立的两个‘我’来对话”，因此“我想用《禁色》来总清算我青春期的工作。所谓青春，有丑也有美。也

① 转引自奥野健男《三岛由纪夫传说》，第280—281页。

② 奥野健男《三岛由纪夫传说》，第281页。

就是说，少年时代想成为大人的心情，以及现在正逐渐开始理解青春的意义这两者互相交织，并且在这个基础上当做习作时代或经历时代的一种纪念，归纳到一种形式中。”[①]可以说，《禁色》是《假面自白》和《爱的饥渴》的延长，作者在这里将《假面自白》中的“我”和《爱的饥渴》中的自己的化身悦子和三郎对精神、肉体的自我陶醉，分解在俊辅与悠一的身上，来实现他自称的“让自己内在的矛盾与形成彼此对立的两个‘我’对话”，凸显他们两人一个主动入迷的自我陶醉，一个是被动入迷的自我陶醉之间的对立，并为克服这种对立——内面性即精神与外面性即肉体的对立而保持其平衡，即精神与肉体的一致性。在三岛看来，也许“应该说，这是‘美’的自我陶醉的胜利的主题”[②]。

日本评论家村松刚认为《禁色》中的俊辅的模特儿是三岛由纪夫本人，因为作者三岛与主人公俊辅都是兵库县世代的财主之家出身，自幼都受到泉镜花及欧洲世纪末文学的影响，两者的文章都是用新古今集式的、洛可可式的[③]、人工式的文体，同时，三岛由纪夫的失恋与俊辅的婚姻失败、恋人背叛、三岛嫌恶自己的肉体与俊辅憎恶自己的老丑等的

① 《〈禁色〉——青年时代的清算》，《全集》，第25卷，第493页。

② 长谷川泉、武田胜彦编《三岛由纪夫事典》，第124页，明治书院1976年版。

③ 18世纪初，源于巴黎的一种装饰性艺术风格。

遭遇和性格十分相似。因此他指出三岛是将自己怀抱的一切问题，用极端扩大的形式，依托于桧俊辅老人表现出来[①]，这是不无道理的。但是不仅如此，实质上悠一的原型也是三岛由纪夫本人，三岛自始至终通过俊辅这个“我”的化身的眼睛，来审视另一个“我”——悠一，即将悠一放在对称的位置上，作为俊辅冷酷的心理剖析的对象，并且着力将悠一塑造成一个希腊雕像般的美男子，或一个三岛崇拜的塞巴斯蒂昂式的人物，给人纯洁而又野性的印象，这是三岛由纪夫多年苦苦追求的“文艺复兴式的精神文明的理想”。所以他于海外旅行归国后，着手写《禁色》第二部时，在《我经历的时代》一文中就写道：“我发现了创造美的作品与自己也要成为美的人之间的同一伦理基准。”作者实际上是将自己分身为作为“创造美的作品”的俊辅和作为“成为美的人”的悠一，一方面保持自我的同一性，一方面又保持人在传统性道德的抑制下，作为“现实存在”而生活的自信，在达到这个“同一伦理基准”时，故事就结束了。日本社会传统性很浓，尤其经过战前、战时的极端禁欲主义，战后时期，对于同性恋者是禁忌的，所以日本评论家本多秋五谈到这部作品当时受到读者欢迎时指出：“这部作品问世后，当时社会的评论在客观上掀起一股前所未有的热潮。可以认为人们对

① 村松刚《三岛由纪夫的世界》，第183—186页。

这部作品所引起共鸣的前提是，这种共鸣是对所有的既定观念、既定价值，即所谓正常的东西的、一种破坏偶像的弦外高音。”“也可以说，《禁色》的主人公不是美貌青年南悠一，而是战后派（这里是指二战后日本社会出现的标新立异的青年们——引者注）的时代本身。”[①]从这个意义上说，《禁色》的发表，不仅是对战后文坛一个很大的冲击，而且是对传统的价值观念的一个重大的挑战。美国日本文学研究家唐纳德·金评这部作品在日本现代文学史上的历史地位时说：“《禁色》是描写男色的世界。在这之前，日本没有一个现代作家公开以男色作为小说的主题。”[②]

三岛由纪夫在作品里往往将性欲的倒错与血、与死、与青春相连。《假面自白》中的圣塞巴斯蒂昂殉教的血、圣女贞德冥想的骑士的血、匈牙利王子的血，《爱的饥渴》中的悦子抡死园丁三郎的血等血形象，占据着故事的中心的位置。在《禁色》里，最初作者也设计了血的形象，比如俊辅被领带针刺伤手指的血、康子分娩的血，尤其是连载时末尾写了镝木夫人自杀出现了血。但出版单行本时，他改变了镝木夫人的命运，写成镝木夫人下落不明，失踪了。三岛由纪夫之所以一改初衷，挽救了镝木夫人这条命，据三岛解释：“我按原先计划杀了镝木夫人之后，觉得杀得太早了。我越

① 《物语战后文学史（全）》，第387页，新潮社1979年版。

② 《百本文学史》（近代·现代篇五），第376页，中央公论社1989年版。

写越爱这个人物，觉得把这个女人杀掉太可惜了。我的小说脱离原先的计划不只是这一次，而是有过好几次。但这种令作者无可奈何的例子，《禁色》是第一次。”[①]作者这样做，除了“越爱这个人物”之外，是否为了实现其突破自己那种观念性的苦恼与不安，而把它转化为“精神性的喜剧”的精心设计，从而舍弃其作品的理想形象——血与死呢？是否还为了对生与死的两重性的思考呢？

这一点，人们在这部小说里是不难看出的，作者所着意表达的是：强烈地意识到生，是来自对死的感动。在东方，死比生鲜明得多。俊辅理想中的艺术，就是一种精练的死。所以他确信，艺术作品写死与虚无存在的两重性，才能接近自然的美。艺术作品与自然一样，决不可以有“精神”，更遑论有“思想”，以精神的不在去证明精神，以生的不在去证明生，既是艺术作品的逆说性的使命，也是美的使命和美的性格。

《禁色》的高潮是第十三章《桧俊辅的〈桧俊辅论〉》，作者通过自己的化身俊辅来进一步表达这部小说所包含的内蕴，以及论述自己的美学和艺术思想。

在《禁色》问世的前一年，即1949年的6月，三岛由纪夫发表了一篇《关于美》的文章，谈到日本的美的观念：“平安时代以来，美的观念主要的是从自然抽出来。生活与

① 《解题》，《全集》，第5卷，第577页。

美（艺术）不是相克。美居于生活的上位，是从秩序崩溃期的《新古今集》时代开始的。宗教的末世思想与美的优位是并行关系。很明显在这里，美与死是相关的。（中略）在日本，美并不意味着复活人间主义，乃至带有‘否定生’的宗教性。”①

三岛在《禁色》的这一章里，将他上述关于美的观点具象化了。三岛笔下的俊辅在《桧俊辅论》中，特别强调艺术上的美与生活上的丑都是同样重要的。所以自己其貌虽丑，但仍将艺术家的存在当作梅毒患者的脸受到病菌侵蚀一样，乐于写出纤细美的艺术作品。他认为这可以归于他内在心态的美和灵魂的无垢。这里使肉体与精神达到平衡，是没有失去平衡的自我表现的精神。所以他在遭到妻子和情人背叛之后，他的愚昧的天才和长期以来压抑在生活内的浪漫式的冲动，便在世人目光所不及的地方，企图借助英俊青年悠一替代他报仇。

在这里，作家竭力在观念上树立男性美的理念，并通过构筑主人公俊辅与悠一两人关系的精神结构，来推翻男人必须爱女人的古老公理，进而以日本武士时代爱恋女子并非男子的所为作为他的“理论”依据，企图创造出一个男人可以爱男人的“道理”。所以作家安排俊辅发现决不爱恋女性的

① 《全集》，第25卷，第278—279页。

悠一之时，看到了自己青春的不幸所铸造的幻化为实体的形象出现了——这就是悠一的希腊雕像般的大理石般的肉体。于是作为作家的俊辅，便以悠一的毫无欲求却又在生活上产生怯懦的心理，以在精神上达到生的破坏力与生的创造力的平衡，在绝望中产生爱。三岛由纪夫的《禁色》，抹去其表层的价值，可以发现他在深层中所要表述的真正意义，不是在于以肉体为素材的精神层面挑战，以生活为题向艺术挑战吗？不是在于宣扬“在绝望中的生就是美”吗？人们从中不也可以看出其美学的中心思想的逆反性：“精妙的恶比粗杂的善更美”吗？

作家三岛由纪夫从17岁至26岁这10年，是属于青春期，也是他的文学确立期。如果说《假面自白》是他的青春前期的作品，那么《爱的饥渴》、《禁色》就是他的青春后期的作品，而且是作为总清算自己青春期的工作而创作的。这三部作品，不仅形成三岛文学倾向的怪异性，而且也酿成三岛美学的怪异性。换句话说，这部作品是为他的青春期、也为他的文学创作前期画上了句号，开始迈进其创作的新阶段，进一步展开更为怪异的文学世界。

用三岛由纪夫本人的一句话来总括，这10年的创作，“比较鲜明的就是，留在心上的坎坷是丰富的！”[①]

---

① 《我经历的时代》，《全集》，第30卷，第479页。

四、罗曼蒂克之旅·相亲结婚

三岛由纪夫从文之后，整天闭锁在书斋里，经历了战后的混乱期，受到世纪末思想的浸染，有一种隔世之感，仿佛面临一场新的危机。于是他蔑视世俗、逃脱世俗，标榜自己在文学上的孤独。他觉得为了摆脱这种状况，有必要“离开日本，开阔自我，发现新的自我”。[①]但是战后日本经济受到毁灭性的打击，疲惫凋敝，外汇储备严重短缺，一般人到外国旅行谈何容易。三岛着手写《禁色》之前两三年，美国在其本土召开一个国际青年艺术家会议，有关当局通过考试遴选，派日本青年代表参加。有人推荐三岛前去应考。三岛带着惴惴不安的心情，来到NHK（日本广播协会）大厦，在美占领当局的文教办公室里接受美国人的面试。

考官问：“你的小说属什么流派？”

三岛不谙英语，用他的话来说，“我的英语会话能力等于零”，所以听不懂考官的提问，将“流派”误认为是“学校”，于是就回答说：

“不，大学是法学系毕业！”

三岛也明白，这一回答，如果被录取才奇怪呢。他的

---

① 《我经历的时代》，《全集》，第30卷，第471页。

这一次出国梦就这样被粉碎了。但三岛并没有完全放弃他这个追求的目标。他的父亲平冈梓的老友、朝日新闻社出版局长嘉治隆一，平时对三岛由纪夫无微不至地关怀，不时地告诫三岛："小说家要长期保持自己的地位的秘诀，一是要学习，二还是要学习，视野要广，深入研究，这是最重要的。"所以当他知道三岛有强烈出国学习的愿望以后，他问三岛："你要不要出国去看看？"三岛自然求之不得。在嘉治隆一的帮助下，他于1951年12月获得了可以申请出国外汇的《朝日新闻》特别通讯员的资格，实现了他多年来的愿望。尽管他去美国驻日大使馆办理签证时，遭到美籍日本职员盛气凌人的对待，留下种种不愉快的回忆，但他能够出国，将这一切都抛诸脑后了。

三岛由纪夫领取签证后，马上订了12月24日的赴美船票。这前几天，一向提携他的川端康成夫妇特地前往三岛宅邸为他"壮行"，并讲了许多鼓励的话。启程那一天，曾经给他打过负150分的中村光夫，冒着霏霏细雨前往横滨码头为他送行。三岛承蒙这些文学前辈的厚意和爱护，十分感动。而且，他直至出发的前一晚，还在彻夜伏案写作，所以他说："我踏上了'威尔逊号'客轮，心情变得老实了。"从这一刻开始，三岛由纪夫开始有生以来第一次罗曼蒂克的海外旅行。

也许三岛过"三重隔绝"的生活方式太久太久，他自幼就幻想着生活在大自然之中。当他走上破浪驶向夏威夷的

1951年12月25日，作为朝日新闻特别通信员，三岛由纪夫乘船开始第一次周游世界之旅。

“威尔逊号”甲板上，他头顶明朗的天空，就像从黑洞里走出来第一次发现了“太阳”一样，对太阳产生一种从来没有过的亲近感。于是他仿佛发现了一个新的天地，他天天登上甲板，借助太阳，接受日光浴，来改造自己的肉体。他一边进行日光浴，一边开始思考自己的改造问题，就是说他企图将自己孱弱的肉体改造成他所理想的希腊雕刻般的肉体，改造成他梦寐以求的男性的肉体美。而且明确他这次旅行的目的，是以此为媒介，舍弃自己多余的感受性，把握迄今所欠缺的肉体的存在。他的旅行地，主要选择阳光充足的南美、意大利和希腊。他历访南北美之后，到了法国巴黎，在街上购物时，让人家变戏法似的将他身上所有的钱全部偷走，他几乎身无分文，度过了暗郁的一个月，好不容易办完被盗支票再付手续后，才告别巴黎，到达这次欧美游最向往的目的地——希腊，继续追求实现他这次旅行既定的“改造肉体”的目的。到了希腊，他“终日是一种陶醉的心情”。他不仅陶醉希腊明朗的天空、湛蓝的海，而且陶醉希腊古典式的风光、古典式的男性艺术，因为他觉得“古代希腊没有什么‘精神’，只有肉体和知性的均衡，‘精神’正是基督教的可恶的发明。当然这种均衡将被打破，但在可能不会破的紧张中发现美的存在”[①]。所以他惊愕于古希腊的“精神”反而

① 《我经历的时代》，《全集》，第30卷，第474页。

没有占据肉体所占有的空间。“希腊人相信‘外面’，这是伟大的思想。希腊人思考的‘内面’，总是保持与‘外面’的左右对称。”[①]他后来在自画像《三岛由纪夫》一文中主张“所谓男性的特征，就是肉体与知性”[②]，可以说，他在希腊找到了自己古典主义的归宿。也就是说，他“发现了创作美的作品与自己也要成为美的人之间的同一伦理基准”。这种思想在他回国后继续写的《禁色》第二部里，就表达出来了。为此，三岛由纪夫在希腊访问期间，对希腊人的生命力表示了极大的关注和憧憬。他觉得“希腊人的美的肉体，是日光、海军、军事训练和蜂蜜的结果，但是现今自然的东西已经完全死亡，希腊人达到肉体所拥有的诗的形而上的东西，就只有依靠相反的方法，即为了肉体而锻炼肉体的人工方法”（《镜子之家》）。三岛的内心便出现两个相反的志向，一是必须活下去，一是明确知性向明朗的古典主义倾斜。他体味到“两个相反志向”同时共存的幸福，开始明白比起内面的精神来，更要重视外面的肉体和健康。他这次希腊之旅比较了日本与希腊肉体美的差异的体验，在《阿波罗之杯》中是这样记录的：“如今，我在希腊。我陶醉在无比的幸福之中。……我任凭自己的笔驰骋。我今日终于看见阿波罗！……希腊人相信美不灭。他们将完整的人体美雕刻在石

① 《阿波罗之杯》，《评论全集》，第2卷，第814页。

② 《三岛由纪夫》，《全集》，第30卷，第409页。

上了。而日本人是否相信美的不灭呢？这是个疑问。他们顾虑有一天具体的美会像肉体一样消灭，总是模仿死的空寂形象。”[①]这种希腊的体验，对三岛其后的创作影响是很大的。

他对于这次希腊之行是非常满意的，他说：“至少是希腊治愈了我的自我嫌恶和孤独，唤醒了尼采式的‘对健康的意志’。我觉得我已经成为一个不会动不动就受伤的人了。我带着一颗开朗的心回到了日本。”[②]

带着这样明朗心情的三岛由纪夫回到日本以后，完全热衷于希腊，用三岛本人的话表现，就是“这是我的‘希腊热’达到了绝顶的时期。无论看什么，都与希腊的幻影重叠”[③]。这样，他一方面积极进行剑道、柔道等体育锻炼，还让中央公论社社长岛中鹏二介绍他特许加入剑道道场锻炼肉体，以获得健康的体魄，他后来的“文武两道”的想法，也是从这里萌生的；另一方面，他继续思考作为艺术问题“要依靠人工的造型来构筑失去了的自然的生命”[④]，那就是进行文体改造的尝试。他疾笔写了《阿波罗之杯》、《旅行画册》等9篇游记式的文章，谈他的欧美之行的收获，尤其对希腊的艺术体验。

---

① 《阿波罗之杯》，《评论全集》，第2卷，第810—812页。

② 《我经历的时代》，《全集》，第30卷，第474页。

③ 《〈潮骚〉的事》，《全集》，第27卷，第310页。

④ 矶田光一《作家与作品——三岛由纪夫》，《日本文学全集》82卷，《三岛由纪夫集》，第424页，集美社1976年版。

同时他致力于文体的改造，将欧洲莫朗、拉迪盖的文体与日本古典的文体结合，特别是模仿森鸥外和洋结合的清澄的知性的文体，以及希腊的“重文体”来改造自己，他的文体的变迁，是随着希腊之行后，从感性转向知性，更倾向男性的东西，所以他就将自己的文体改造成“重文体”，即带有重量感的文体。他在《自我改造的尝试——重文体与倾倒鸥外》一文中概括地写道：“我始终认为，对作家来说，文体不仅是表现作家的存在，而且常常表现作家的当为，也就是说，作家在一部作品中所采用的文体，如果只是表示他的存在，那就只是表现他的感性和肉体，也许可以多少看到一点个性的东西，但那不能叫做文体。文体的特征相当于精神与知性所表现的特征，比起个性来，更具普遍性。一部作品所采用的文体，是作家当为的表现，是向未到达方向的知性的努力的表现，因此是与作品的主题相关的。（中略）所以我采用的文体，是来自我的意志、憧憬和自我改造的尝试。”①

以第一次出访的体验为契机，三岛由纪夫构筑起自己的特异的文学模式，即将肉体的改造与文体的改造放在同一的基准上，来继续完成他的《禁色》的第二部，同时，他婉拒许多出版社让他写应景小说的约稿，潜心准备（包括心理准备）数月，写下了故事纯粹发生在日本的《潮骚》、《仲夏

① 《自我改造的尝试——重文体与倾倒鸥外》，《全集》，第27卷，第284—285页。

之死》、《金阁寺》等优秀作品，将三岛文学推向一个新的高峰。用作家本人的话来说："我感到我完全结束自己一个时期的工作，下一个时期又在开始了……我感到自己仿佛也在成熟起来了。"[①]

继第一次欧美游之后，1957年7月，美国纽约一家出版社出版三岛由纪夫的《近代能乐集》英译本，他应邀出席首发式，同时纽约一剧团上演这些能乐，他推迟返国，并重游了中南美、欧洲，于翌年1月上旬返回日本。两次海外之旅，不仅使三岛在创作上获得新的跃进，而且治愈了他的自我嫌恶和孤独感，在生活上更加充实了。自第一次恋爱失意以来，三岛对女性总是抱有一种"隔绝感"，可谓一朝被蛇咬，十年怕草绳。他已经三十出头了，不仅没有结婚，连一个女朋友也没有相交。三岛长期独身，有的女子甚至说："他有什么了不起，他也只不过是个普通男人嘛！"社会上产生了种种误解。母亲倭文重对亲友不好交待，承受着传统的"男大当婚"的社会舆论的压力，她为此十分焦灼，经常用各种办法劝儿子早日成婚。但三岛由纪夫自有主意，无论母亲怎么规劝，他压根儿就不依从，决心不等到自己想结婚的时候就不结婚。而立之年的三岛曾在《小说家的休假》一文里出现过这样一句话："不久，我也要结婚吧！"[②]第一次

---

① 《我经经历的时代》，《全集》，第30卷，第475页。

② 《小说家的休假》，《全集》，第27卷，第106页。

提到了自己的婚事问题。可是关于婚姻问题，他的想法是非常古怪的。为什么这么说呢？因为他以为，一是必须在尚具有年轻意识的时候就结婚，他一想到自己已33岁，再过两三年将完全丧失年轻意识，太可怕了。虽说社会上也有些女子喜欢四五十岁的男人，但是他不想同这样的女子结婚。所以无论如何必须在还年轻的时候结婚。二是男人四十出头而独身者，无论是爱打扮的人，还是不修边幅的人，总让人觉得有一点颓废。他不想让人对自己有这种感觉。[①]所以33岁上，三岛由纪夫在自己的生活变得充实的时候，就觉得是自己该结婚的时候，也就得结婚了。

三岛将婚姻问题提上了日程，首先考虑的是采取什么样的形式，是恋爱结婚还是相亲结婚？众所周知，他的结婚是通过相亲，而不是恋爱的。他本人强调，这是由于自己的“特殊情况”，不想搞恋爱，所以选择了相亲结婚的形式。他解释说，日本恋爱结婚是从工作场所小地域社会产生，就像在某种形状的鱼池里的游鱼，只能与同一个鱼池的鱼相恋一样，并不具无限选择的可能性。他作为一个专业性的作家，只能在他行动的半径范围内选择，而且即使恋爱，还受到社会的种种制约，比如在东京有很多喜欢文学的女孩子，只要说出自己是小说家三岛由纪夫，喜欢文学的女孩子就会

---

① 《作家和结婚》，《全集》，第28卷，第369页。

来接近，这些慕名而来的人就是患了“慕名病”。如果社会产生一种错觉，以为这是恋爱就高兴的话，那就错了，人们又不是为社会高兴而结婚，何况这种恋爱很难保持其纯粹性。同时他说：“我想找一个在某个角落里真正等待我的、非常适合我性格的，并且完全愿意接受我的各种困难的结婚条件的姑娘，然后慢慢进入恋爱。但是，恋爱压根儿是不能附带条件的。所以我只好相亲结婚，这是合乎逻辑的。”①三岛对比了恋爱与相亲两种结婚形式，认为“比起轻率的恋爱结婚来，还是日本独特的相亲结婚反而有好处，它的选择范围更大，通过托人介绍，与各种职业、各种地域的对象都可以相看”。②于是，他就选择了这种结婚方式，并告诉了双亲。

父母知道儿子有了结婚的意愿，欣喜若狂，在三岛第二次出访回国后两个多月的3月23日，他们的好友汤浅夫人前来推荐著名画家杉山宁的长女、21岁的大学生瑶子，并带来瑶子的相片。两周后，汤浅夫人安排他们两人见面，三岛通过与汤浅夫人谈天说地，把整个自己全暴露在瑶子的面前，所以瑶子没有感到拘束。而三岛觉得他选择对象的前提条件是重家庭情况，从这个意义上说，他决定选择艺术家的女儿，两人就这样一见钟情，一拍即合。5月5日，正式相亲的席间，瑶子双亲说：“小女还在上大学，是个不懂事的孩子，

① 《作家和结婚》，《全集》，第28卷，第370—371页。

② 《相亲结婚》，《全集》，第31卷，第159页。

1958年6月1日，因川端康成夫妇之媒妁，三岛由纪夫与日本画家杉山宁的长女瑶子于麻布国际文化会馆举行婚礼。

如果你不介意的话，就请高高兴兴地娶她吧。”三岛的母亲说：“令嫒很可爱，很有教养，欢迎她过来！”双方家长一阵寒暄之后，即席首肯。汤浅夫人不愧是个媒人，抓紧时机建议说：“既然已经决定，就早点把这桩婚事办了吧！”于是双方一致决定：订于6月1日举行结婚典礼。两人从相识到举行婚礼，前后不过两个月零七天，时间之短是世上鲜见的。当事人三岛由纪夫和杉山瑶子对于这一闪电式的婚事也感到愕然。下彩礼的时候，三岛对瑶子说：“我们夏天就在游泳池里举行婚礼吧？将亲友邀请到游泳池周围，让他们举起汽水来欢迎我们下游泳池，怎么样？”瑶子腼腆地回答说：“不行，我不会游泳。”她委婉地拒绝了这种结婚仪式。最后他们两人的婚礼在三岛由纪夫的大恩人川I端康成的主持下，如期按照日本的传统仪式隆重地举行了。

婚后，三岛由纪夫依然和过去一样，将写作放在第一位，不会为家庭而牺牲工作，也不会为妻子买汽车而写小说。即不会为某种目的而写作。这点瑶子是有思想准备的，但瑶子的母亲不无担心地问过三岛由纪夫：“当你写作不顺利的时候，当你为作品的内容而苦恼的时候，你怎样办呢？”

三岛由纪夫当时是这样回答瑶子母亲的提问的：“即使在这样的时候，我也绝不会推翻饭桌胡闹。我也许会不言语，或比平时少开玩笑，顶多如此，没有什么了不起的。”瑶子母亲听罢，也就放心了。

1959年，三岛由纪夫与妻子在家中二楼起居室。

三岛由纪夫曾对瑶子说：“我过去一直是从晚上零点工作到凌晨4点的，但是今后我改变一下这个习惯吧。”瑶子回答说：“请按你的习惯做吧。我会配合好的。”所以婚后三岛按老习惯开始执笔写第四部长篇小说《镜子之家》。他在《我的相亲结婚》一文中写道：“对作家来说，工作有进展时，尤其是工作取得成就时所涌起的幸福感，这是人世上最珍贵的东西。我开始写上千页的长篇小说，但我的人生目的，就是通过这部长篇获得作家的幸福与结婚的幸福并进。”①

从此以后，三岛由纪夫告别了青春，开始他的第二人生，将自己的一切全部投入在这部以青春幻灭为主题的小说里，他在“预言：小说的终结，就是优等生的时代——也就是既成道德具有统治权的时代——即将到来。果然，战后终结，无聊而平凡的日常生活又回来了。我曾梦想过西欧型的文人生活，即让一部一气呵成的长篇获得成功，靠这部作品吃几年，接着准备下一部创作。但这种赌注落空了。只有预言却中了，无论怎么说这也是一种讽刺。”②

① 《三岛由纪夫评论全集》，第2卷，第317页。

② 《〈镜子之家〉——我喜欢的我的小说》，《评论全集》，第2卷，第458—459页。

第六章　生死的交错

一、“生、活力和健康”

——《潮骚》

三岛由纪夫开展战后文学活动的时候，面对着重大转折的复杂现实，他的意识深层折射出多重的阴翳和二律背反的感情，将他“推向两种极端相反的观念，一是死、颓废和腐败，一是生、活力和健康”。这两种观念的奇妙交织，造成他心理上的平衡与失衡的循环。在这种情况下，他彷徨地寻找和试图重新确立自己所需要的精神上和美学上的支撑点，在文学上表现他的“两种极端相反的观念”。

最初，他更多的是倾斜“死、颓废和腐败”的这一极端，创作了像《爱的饥渴》、《禁色》等血与死的交错、性与爱的颠倒的美的“自我陶醉”的作品。可是经过岁月的嬗变，尤其是经过1951—1952年周游欧美之后，他对希腊的体验使他觉得比起内面的精神性来，更应重视外面的肉体性，重视生、活力和健康。他要作一种新的尝试，计划创作一部以与死相反的生的欲求——性与爱为主题的作品。为此，他首先由近代随笔家小泉八云的“日本人是东方的希腊人”一句话，联想到日本朴素的村落共同体的生活感觉和伦理观，特别是宗教的感受性很像古代希腊，便萌生念头要以古希腊朗戈斯的最出色的田园传奇爱情小说《达夫尼斯和赫洛亚》为蓝本，以令人陶醉的渔村风光为背景，塑造一对日本的达夫尼斯和赫洛亚式的人物，写一本日本式的传奇爱情小说，来赞美朴素真挚的爱情。

为了凸显这一既定的主题，他需要精心选择一片净土，于是便以纯洁无垢的离岛作为选择的对象。他为此走访水产厅。水产厅推荐了两三个地方，他选中了其中气候温和、风景秀丽的神岛。

神岛是坐落在伊势湾的一个只有几平方公里的小岛，属于三重县管辖，与都市文明隔绝，娱乐场所自不消说，连自行车、牛、马也没有。岛上生活非常贫乏。但是，它有优美的自然环境，朴素的风土人情，还有丰富的歌枕（古代和歌歌颂过的名胜）和许多动听的神话传说，以及信仰太阳神的原始形态和习俗。同时，岛上曾挖掘出弥生时代古坟的土器，说明这个岛的历史与伊势神宫有着密切的联系，这恐怕是“神岛”这个岛名的由来吧！对于写了《仲夏之死》以来努力探索新题材的三岛来说，这里无疑可以采集到很好的创作素材。他很快认定神岛是他的新小说设计的绝好舞台。

一向办事利落的三岛由纪夫，一经决定以神岛作为他的新小说舞台之后，立即持水产厅的介绍信，春夏两次越海踏上神岛进行采访。他借住在当地渔业工会主席的家中。在岛上考察的日日夜夜，或出海巡视的时时刻刻，他仔细地观察渔民的朴素生活，体味着渔民的纯朴人情以及大海慈爱的胸怀。他了解到成年男人无例外地都出海打渔，女人当海女采撷海底的资源，获得丰收，大海给这个岛很多恩惠。他还了解到岛上发生了不少悲剧，许多人家的年轻人被大海夺去了生命，有的人家甚至失去了所有男人，只剩下寡妇少儿。所以在岛上生活的人们需要有巨大的勇气和坚强的力量。同时他面对伊势湾的自然风光，深深地体会到大自然的朴素的美，岛上毫无遭到现代文明破坏的纯净的美。可以说，三岛由纪夫在岛上的采访，不仅从外部接触到神岛的自然美，而且抚触到神岛的人情美。他说：这次神岛之行，“我的诗囊丰满了”[①]。

他有了古希腊的达夫尼斯和赫洛亚牧歌式的爱情故事的触发，加上神岛渔歌式的生活体验，一个东方的“达夫尼斯和赫洛亚”的纯洁爱情故事在三岛的脑海里酿成了，一

① 《〈潮骚〉执笔之际》，《全集》，第32卷，第40页。

神岛（《潮骚》的舞台歌岛之原型）远眺。

部纯情的小说《潮骚》诞生了。

《潮骚》的男主人公新治18岁，是歌岛上渔夫的儿子。女主人公初江是刚回到岛上的财主宫田照吉的女儿。故事梗概是：新治与初江原先彼此不相认识。一次偶然的机会，他在山上观哨所的废墟上，听见一个陌生少女的哭声，便寻声而去。两人初次邂逅，起初彼此既惊讶又怀有几分警惕，但互道姓名之后，话匣就打开了，从彼此交谈到初江意识到新治发现自己衣服胸前的污线，以及新治目睹初江拍打这道污线的情形，不约而同地涌上了一股热烈的感动。他们临别时，为避人嫌，相约不将这初次的幸福邂逅告诉任何人。它成为两人的秘密。可是，一个暴风雨的夜里，两人在初次邂逅的地方幽会，脱下被雨濡湿了的衣裳，在篝火旁烘烤时，彼此情不自禁地赤裸着身子热烈拥抱，不料竟被爱上新治的灯塔长的女儿千代子发现了。千代子将此事告诉了想当初江的入赘女婿的安夫。安夫想捷足冒犯初江，要求初江与他做她与新治同样的事，未能得逞。他就将新治和初江幽会的事张扬出去，闹得满岛风雨。初江的父亲照吉听了这种传闻，恼怒之下，禁止初江与新治见面，他们两人只好靠新治的弟弟阿宏传递两颗年轻跳动的心的信息。新治与初江这种遭遇的消息很快地传到了千代子的耳朵里，千代子十分内疚，让母亲说服初江的父亲照吉，让初江与新治两人结合。母亲便上门找到照吉。照吉决定安排新治和安夫一起上他的船上接受劳动的考验。上船前，初江送给新治一张自己的照片，以表白自己的忠贞不渝。船儿在冲绳遇上暴风雨。危急之际，安夫怕死贪生躲避起来，新治在初江的照片鼓舞下，跳入翻腾的大海与汹涌的波涛搏斗，成功地将保险缆索系在浮标上，使船得以脱险了。照吉倍加称赞新治的勇敢和力量，打破了门户之见，同意了初江和新治的婚事。这个小小的海岛维护着他们的幸福，使他们的爱恋获得了成功……

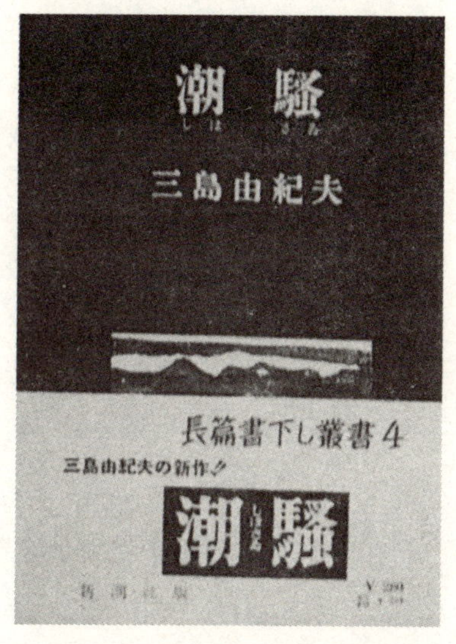

1954年6月10日，长篇小说《潮骚》获得第一届新潮文学奖。

《潮骚》在歌岛——原型是神岛的自然与风俗画面上展

开新治与初江的渔歌式的纯情故事。三岛由纪夫为了贯穿他创作《潮骚》着力表现自然美与人情美的主导思想，首先借生活片断的景象，去抚触海的自然美。三岛由纪夫自幼酷爱大海，他的不少小说都写到大海，唯有《潮骚》写大海写得最活脱。他不是孤立地写大海，而是独具匠心地将大海动与静的形态和故事情节的展开、人物形象的塑造完美地契合。也就是说，作家将人物的生活、劳动、思想、感情镶嵌在大海的自然画框里，以大海寄意抒情，创造了一种自然美的独特魅力。

小说一开首写了小岛——歌岛周边海的自然环境、海的潮声、海的旋涡、海的恩惠，以及渔民对海神的信仰等等物象的存在，来谱写这些物象与主人公的生、活力与健康的息息相通。女主人公初江刚回到岛上的第一次出现，映现在她眼睛里的是那西边海面的上空，那黑压压的积云中的一点夕阳红。男主人公新治的第一次出现，映现在他眼睛里的也是汹涌澎湃的大海、月亮露脸前漆黑一片的大海，将海景与他们联系在一起。作家没有具体写新治、初江第一次邂逅的热烈感情，却写了从来没有生过病的新治，当晚久久未能成眠，担心起自己生病了，涌上一种奇妙的不安情绪，此时他眼前展现宽大无际的海，他只要一望见海，平日那种熟悉的劳动的活力就在全身沸腾起来，心情自然而然地就会平静下来。海着上了人物的感情色彩，象征男女主人公的劳动与爱情的命运。

作家写人物性格，更是与海景相连。比如写新治的性格，以海作为象征，写了新治对海的执着，以及对海涛的感受。作家是这样描述的："新治的四周是宽广的海，他却不曾向往不着边际的雄飞海外的梦。"对他来说，"海的不定形的白色波涛，就像田间的稻穗和麦子在容易感受到绿悠悠的软土上不断地摇曳着"。短短几句，一个纯朴渔民的形象便跃然纸上。写初江这个海女的健美，也以海相托。比如写初江急匆匆地赶到海边告诉新治，她捡到新治的钱包时，先写了当时海的自然环境："海滩的天色已经擦黑。答志岛、菅岛的微弱灯火在远处的海面上闪闪烁烁。无数的渔舟在星光下静悄悄地排成一列，很有气势地将船首冲向大海"，制造了一个他们第二次相会的、适合男女情人幽会的宁静的自然氛围。接着就写了初江急匆匆赶来时，气喘吁吁，胸脯激烈地起伏。这是新治第二次目睹初江胸脯的情形，于是他联想到"海面湛蓝而汹涌的波浪的起伏"，从中感受到初江的健美，重新获得追求初江的勇气。因为在这之前他听说安夫要到初江家当入赘女婿的消息，产生了一股痛苦的忧虑，此时目睹初江的健美，忧虑解除了，爱初江的勇气又复苏了，从他讷讷寡言的嘴里流利地吐出一句话："听说川本家的安夫要去当入赘女婿是真的吗？"初江笑得止也止不住。以此为开端，两人的心更贴近了，他们的爱找到了接点，第一次在海

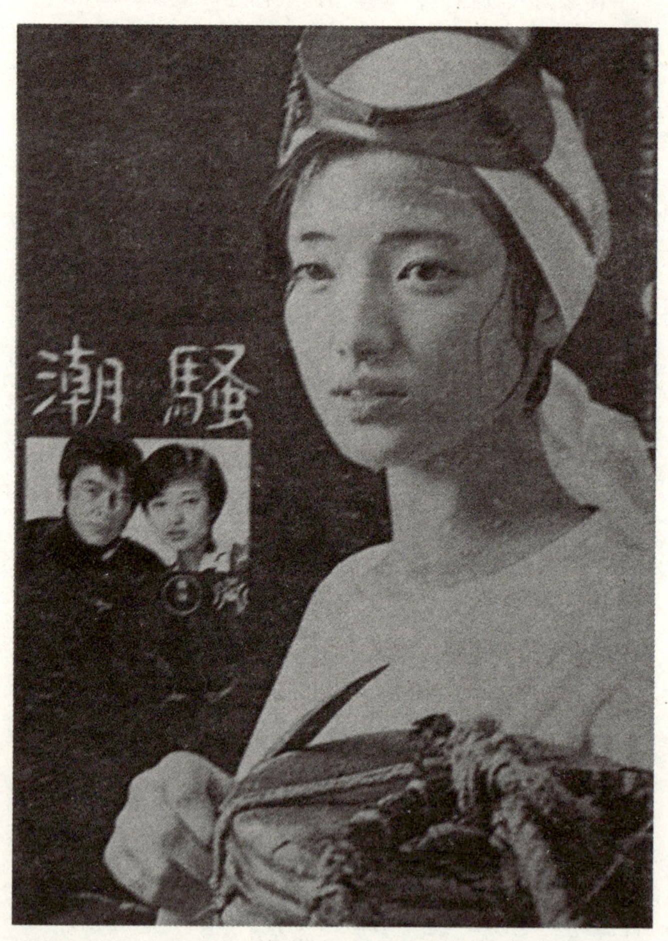

1971年9月，由山口百惠主演的同名电影《潮骚》之宣传画。

滩上接吻。这一段描写也是与海或海的有关物象联系起来：

新治的心脏急速地跳动起来。两人的脸颊靠得很近了。两人彼此都强烈地嗅到各自犹如海潮气味般的体臭，彼此都感觉到对方的体温。干裂的嘴唇相互接触，多少带有点咸味儿。新治觉得就像海藻一般。这一瞬间之后，年轻人对这有生以来第一次的体验有点愧疚，便离开她的身体站了起来。

对这对年轻人来说，这第一次接吻的回忆，转化为一种不可思议的幸福感。之后，新治到八代神社还愿，感谢神灵的恩赐。此时作家写了新治面对笼罩上月色的伊势海作了深深的呼吸，朵朵云彩恍如古代的群神，浮现在海面的上空。他深深地感到包围着他的丰饶的大自然与他自身是一种无上的调和，觉得自己的深呼吸是仿造大自然的、肉眼看不见的东西的一部分。它深深地渗透到自己的体内深处，他所听见的潮骚——海潮声，仿佛是海的巨大的潮流，与自己体内沸腾的热血的潮流调和起来。他体内储蓄着一股静静的幸福感。而这股静静的幸福感又与岛上静静的大自然有着密切的联系，所以他感到自己内心这种对大自然的躁动，又有着一种无以名状的亲爱感。这时他鸟瞰大海，白浪滔滔，后浪推前浪地滚滚而来，连海岬前端高大的岩石也常常被波涛覆盖了。这种动与静的自然美和人情美完全融合的缜密构思和细腻描写，使人物的感情处在一种特殊的自然状态以及特殊的精神状态下，显得更加丰满和富于色彩，为这对初恋的渔岛男女青少年第三次的幽会和他们的情感的发展，自然地创造了美的环境和美的氛围。

第三次幽会，是在第一次幽会的废墟上，作家设计新治在那里耐心等候恋人初江的时候，也是一阵暴风雨，使情与景交融无间。新治有点冷意，抱膝坐在篝火旁，身体才渐渐暖和，这种暖和的感觉与户外的暴风雨声交织在一起，荡漾在无可怀疑的忠实的自身所给予的幸福感中。他把头靠在膝盖上，昏昏入睡了。接着作家才这样描写他们的幽会情景：

新治醒过来时，眼前的篝火依然燃烧着。火焰对面伫立着一个陌生的朦胧的影子。新治心想：不是在做梦吧？一个半裸的少女低头站在篝火旁，低垂的双手拿着洁白的贴身衬衣在烤火。她的上半身完全裸露出来了。

新治明白过来这不是梦的时候，闪过一个狡黠的念头，他佯装还在睡梦中，他的身子一动也不动，却把眼睛眯成一条缝，在注视着，因为初江的体态实在太美了。

海女似乎对赤着身子烤火习以为常，丝毫也不踌躇。她来到相约的地方，这里早已生了火堆。年轻人正在入梦。于是她像小孩子一样，突然心血来潮，想趁年轻人沉睡的当儿，赶快把湿透了的衣服和濡湿了的肌肤烘干。也就是说，初江没有意识到是在年轻人面前赤裸着身子，只是偶遇这里生了篝火，才在火堆前裸露罢了。

新治要是好色，早就弄清楚在暴风雨包围的废墟里，站在篝火对面的初江的裸体，千真万确是处女的躯体。她那决不能说是白皙的肌肤，经年承受潮水的冲洗，显得润滑而壮实，那对高耸的小乳房似乎彼此腼腆地背着脸，在经受长年累月潜水锻炼的宽阔的前胸，半隆起一对蔷薇色的蓓蕾。新治害怕被她看破自己在窥视，所以眼睛只是眯起一条细缝。这种姿态保持着朦胧的轮廓，透过几乎冲及天花板的火焰，隐约可见。

但是，年轻人冷不防地眨了眨眼睛，这一瞬间，火焰的亮光使夸张的睫毛的影子，在他的脸颊上晃动了一下。少女连忙用尚未干透的洁白的贴身衬衣遮住了胸脯，高声喊道：

“不许睁开眼睛！”

忠实的年轻人把双眼紧紧地闭上。仔细想来，倘使再装睡的确不太好了，再说惊醒过来又不是谁的过错，他从这种光明正大的理由中获得了勇气，于是他再次把那双乌黑的美丽的眼睛睁开了。

少女无所措手足，但她还是没有想把贴身的衬衣穿上。她再次用尖锐而清脆的声音喊道：

“不许睁开眼睛！”

这回，年轻人再也不愿意将眼睛闭上。（中略）两人拥抱了。少女首先软绵绵地躺倒了下来，但她顽强地保护着自己的身体，说了一句含有道德意味的话：

“不要，不要。……出嫁前的姑娘不能这样嘛。”

年轻人有点畏怯，无力地说：

“无论如何也不行吗？”

“不行。”……姑娘闭上了眼睛。她的声调像是训诫，又像是劝解，流利地说：“现在不行。我，已经打定主意嫁给你了嘛。出嫁以前无论如何也不行。”

新治心中对道德观念也抱有一种盲目的敬虔。首先，他不曾玩弄过女性，他觉得这时候自己仿佛接触到女人所存在的道德的核心。所以他并没有强求。

年轻人用胳膊紧紧抱住少女的身体，两人都听见彼此裸露的鼓动。长吻给无法满足的年轻人带来了痛苦。然而，这一瞬间，这种痛苦又转化为不可思议的幸福感。火势稍微减弱了的篝火，不时蹦出几颗火星子。两人听见这种声音，也听见掠过高窗刮进来的暴风雨的呼啸，以及夹杂着他们彼此的心脏的鼓动声。于是，新治感到这种永无休止的陶醉心情，与户外杂乱的潮骚和摇树的风声在大自然的同样高潮中起伏翻动。这种感情充溢着一种永无穷尽的净福。

年轻人离开了她，用不愧是男子汉的沉着的声音说：

“今儿我在海滩上捡到一个贝壳，想把它送给你，就带来了。”

“谢谢。让我看看。”

新治回到了自己脱衣的地方，开始把衣服穿上。少女也开始静静地把贴身衬衣裤穿上，打扮了一番。衣着十分自然。

年轻人手持美丽的贝壳折回到已经穿上衣服的少女面前。

“哟，真美。”少女让火焰映在贝壳表面上，显得十分高兴。她把它插在自己的头发上，又说：“真像珊瑚啊。能不能把它当头饰呢？”

新治坐在地板上，把身子靠在少女的肩膀上。两人都穿上衣服，轻松地接吻了。

这段青春的描写，提高了爱情的纯洁度。也就是说，《潮骚》的爱情故事，除了崇高的情和纯洁的爱，新治没有介入任何杂念，更不用说邪念，达到肉体与精神的均衡，从而将这对恋人的爱情推向至纯至洁的境界，并在这种均衡近于破灭的紧张中创造了美。也就是说，从爱欲、肉欲中抽走了猥杂的东西，使之回归自然，返朴归真，得到了绝对的纯化。在这里，美的艺术创造者同创造美的艺术具有同一的伦理基准，那就是神岛这个古老的共同体的伦理基准，就是这对恋人对传统道德观念的敬虔。所以作家所写的新治与初江的恋爱，不单是现代意义上的恋爱，更不是西方式的现代时髦的爱恋。在这样激烈的情爱中，作家没有使用半个肉感色情的修饰词，更没有让这对男女恋人超越半步美与猥杂的界限以及伦理道德所容许的界限，而在精神即将破灭而未破灭之前，即在肉体与精神的均衡中创造了美。这种不仅回归日本传统的深层，而且使渔歌的理想之乡的传统的古朴的美，保持完整无损而再现于现代。尽管如此，作家又没有完全停留在表现这对纯情男女内面精神性的东西上，而是着力于表现外面的美、肉体性的美。也就是说，作家最终要构筑的不仅是内面的精神性的世界，还有表面的美、肉体的美的世界。这种美的世界的创造，是在肉体与精神紧张对立的均衡中完成的。上面引述的场面，就说明了这点。这是希腊雕像一般的美。

《潮骚》描写这对男女纯情，也描写了种种阻碍他们这种纯洁的爱的人物和困难，以及由此给他们带来的苦恼、痛苦与悲哀，以映衬他们的爱的纯洁无瑕。譬如写了渔村传统习惯势力对新治与初江在心理上和道德上制造的障碍、千代子散布诋毁他们的谣言、渔村富家子弟川本安夫企图对初江施暴等等。但是，这些矛盾与冲突都没有发展到对抗，而是在即将发展到而未达到对抗时，彼此就调和解决了。曾经对新治、初江使坏的千代子，自己长相丑陋，没有获得新治的爱，就嫉妒初江，与安夫一起散布过新治与初江的流言，伤害过他们两人，可是当新治说她“很美”以后，她深感愧疚，她对新治的赞扬感到已经很满足了，自知不可能进一步期待获得新治的爱，便决意促成新治与初江的结合。这些矛盾与冲突，尤其是以新治自己的善意，以新治自己的劳动和以新治与初江的纯洁无垢的爱所战胜。在这里显示了人的心灵、情意和欲念三者的融合，它不乏广泛的人的课题，包括伦理、社会与人生的课题。

在三岛由纪夫笔下的新治，就是依靠他的生、活力与健康来赢得爱情的。论财富，他一无所有，远远不及安夫。可是，他有健康的体魄和劳动的活力。首先体现在新治对海的热爱，譬如，他第一次与初江邂逅，单相思得彻夜失眠，涌起一股奇妙不安的情绪，可是翌日一望见海，劳动的活力就在他的全身沸腾起来，心情就自然平静下来；他最朴素的幻想就是拥有一艘出海捕鱼的机动船；他祈愿娶一个像初江那样的海女做新娘，他听到了海潮声，仿佛海神也俯允他的祈求似的。可以说，他热爱海岛之心，海岛也培育出他一颗真诚的爱心，让岛上的生活充满平和与幸福。

其次描写新治对海上劳动的热爱。描写了他从事劳动的快乐、跃动与活力，并成为其精神的一部分。他对海、对海潮，就像自己体内流动的血液一样澎湃；对海事劳动的热爱，就像农民对土地、对田间劳动的热爱一样炽烈。描写海女初江面对自己与新治的爱情，遭到千代子的搬弄是非，散布流言蜚语，反而没有惧怕，也是由于她一潜入深海底作业就豁然开朗，唤醒了她的愉快的心灵。新治、安夫与初江的婚姻矛盾纠葛也是由初江的父亲让新治和安夫出海劳动竞赛，通过劳动的考验来解决的。初江的父亲是这样说的：“男子汉就要看力气，只要有力气，就是好样的，至于门第、财产是其次的。”最后新治凭自己的劳动和力量，冲破了重重难关而赢得了初江的爱情。可以说，新治和初江对爱情的自信是建立在生、活力和健康的基础上的。新治成为意志、劳动和力量的化身。小说赞美了人的意志、劳动和力量，还写了十吉、龙二等众多朴实无华的渔民在劳动中的喜怒哀乐，他们是与丰饶之海的大自然合一而生活的。《潮骚》奏出了一曲人生的欢乐劳动的高歌。

如本章开首所述，《潮骚》带有三岛的希腊体验。古希腊文艺的基调是享受生、崇拜生和赞美生的乐天倾向。《潮骚》中的男女主人公无论在爱情生活还是劳动生活，处处都充满这种乐天的倾向。甚至可以说，整个海岛都充满这种乐天倾向。新治与初江，就像朗戈斯笔下的达夫尼斯与赫洛亚。赫洛亚给达夫尼斯搓澡，发现达夫尼斯的美；赞颂生的美、爱情的美，是从初吻开始的。而新治发现了初江衣服胸前的污线，以及初江拍打这道污线，赞美他们的生与活力，赞美他们的爱情也是从这里开始，第一次亲吻尝到了爱的滋味。达夫尼斯与赫洛亚在山林女神洞一起洗澡，新治与初江在篝火旁一起裸体，他们都是目睹对方的赤裸身体，发现他们那么完美，彼此的心完全融化在一起了。达夫尼斯的情敌杜尔科多在树丛准备扑向赫洛亚，让狼狗咬伤，新治的情敌

三岛由纪夫与出演电影《潮骚》的演员们（右起为青山京子、久保明、宫桂子、太刀川洋一）。

安夫躲在阴暗处，欲冒犯初江，让蜜蜂叮咬。新治和达夫尼斯都是贫穷人家的儿子，达夫尼斯与赫洛亚、新治与初江相恋都遇到门第观念等传统习惯在心理上造成压抑，赫洛亚的父亲差点儿在杜尔科丰厚聘礼的面前，许下女儿这门亲事；初江的父亲原先准备招安夫当入赘女婿。达夫尼斯与杜尔科在与海盗搏斗中比高低，新治与安夫在与海浪拼搏中比胜负，所不同的是，杜尔科在搏斗中被海盗砍死，安夫在拼搏中苟且贪生。最终达夫尼斯和新治博得对方的爱。朗戈斯的《达夫尼斯与赫洛亚》是牧歌式的，《潮骚》是渔歌式的，但都是人情美和与自然美融合得天衣无缝的爱情佳作。这两个传奇的故事所不同的是，一个是发生在公元3世纪下半叶的古希腊，一个是出现在20世纪50年代的日本，但他们的小说结构、情节的演绎和文体的古典式都是相同或相似的，而且都以文学意趣和诗意见长，描写了最令人陶醉的田园或渔岛风光，并且在这种美丽的自然风光中，展现了单纯、朴素、自然的人情，非常优美动人。三岛由纪夫本人也承认，他的《潮骚》中的男主人公和女主人公设有模特儿，正是希腊朴素的达夫尼斯与赫洛亚。《潮骚》正是朗戈斯的《达夫尼斯与赫洛亚》的日本版。

日本文学研究家长谷川泉评论说：“《潮骚》是作者以第二次与太阳握手为契机而产生的作品，也是由对希腊的憧憬和兴奋而触发的作品。”“《潮骚》运用了生硬的、人工性的、单纯而古典式的文体。这种文体在与优美的样式美调和均齐之中表现主题，作为作品本身的价值，获得很高评价。”①

《潮骚》出版后不久，1956年就被译成英语介绍到西方。西方人认识三岛由纪夫及其文学是从《潮骚》开始的。日本影坛也很快就将《潮骚》改编成电影，搬上了银幕。三岛由纪夫有十几部小说改编成电影，但作家本人亲临拍摄现场指导的只有《潮骚》，可见作家对《潮骚》的偏爱。

简言之，《潮骚》映出的海岛自然景色很美，海岛上的人和人情更加美。这种美——生、活力和健康由三岛由纪夫出色地呈现在读者面前了。

二、海、死和美

——《仲夏之死》和《午后曳航》

三岛由纪夫笔下经常出现海的形象和死的形象。对他来说，海与死似乎有一种难以抗拒的魅力，成为他的文学感情的源泉。《仲夏之死》和《午后曳航》更集中地描绘了这两个形象。而且在描绘的时候，他的笔洋溢着一种可怕的逆

---

① 长谷川泉《三岛由纪夫的知的命运》，第10页，至文堂1990年版。

反感情，带上几分浪漫和唯美的色彩。以海为背景，展现了人直面宿命的孤独之美、直面死亡之美。海与死构成了《仲夏之死》和《午后曳航》这两部作品的核心。

《仲夏之死》写于作家第一次海外旅行归国之后的1952年初夏。一般作家赴外国旅行之后往往就放弃“土产小说”，喜爱写些以异国为背景的题材，三岛由纪夫却下决心写一篇他认为的“绝对是日本题材”的小说。海外旅行半年没有动笔，他开始握笔，起初觉得笔头有点运转不自如了。

这篇小说是以伊豆半岛今井海滨发生的真实事件为素材而创作的。故事描写女主人公生田朝子于盛夏带着三个孩子——6岁的清雄、5岁的启子、3岁的克雄和小姑子安枝，来到伊豆半岛南端的A海滨避暑。朝子午睡时，安枝带着三个孩子到海滨玩去了。结果长子清雄、女儿启子被淹死，安枝被海浪翻腾冲打，引起心脏麻痹而死去。面对这样一个残酷的现实，朝子悲痛和紧张，自己受到良心责备。打电报给丈夫生田胜告知这一噩耗，内心展开种种复杂的矛盾和斗争，围绕着死者徘徊、徘徊……

故事内容平淡无奇，但是三岛通过倒置的故事结构和逆反的心理描写，将这个无奇的故事推向出奇制胜的境地。

从文学作品的结构来说，一般开首似乎要有个引子，在尚未展开矛盾冲突之前，先对环境和主要人物关系作出交代或提示，而矛盾冲突的高潮，也即决定主要人物命运和集中表现主题思想的“顶点”，一般都安排在后半部乃至结尾。尤其是悲剧作品的结构更是如此。三岛由纪夫却反其道而行之，一开首就将悲剧推向了顶点，一家六口人，由于突发事件，全家一半人口的生命被夺去了。正如主人公朝子想到的：这个数字，对于社会来说似乎很小，但对于一个家庭来说却是太大、太大了。这样的倒置结构，从一开始就以最刺激的场面，沉重地撞击着读者的心房，紧紧地吸引住读者的注意力，然后缓慢地展开主人公对人生的复杂的心理描写，而且是逆反的心理描写，让读者如嚼橄榄似的慢慢品味故事的深层意义。尤其是描写了随着岁月的推移，主人公朝子的心情平静下来，生了第四个孩子两年之后，处于一种奇妙的冲动，一种平淡得不知能否算是冲动的冲动，让丈夫生田胜带着她和两个孩子，重踏另两个孩子死去的地方——伊豆半岛南端的A海滨，并以此作为全作品的终了。这段终了是这样写的：

四个人在海岸线上停住了脚步。

海面上今天也积聚着厚厚的夏云。云朵重叠着云朵。穹空飘浮着充斥在沉重的光中的庄严物质，给人一种异样的感觉。云层上方的蔚蓝天空，一抹像用扫帚扫过似的薄云，向四处飘散，俯瞰着蟠卷在水平线上的郁积云。下方的积云忍耐着什么似的，用它的形态覆盖着过剩的光和影，比如说就像用明快的音乐所构筑的意志来振作那阴暗的不定形的情欲。

海在云朵的正下方，向着这边无所不在地涌来。海比陆地更具普遍性，海湾没有给人可以把握海的印象。特别是这里的海湾入口宽阔，看起来海像从正面进犯一切似的。

波浪向上翻腾。快要崩裂。崩裂了。裂声同夏天阳光酷烈的静寂一样。那几乎不是声音。甚至可以说是震耳的沉默。在四人的脚下，波浪抒情的变幻，已经不是波浪而是另一种东西，也可以说是波浪的自嘲吧。它送来了令人留恋的涟漪又退去了。

胜望了望身边的朝子。

朝子直勾勾地望着海。头发随海风飘动。没有丝毫畏惧强烈的阳光的样子。眼睛湿润了，看似威严可敬。嘴紧闭着。胳膊上抱着头戴小草帽的一岁的桃子。

胜似曾多次看过妻子这样一副侧脸。自从那次事件以来，妻子经常露出这种茫然的神色。这是一种期盼的表情。期盼什么似的表情。

“喂，你究竟在期待什么？”

胜想这样轻快地问一句。但是话没有说出口。这一瞬间，即使不探问，他也好像理解妻子在期待什么了。

胜悚然地紧紧握住自己手上拉着的克雄的手。

三岛采取这种的倒置结构，一开始就将女主人公抛进一个悲惨绝顶的环境，让女主人公经历人生和感情的最大危机，然后用“渐降法”为女主人公失衡的心态提供活动的广大空间，并将女主人公的悲伤越来越抽象化。正如这段结尾的描写将故事发展拉回低点，一切趋于平常，乃至一切趋于空无。用三岛的话来说，就是“圆锥体倒立”的结构。

在上述这段里，作家所写的夏天的海和海面上的云，不是单纯的风景描写，而是作者本人抒情性的心象风景的描写。缘此作家接着写了女主人公朝子“又开始饥渴于宿命”，她期待的是宿命的再次到来，而且也似乎在无意识中期待“死的一瞬的冲动”。作者就是用这种“倒置结构法”来表达这短篇小说的主题——面对大海，歌颂人直面作为一种必然性的宿命的孤独之美。最后一行写了“胜悚然地紧紧握住自己手上拉着的克雄的手”，因为胜十分理解妻子期待的是什么，就集中地表现了这一点。所以三岛说：“当然，（小说的）重点是最后一行。”

三岛由纪夫进一步解说道：“作为方法论，我特地把以这一点为顶点的圆锥体，倒立过来了，这是普通小说的逆反结构。就是说我把通常意义的悲剧结局放在头里，而且这个悲惨结局没有任何必然性。暗示作为这种必然性的宿命的，是最后一行。如果这是希腊悲剧的话，就应该从最后一行开始，将开首的悲剧结局放在结尾。而我则特地将它倒置了。

“这就是说，倘若是通常的小说，末尾势必到来的悲剧，我则以极限的形式让它在小说一开始就显示了出来，幸存的女主人公朝子是如何承受了这种完全不近情理的悲剧所带来的一切冲击，而且随着时间的慢慢推移，她心灵上的创伤又是如何日渐痊愈，痊愈之后，她又如何陷入可怕的空虚，在这种空虚中她又是如何企求宿命的再次到来。这就是这篇小说的主题。

“随着漫长时间的流逝，好不容易将某种严酷的、可怕的宿命，溶解在日常生活的细小的网眼里而获得成功的时候，人又开始饥渴于宿命。我想尝试着如何描写出这个过程，又要尽可能不给读者以郁闷之感。因为小说开首就安排了最刺激的场面的话，后面就有可能没有什么可受刺激的东西了。”①

为了与这种“倒置结构”相适应，作家对人物心理描写，也采取了一种逆反心理的描写，甚至可以说，这是一篇逆反心理小说。作家写了事件之后，朝子害怕与在东京的丈夫见面，甚至害怕给丈夫打电话，只好发电报通报噩耗，以此展开朝子的内心矛盾和冲突，并且矛盾和冲突未达高潮就趋向平和。譬如，她怕丈夫将一切罪过、一切责任都推卸给她，结果她将焦虑与不满宣泄在自己的亲生母亲身上，于是感到一种绝望。同时，她又感到发狂似的悲痛、恸哭，

① 《短篇小说集〈仲夏之死〉解说》，《全集》，第34卷，第436—437页。

却没有意识到光落泪是人类感情贫乏的表现。她怀疑起来，无论死一个还是死十个都是同样地落泪的话，那么再没有其他更好的表达方式了吗？于是她发现自己内心世界无与伦比的悲痛的实质，竟然是如此暧昧模糊，这样她又感到另一种绝望。她受到双重绝望的沉重压迫。她尽量去体味悔恨的痛苦，并对悲伤和眼泪的软弱表现力感到绝望，却不想因此而心灰意冷。也就是说，她最悲痛的时候，反而觉得悲痛的模糊或不存在。她越发努力将死去的儿女作为悲伤的复合体去体验，就越发把悲伤的实体抽象化了。因此她觉得这一切都徒劳无益。于是她盼望悲惨的夏天早些过去，这样，她就不再体验到夏天的痛苦。夏天似乎也就不复存在，于是事件似乎也就不曾存在。即随着时间的流逝，她会渐渐忘却悲伤，这样也许会消除一些内心的痛苦，然而却失去感情生活的紧张，反而落入一种寂寥的虚无。作家将人物的感情从激越到平和，渐渐化为无，给读者对人生的思考留下更大的“有”。作家之所以写了上述这样的小说结尾，原因恐怕也在于此吧。作家写了朝子的期待，也写了她丈夫胜的理解她的期待的意思，却始终没有将实际期待什么写出来，就给人们留下更大更多的想象和寻味。这一点，读者从三岛所说的“重点是最后一行”，也许会体味到其内涵了吧。于是作家欲图将这样一个问题摆在读者的面前：“人真正追求的是忘却悲伤呢？还是忘却悲伤的实在感呢？”日本评论家矶田光一分析道："这个涉及人的存在根源的问题，不觉间涌上读者心头的时候，这部含有相当毒素的小说，就具有非常逆反的性格。"①

如果说，《仲夏之死》的海的形象，与死直接相连，是恶的形象，海夺去了一家三口人的生命；那么发表于1963年的中篇小说《午后曳航》的海的形象，与死间接相连，是美的形象。因为它描写的小主人公阿登毒死主人公龙二的目的，是为了保持龙二的纯粹性，即保持海之美的象征。虽然这两部小说同样写了海与死，但三岛由纪夫却用不同的形式变奏着同样的主题：海、死和美。

《午后曳航》的小主人公黑田登8岁丧父，与经营洋货店的寡母房子相依为命。一年夏天33岁的房子带着13岁的阿登参观货轮，她与海员冢崎龙二邂逅，34岁的单身汉龙二简直像是做了一场梦。平时龙二认为自己有一种特殊的宿命，他曾有过这样一个离奇的梦：在海的远方的某个角落，有一个美貌的女人在等待着他，得到她的时候自己就会在荣誉中死去。所以他一见房子就钟情，房子也很快就投到他的怀抱里。阿登在自己家里通过小孔窥见自己的母亲与龙二的关系，目睹龙二的肉体和动作的瞬间，觉得"像遇见奇迹般的瞬间"，于是他将热爱海转为崇拜龙二，把龙二当做海的象

① 矶田光一《殉教的美学》（第二增补版），第127—128页，冬树社1974年版。

征。两天以后，龙二又出海去了。

4个月后，在一个冬天的日子里，龙二从海上归来，再次上房子家，两人从此再也不分离了。龙二向房子求爱，两人订了婚。龙二决心开始熟悉陆上的生活，不再出海了。

阿登认为龙二离开了海，就意味着背叛了美，对龙二十分冷淡。再加上平时他和小伙伴都认为“世界是由若干单纯的符号和决定所构成的”，“生殖是虚构的，因此社会也是虚构的。父亲、教师只是父亲、教师就是犯大罪。”当母亲和龙二快将结婚的时候，他觉得龙二成为父亲就将是陆上最坏的东西。他对龙二彻底失望了。于是他和小伙伴们将龙二诱骗到一个面对大海的山坡上，让龙二一边讲海的故事，一边喝下他们放了过量安眠药的红茶。龙二永远安眠了。

三岛在这部作品里将海的美的形象，具现在阿登这小孩的“感情眼睛”里。阿登将海看做是世界上最美的东西，龙二在海上作业，与海共生，与轮船“相辅相存，共为一体”，成为轮船上的光辉的一部分，是完美的存在。他便把作为海的魅力的象征人物龙二视作英雄，憧憬龙二那副通过海上生活锻炼出来的健壮体格和与海搏斗的冒险精神。所以他非常尊敬龙二，将龙二作为自己崇拜的偶像。龙二也确实如此，在他的海上生活的梦乡里，“光荣、死亡和女人总是三位一体，可是他得到女人后，却将其他两个扔掉了”。这样，他就是要从如此完美的整体中脱身，任性地从阿登的幻想世界里裁断了大海和轮船的幻梦。所以当阿登知道龙二要离开海上生活，离开与他共生的大海和轮船，尤其是当他知道龙二将与其母亲结婚而成为“犯大罪”的存在——父亲的时候，在了解到孩子头认为“父亲是一种危害，背负着人类所有的丑恶”，“父亲这个角色本身是一个邪恶的形式”的时候，就认为龙二舍弃了死、荣誉与美成为他的父亲，是一种不容许的背叛，将会成为应该诅咒的丑恶的存在。于是，他无论如何也不能接受这一现实。作家有意让少年阿登悟到真正的危险是龙二活着，龙二活着会由美变为丑。作家根据要消灭丑，保持美，就不能活着这一逻辑，“顺理成章”地设计出上述这样必然的结局。在这里，作家作了这样一个象征性的比喻：阿登与孩子头一伙以为猫会因为死而变为一个完美的世界，便玩了杀猫的残忍的游戏。孩子头杀了猫之后说：“看见血，心里多痛快啊！”于是他诱导出阿登最后毒死未来的父亲以让其再次成为英雄的荒唐行为。龙二将他递过来的放了安眠药的红茶一饮而尽后，觉得有一种难言的苦涩，如同谁都知道的那样，光荣的味道是苦涩的。不言而喻，作家试图在说明：荣誉的味道是苦涩的，最后龙二在不知不觉间吞下了这荣誉的苦涩的恶果。

然而，在阿登这小孩的“理性眼睛”里，海的世界之美正因为充满着荣誉和死，龙二的纯粹性也正因为他生活在这样一个充满荣誉和死的海的世界才存在。于是作家作了这样的描述：

他（龙二）甚至已经被危险的死拒绝了。荣誉自不待言了。感情的烂醉。贯通全身似的悲哀。明朗的离别。别号为南方太阳的大义的呼声。女人们坚强的眼泪。经常折磨着心胸的阴暗的憧憬。将自己逼到男性般极致的沉重而甘美的力量。……这些东西完全终结了。

危险的死、荣誉、烂醉的感情、悲哀、明朗的离别、坚强的眼泪、阴暗的憧憬、沉重而甘美的力量等一切的一切都完结了。阿登为了保持他“理性眼睛”里的美，只有选择“恶行”这条路。可以说，阿登这双“感情眼睛”与“理性眼睛”，一直交错地注视着龙二与自己母亲房子的关系形成、破坏和消亡的全过程。这双“感情眼睛”和“理性眼睛”的对立，造成这个少年逆反的心理，发展为逆反日常性的行为。这样，作家让少年阿登一方面从自己的视点出发来捕捉龙二的男性肉体和精神崩溃前的美的实影，另一方面他又亲自制造一个死的事件，从另一角度来把握龙二的肉体和精神在崩溃之后的美的幻影。同样，他一方面让阿登将龙二献身于大海和轮船之美作为梦想世界，另一方面又让阿登将龙二送回陆地、让龙二将陆地生活的一切，作为一个抽象的现实世界，一切都似乎缺乏具体性，然而回到陆地，他的情欲越是肉体性，他就感到越抽象得可怕，仍然执恋于自己的理想，这样所创造出来的实影与虚影、梦想世界与现实世界的撞击与结合，形成了小说的中心。它像折扇的扇轴主宰着扇面徐徐扩展一样，左右着故事的渐次展开，以生命作为代价来填补世界的虚无，将故事推向最后的高潮。

三岛由纪夫为此特别精心设计了他的故事结构，前半部写夏天，表现了夏天的热烈，映衬龙二与房子的爱之热烈，阿登对海和龙二的爱之热烈，带上几分激烈的罗曼蒂克的色彩。后半部写冬天，不仅与龙二的死的冷酷相照应，而且提示作为相信现实世界的房子和心中充满罗曼蒂克的龙二的宿命，以及在龙二的结局中寻回象征性的美的幻影也是冷酷的。作家利用夏与冬的强烈反差，是不是还有这样一层意思，即通过这种巧妙的结构和出奇的表现手段，对海与海的象征龙二的肯定与否定，来讽刺人生，讽刺他们的罗曼蒂克的愚蠢性呢？似乎是讽刺了龙二那种刚刚苏醒的罗曼蒂克的粗鲁和浅薄，讽刺了阿登那种反日常性、反现实性的罗曼蒂克的怠倦和残忍。正如日本评论家野口武彦评论的："这是一个抛弃浪漫主义的人物被浪漫主义报复而死的故事。"[①]它是《午后曳航》的主题之一。这点也是不能忽视的。

① 长谷川泉、武田胜彦编《三岛由纪夫事典》，第157页，明治书院1976年版。

第七章　在丑与恶中创造美
——《金阁寺》

一、金阁事件与创作经过

1950年7月2日天色未明，有一千余年历史的古都——京都仍沉睡在寂静的茫茫之中。突然间，北区金阁寺町的方向，一柱火光直冲云霄。位于那里的鹿苑寺内具有五百多年历史的国宝——金阁，一片熊熊大火。一瞬间整座古建筑付诸一炬。

翌日，这一事件成为日本各大报头版头条的特大新闻，震惊日本全国上下，无人不为这一国家重点保护文物毁于一旦而扼腕悲叹。

日本四大报纸连日追踪报道：纵火嫌疑犯是金阁寺僧徒、大谷大学中国语专业一年级学生林养贤。林纵火后，逃至金阁寺后山——通称左文字山的山腰自杀，正在痛苦挣扎的时候，被西阵警察局的护林警员发现。警员将他带到京都特别搜查总部进行盘问，林当即承认了纵火的事实。翌日京都地方检察厅对林进行调查，林自供："我悟到要与金阁情死。当日下午两点，我将被褥、衣物、蚊帐等物品带进金阁。当天晚上待到天未明，用火柴点燃了这些东西，就逃至后山。待我目睹金阁燃烧起来后，我用准备好的小刀刺进自己的心脏和左腋下，然后服下100粒安眠药。"他请求检察官让他平静下来后再交待放火动机。据住持介绍：林养贤平时对寺庙和社会不满，口吃，性格孤独，内向。7月4日《朝日新闻》用以下大字标题继续报道了这一事件：

对"美的东西"反感

林自供纵火金阁的动机

林自供的内容是：在我来说，即使现在我仍然想不通。我不认为我纵火是一种罪恶。我目睹每日为求美而前来参拜的人群，随之就对美、对那个阶级产生了强烈的反感。从我自己来说，我感到世上的美都是丑的，这时反而不能压抑对这种美的妒忌。也许因为我们这一代年轻人身处恶劣环境的缘故吧。也许是由于自己口吃带来精神苦恼而导致的缘故吧。我有一个想法，即感到只是丑的同时就要坚决消灭它。我常常为这种矛盾的想法而苦恼。为了解决自己的苦恼，结果就下决心应该从革新社会的立场出发，将自己的苦恼转移到实际行动上来！

林养贤被判刑后关押在加古川监狱。他拒绝与从故乡舞鹤赶来的老母亲会面。林母为儿子的罪责负疚，跳火车自尽了。不久林犯因患肺结核病和精神障碍症，出现拒食、沉默、幻听、被害妄想等症状，时而哭泣，时而独语，说什么："师傅杀佛杀祖，为什么我就不能解决呢？"因此狱方将他移至八王子监狱医院治疗，后转押京都监狱。1955年10月获释，住进京都府立医院，病逝于1956年3月7日。他就这样走完了27岁的人生历程。

这一年，三岛由纪夫执笔撰写长篇小说《金阁寺》。

金阁寺原名鹿苑寺，是室町幕府第三代将军足利义满建于14世纪，当时是将军山庄，拥有13座殿舍建筑群，金阁是其中的建筑之一。1508年足利义满故去，根据其遗愿改作相国寺派的禅寺，始称鹿苑寺。室町末期，鹿苑寺一度惨遭火劫，大部分建筑物毁于火灾，几乎夷为废墟。只有舍利殿金阁幸存。江户时代重建正殿和书院，但规模已远不及当年。金阁是临池的三层建筑，一层是法水院；二层是潮音洞，安置观音菩萨；三层是究竟顶，安置弥陀三尊。建筑物周围敷金箔装饰，金阁由此而得名。室町时代开始，将军对建筑和色彩的审美好尚，一反过去历代人注重简素的传统审美习惯，吸收了中国佛教建筑艺术的风格，而且色尚转向作为净土色的金色。金阁可谓金碧辉煌，但有违日本人的传统美意识。所以三岛由纪夫认为："对我来说，被焚殆尽的金阁，并不具有多大的魅力，只记得小时候所看到的，但没有很美的记忆。作品的主人公认为它是美的就够了，在这一点上，我与主人公没有多少共感。”他还说：“毋宁说我喜欢的，是新建的、人们挖苦说像电影布景般金碧辉煌的金阁。因为我觉得那里有室町的美学，有将军义满令人神迷的东西。（中略）我为夏天夕阳沐浴下的那种黄金色的、含有一种倦怠的美所感动。作品中的旧金阁形象，多少也导入了作者的新金阁的形象。”①

那么，三岛由纪夫为什么要写金阁？写烧金阁的罪犯？

三岛本人在《裸体与衣裳》一文中这样谈到他写《金阁寺》的动机：“我写《金阁寺》是要探讨罪犯的动机的。他仅仅靠‘美’这种浅薄的愚昧的观念，就足以成为他对国宝纵火的犯罪动机。另一方面，从别的角度来看，要在现代生活下去，相信一个愚昧的浅薄的观念，并将其敷衍为生的根本动机，这完全是可能的。”②

他与评论家小林秀雄对谈时进一步谈及他的创作动机是：“作为艺术家的象征来描写这个被美的固定观念逼得走投无路的男子。”③

---

① 《室町美学——金阁寺》，《评论全集》，第2卷，第425页。

② 《全集》，第28卷，第68页。

③ 转引自三枝康高《三岛由纪夫——血与青春》，第136页，樱枫社1977年版。

从三岛以上的两段话，不难看出他创作《金阁寺》的动机有两点：一是探究寺僧纵火的犯罪动机，一是剖析寺僧从被金阁的美所俘虏，到产生对金阁的美的反感，最后走向毁灭道路的心理历程。也许这是因为三岛在美与丑、爱与憎的价值颠倒问题上，与林养贤有着相通之处，他对林纵火金阁的动机就是“对美的反感”产生了强烈的兴趣。自从金阁事件发生后的6年多来，他的脑子里经常盘旋着“金阁是什么？——是美”；“为什么烧金阁？——因为对美的反感”这一浪漫色彩的影子。这正是三岛展开其美学的最好素材，他终于萌生了以这一事件作为创作主题的念头。

三岛为了写《金阁寺》，特地跑到京都采访，调查纵火者林养贤的经历和纵火动机，仔细地翻阅了金阁寺、佛学大学等处的笔记、警察局的审讯记录和法院的审判记录，以及跟踪调查其后的动向，而且在金阁寺周围以及沿着僧徒生活的足迹进行实地考察，尤其是非常精细地视察金阁本身的情景，多次泊宿在禅寺里，并抱着极大的热情和兴趣，研究了作为小说背景的禅宗及其文化精神。同时他还走访了林养贤的故乡舞鹤，站在北海岸的海滩边上，体味那种作为罪犯下决心纵火的重要的心象风景的荒凉景象，以引发创作的激情。

在三岛的创作生涯中，笔者不曾记得他有过如此精密细致的采访经历。三岛本人也形象地说，他这次采访，“能看的地方都看了，能去的地方都去了，估计有用的东西都详尽地作了笔记，就像采集植物和采集昆虫一样”[①]。

从三岛的整个采访过程中可以看出，他偏重于从挖掘人物焚烧金阁行为的内在必然出发，来构筑其美与丑的观念性世界。所以在作家的心目中，金阁事件是假象，美是实象，是本质性的东西。实际上，作家是想借这一假象来反映自己的美学观，反映美的本质性的东西。所以他在作品里几乎没有留下自己实地采访的任何痕迹。他虽以“金阁事件”为题材，以林养贤为模特儿，但他又抽去现实的属性，超越这一事件和事件主人公本身，独立于其采访来的素材，舍弃把握事件的全貌，突破素材的框架，而完全投入作家自己的思想、观念和个性，并引进作家独特的美学和独特的文体，加以虚构化。可以说，他源于纵火金阁事件，但并不是再现事件，而是借此展开纯粹的观念性的艺术世界。

关于《金阁寺》所表现出来的作家独创性地运用素材的方法，中村光夫作了详细的分析，也许对于读者了解《金阁寺》的文学价值和意义有所帮助，现摘译如下：

在《金阁寺》里，素材本身几乎没有什么吸引读者的魅力。焚烧这一国宝不论动机如何，是疯子的行为也好，是憧憬它的名声或者基于独断的正义观也好，都是一种非人性

① 《室町美学——金阁寺》，《评论全集》，第2卷，第426页。

的反社会行为。三岛选择这个纵火者作为小说主人公这件事本身，就是作者准备全部背负他的行为的反社会性。作为小说的素材已经不能说是新鲜的、饶有兴味的。可能是作者充分意识到这一点，即他从内面的亲近感出发来选择这一素材的时候，这一素材作为所谓“社会题材”是没有什么有利点的。可以说，作者认识到这种不利的冒险才激发他的自豪和创作意欲。

这样的题材的不利性格，不仅保证对他的主人公的共鸣的无偿的纯粹性，而且如果这种冒险成功，那么就可能用作家独立的思想和文体的力量，即从素材的现象独立出来的作家的思想和文体的力量，构筑起自己独自的世界。换句话说，这就保证他有可能创造出最现代的，同时也是最纯粹的艺术。

作者的年轻的自负心，促使他进一步通过自己的思想和感情，让得不到社会容忍和认可的行为再生，给它作为一种美的存在而赌以自己的存在。比起那些事先被人所承认的有价值和意义的行动或事件来，这就困难得多。然而这才是可以称得上，真正意义的创作。[①]

用三岛由纪夫自己的话来说：我好不容易安心地回到我所尝试的，完全运用自己的气质，来促使文体思想上结晶

① 中村光夫《关于〈金阁寺〉》，《三岛由纪夫》，第133—134页，小学馆1990年版。

化。它总算是成功了。我的思想于完成作品的同时完成了，这样就完全了结了。[①]

《金阁寺》问世的1956年，日本战后文学迎来战后派文学高潮，文学偏重伦理性、思想性之后，正处在日本评论家呼吁回归文学性、艺术性的时期，所以《金阁寺》单行本一面世，就获得文坛的一片赞扬声，一致认为在非文学性小说流行的情况下，这是倾注作家心血而成就的现代文学，是真正的文学，不折不扣的文学。奥野健男说："这是三岛文学的最高水平，三岛美学的集大成，本年度文坛的最大丰收。""可以说，《金阁寺》在战后文学史的潮流中，完成了一个划时代的任务。"[②]曾经给三岛由纪夫的作品打过负150分的中村光夫说："《金阁寺》即使放在我国现代小说佳作系列里也是可以当之无愧的。"[③]

文坛内外对三岛由纪夫刮目相看。艺术派作家承认三岛以《金阁寺》显示了他是他们的正统继承人，战后派作家和左翼作家则肯定三岛的才气，将他看做是文坛很有实力的人物。

可以说，《金阁寺》不仅在三岛文学中，而且在日本现代文学史上，也应占有极其重要的位置。

---

① 转引自矶田光《作家与作品——三岛由纪夫》，《三岛由纪夫全集》，第426页，集英社1976年版。

② 《三岛由纪夫传说》，第343页。

③ 《关于〈金阁寺〉》，第137页。

二、绝对的美与丑之展现

三岛由纪夫在《金阁寺》中是这样展开他的虚构故事的：

故事主人公沟口诞生在里日本舞鹤一个穷乡僻壤，天生结巴，严重自卑，不愿接近人群，自幼养成孤僻的性格。他听父亲说："世上没有什么比金阁更美的了。"于是他常常幻想着金阁的美。父亲亡故，沟口遵照父亲遗愿到金阁寺当了僧徒。金阁的幻影展现在他面前时，正值战局恶化，他幻想着金阁遭空袭燃烧的模样，觉得金阁面临彻底而简单地毁灭的命运，自己心中绝对化了的金阁的美可能会由此而消失。由于这种虚幻性和悲剧性，金阁的美在他心中更加辉煌灿烂。

战争最终没有毁灭金阁。金阁不仅没有像他期待那样落得个悲惨的结局，而且它还像夸耀似的以其美的永恒性展现在他的面前。只是在他的内心里，金阁在继续崩溃着。他承蒙住持的好意推荐，上了大谷大学，认识了"内翻足"的柏木。柏木诱惑他，教给他恶作剧，企图玷污一个女子，却被金阁的幻影所阻挠。他向金阁呼喊："你为什么要隔绝我的人生？我总有一天要支配你！"

有一天，他目睹住持嫖妓的事，彷徨于不能解决的绝对的美与丑的对立的现实，苦恼于肉体的劣等意识，他与僧师的关系破裂了，于是从金阁出走，面对里日本的黑沉沉的海面，一味沉思：我必须将长期地束缚着自己的金阁烧掉！终于在一个细雨蒙蒙的夜晚，他放一把火将金阁化为灰烬。他望着熊熊的大火，心想：我想活下去！

三岛由纪夫由于金阁寺僧徒林养贤“对美的东西反感”的触发，试图在上述故事中，一改传统的真善美的方程式，来设计一个崭新的绝对的美与丑、恶对立的方程式，以构筑自己独特的美学世界。

为什么三岛由纪夫要另外构筑这样一个怪异的美学世界？这与战后的三岛由纪夫的心态是分不开的。日本战败后，三岛顿时失去其长期赖以生存的精神支柱，在美国文化洪水般的冲击下，一方面对本国的传统美，由盲目狂信到产生自卑感，丧失了自信。另一方面要为恢复对传统美的自信而采取行动，处在一种焦虑不安的氛围中。三岛为了要在《金阁寺》中描述这种对传统既爱又憎的奇妙心态，一般的真善美方程式是不可能完成的，而且他一向追求倒错美学，将现实的金阁寺僧徒的思想和行为作艺术上的提升，就容易达到这种孜孜的追求——在美与丑、爱与憎的紧张对立中创造美，即创造“灭亡”的美。

首先，三岛将笔直接而深深驱入主人公沟口的内面世界，写了主人公未见金阁风采之前，他只听见父亲的赞美，把自己全部心力都投注在对金阁之美的想象上。在他心中的金阁，就是美的象征，美得无与伦比，无可名状。在他的未知世界里，已经有了美的存在。幼时在他父亲的引领下亲眼目睹真貌后，由于他自己的结巴和相貌的丑陋，开始在他和金阁之间形成了一道屏障。他自叹自己鉴赏力薄弱，长久以来在心中想象的金阁的美开始破灭，但是他还企图进一步接近金阁，接触美的核心。可是在已知的世界里，由于重重障碍，他未能发现金阁的美的存在。他沮丧、失望了。回到故乡之后，金阁的美又在他的心中复活，而且比未目睹前的形象更美，金阁的幻想在他的脑海里更根深蒂固，将金阁的美闭锁在自己的观念世界里。

作家一开篇就写了主人公沟口对金阁从想象的美，到现实中对美的失望，又形成观念上的美。这种观念与现实的相克，形成了主人公对金阁认识的奇妙的双重性，他对金阁的执爱，就是自己的结巴和长相丑陋的照应，从而为整个故事的进一步发展——主人公最后从对金阁的认识到行为的飞跃，作了厚实的铺垫。

沟口到金阁寺当了僧徒，长住金阁，时值战争末期，本土也遭空袭，京都部分地区也实行疏散，他产生了许多奇怪的念头，一方面，不希望将金阁与空袭联系起来，幻想着两者即使碰在一起，也会巧妙地互相回避；另一方面，又觉得说不定不久金阁将在空袭下化成灰烬，与自己命运与共。于是在他心中，金阁又增加了一层悲剧性的美。这时候，真

三島由纪夫在书房里。

实的金阁与幻想的金阁完全吻合。金阁已不是实际存在的建筑物，而是他自己认识和行为的对象，已经成为虚幻无常的象征。这样，他陶醉于虚妄的世界：金阁虽然是一种坚固的美，但与自己脆弱的丑陋肉体一样易燃，毁灭自己的烈火一定会毁灭金阁。于是主人公沟口与金阁存在同样危险。在这里作家将金阁放在与主人公沟口的同一位置上，物我之间产生一种罕见的平衡，为未来从平衡到不平衡打下一个楔子。战争结束，但金阁并未毁于战火。沟口陷于战败的悲哀之中，觉得一切传统价值都崩溃了。这时候金阁显得更美。它从他的心象，不，甚至从现实的世界超脱出来，呈现出它前所未有的坚固的美。沟口心里忖度：“金阁和我的关系断绝了。从此我和金阁并存在同一世界的梦想也崩溃了。我心中至美的象征，将永恒地屹立在那里。”

三岛写主人公沟口对观念上的金阁之美与丑的转变并非偶然，他从爱金阁到憎金阁是经过一系列事件的。所以作家着力挖掘沟口纵火金阁行动的内在的必然性。

其一，日本战败的残酷的社会现实。沟口破坏象征日本传统美的金阁寺的内心变动的重要因素，就是战后现实的压抑，沟口产生了一种心理性的虚脱，彷徨于不能解决的丑恶的现实。在他眼里，金阁在日本战败后也面临残酷的现实，即一方面由于战败，民族的悲哀，愈发映衬出金阁的传统美超然不群；另一方面，金阁寺所象征的永恒的传统美，又受到战后现实的无法反抗的压抑，化为奇妙的美与丑对立的双重性。它既具有一种诱人的魅力，同时又成为令人厌烦和诅咒的对象，在心理上产生了对传统美的爱与憎的微妙的不平衡。作为战后现实的引子，作家写了沟口思慕护士有为子，而有为子认为他产生不出任何能与外界联结的力量，另外热恋一个日本逃兵，怀了孕。但她在美国宪兵的逼供下，招供了逃兵所在，被迫带领美国宪兵在金刚院周遭搜捕逃兵。逃兵开枪打死背叛自己的有为子，然后又把枪口对准自己的太阳穴自尽了。沟口却奇妙地想道：“由于她背叛，她终于容纳了我。从现在起，她是属于我的了。”

同时，作家还写了战后美军将世俗的奢靡风气带到金阁寺来。作为典型的事例，就是写了一个醉醺醺的美国大兵在金阁前强迫沟口用脚踩踏被他按倒在雪地上的日本吉普女郎。沟口头一脚踩到女郎的腹部，起初心里觉得不安；第二次踩下去，他却泛起一种奇妙的感觉，涌出一股喜悦和亢奋的情感。他一方面觉得自己是糊里糊涂地干了这种丑恶的行为，一方面又觉得踩踏女郎时感受到一种甜美，一点也不认为是罪恶的行为，明显地表现出二律背反的感情和行为。这时，他以价值颠倒的思维模式，来思考战争和战后的金阁，觉得经过战乱、不安、累累的尸体和像长河般的鲜血滋养的金阁，与自己的丑相比，显得更美了。进而他慨叹金阁虽是以某种安定的模式兴建的，但它也无法承受如此动荡不安的战后现实。这使他与金阁共存在同一世界的梦想也破灭了。

其二，沟口个人残疾的冷峻现实。沟口天生结巴，长相丑陋，自卑畏缩，羞于与人相处，形成他与外界联系的一层障碍，他自己在日常生活的方方面面好像都被摒拒于世界之外，孤独与他相随。比如他与有为子的关系，也只限于单相思，只限于看到有为子的美貌，也会在心中形容她美得如金阁一样，甚至夜间隐身树后等候有为子，反而遭到有为子的嘲弄和告状。他个人所受到的现实压抑甚至超过他自己所能负荷的限量，他就要努力突破这种屈辱，便对有为子由爱而恨，祈求有为子早死，好让自己由弱者迈向强者。

又比如他与施主的女儿的关系，他受到施主女儿出于同情的爱，但他并不认为可以简单地在她对自己的同情中寻找到她的爱的动机。所以作家设计了他们长久地亲吻，使他的性欲苏醒，使他的自尊复苏，这可能是他渴望已久的人生的开始。他受到鼓舞，受到振奋，但他正想把手伸向……在即将超越界限而未超越之际，金阁出现了。他畏缩了。金阁摒拒了他，也等于摒拒了他的人生。他似乎觉得金阁成为他们之间的爱的发展的障碍物。于是，金阁也成为一种危险与恶，阻挠他陶醉于爱与美，他萌生了一种与金阁决不相容的想法。从此他不能再将手伸向现实与人生。他苦思冥想：“我的周围充塞着‘美’，叫我怎能再向现实人生伸手呢！即使站在‘美’的立场来说，金阁也有权要求我死了这条心。一只手伸向永恒的美，一只手伸向人生是不可能的。（中略）永恒的‘美’正是在这时候阻挠我们的人生，捣毁我们的人生。”他悟到对“美”来说，自己实际上是一个无力的存在，他要从这种无力的存在的压迫中解放出来，就随时有可能爆发出一种无以名状的破坏性的冲动。在这里，作者暗喻在沟口的深层意识中已经潜藏着一种对金阁的破坏冲力。

三岛由纪夫为了进一步揭示沟口纵火金阁行动的内在必然性，特地设计了柏木这样一个人物，即以柏木的内翻足的丑与沟口的丑相应。这样，使沟口有条件跳出个人的主观世界，客观地观察与自己同病相怜的性无能者柏木所具有的冷峻的美。柏木向沟口自白了这样一段令人难以置信的爱情故事：一个富家的美女在一个偶然的机会向自己表白她的爱意。他自己心里明白她不会是为了同情自己而求爱的，因此他没有轻易接受女方的爱。作者进一步通过柏木的口剖析这个富家女子之所以爱自己的原因，在于她有非凡的自尊心，她将自己的美作为女人的价值，无法接受很有自信心的求爱者。也就是说，她不能把自己的自尊与求爱者的自负放在同一天平上。正是因为这一点，她莫名地拒绝爱情上的所有平衡，而相中了残疾的柏木。柏木无法接受女方这种不合常理的爱情，女方却愈深陷于爱他的错觉中，仿佛他具有一种不可抗拒的魅力，即一种冷峻的美。但是女子还是把身子投在他的怀里，她的肉体美得令人晕眩，他却是一个性无能者。

本来他试图用精神来说明与她爱的不可能，结果却由肉体来证实。他既是一个肉体的残疾者，又是一个生理的残疾者，最后遇上了一个前来念经的虔诚的信徒——60多岁的老妇，他亢奋异常，为了证明自己的存在，他把老妇撞倒在地，当场渎犯了她。他失去童贞，还心安理得地认为自己发明了一个残疾者的性爱的逻辑。柏木向沟口自白了这段人生经历，以证明自己对人生的诚实，并向自觉没有资格面对人生的光明的表面的沟口，指出一条从内面走向人生的黑暗的近道。三岛安排这样一个人物及其言行，乍看是异常的、离谱的闹剧，其实是寄托着三岛要暗示的“正在欺骗着我们的现实”。在这里，三岛借沟口之名发表了这样一通评论：

柏木所暗示并在我面前所表演的人生里，生存和破坏的意义并无轩轾。那种人生既欠缺自然性，也缺乏像金阁一般的结构美，只是一种痛苦的痉挛而已。虽然我承认它深深地把我吸引住，并由此而奠定我一生的方向，却必须先在充满荆棘的生存破片中弄得双手鲜血淋淋，这一事实令我感到恐惧。在柏木眼中，理智和本能都被一视同仁，同样轻蔑它们，他的生存像一个奇形怪状的球体，到处滚动，想要冲破现实的墙壁，那实在算不了是一种行为。总之，他所暗示的人生，是以假象的未知来击破欺瞒我们的现实，再来一次清扫世界，使之不含丝毫的未知，真是危险的闹剧。

三岛之所以让沟口发表这样的评论，是因为沟口看到柏木在一个广告画上用他的内翻足似的笔迹写着的几个字："未知的人生令人无法忍受！"这样就与自己和施主的女儿做爱时出现金阁这个永恒的美，阻挠和捣毁了他的人生所表露的、"正在欺骗着我们的现实"的不满，同时与对金阁住持去祇园嫖妓的现实不满互相呼应。三岛还总结性地写了柏木与沟口这样一段对话：

"你在逃避什么？"

"逃避我周遭的一切。因为我的周遭到处充溢着失望无力的气息。我终于明白了，僧师也令我失望，非常的失望。"

"也是逃避金阁吗？"

"是的！"

"金阁也令你失望吗？"

"是的！"

"金阁本身不会令人失望，但它是一切失望的根源！"

接着，作家描写这时候沟口对金阁由思慕而沮丧、失望，最终绝望，为沟口的最后行动找到客观上的必然性的依据。也就是说，正是这种现实和人生与金阁的对立，否定金阁是当然的了。

作者在小说里三次引用了《禅宗无门关》第十四则“南泉斩猫”的故事。

第一次出现是在战败那天，住持给僧徒们讲解这个南泉斩猫的故事。

事情是这样的——

据说唐代，池州南泉山有一名僧，叫普愿禅师。人以山名，世称南泉和尚。

有一次，全寺总动员出去割草，发现这僻静的山寺里出现一只猫。这太稀奇了，于是寺里东西两堂众僧将猫围捕起来，都想把这只猫当做宠物，因而发生了争执。

南泉和尚看见这般情景，猝然地一把抓住猫颈，提溜起来，手里掌着割草的镰刀，说道：

“大众得道它得救，不得道就斩掉它！”

众僧默然不语，南泉和尚把猫斩掉扔弃了。

黄昏时分，南泉的得意弟子赵州回寺。南泉和尚把事情经过对赵州说了一遍，并问赵州的意见。

赵州闷不作声，突然脱下草鞋子，搁在头顶上走了出去。

南泉和尚感叹道：

“嗳，如果今天赵州在场，也许那只猫就得救了——”

南泉之所以斩猫，作家借住持的口解释说，这是要断绝自我的迷妄，斩断一切妄念幻想的根源。

第二次出现南泉斩猫的故事，是沟口的大谷大学同学、内翻足柏木进一步解释其症结在南泉和尚所斩的那只猫在作怪，那只猫很美，是美的结晶，它体内藏着世界所有的快乐和美感。但它突然从草丛中跳将出来，大家争着围捕，便演成两堂之争。为什么？这次作家解释说：因为美并非专属于任何人所有，它可以委身给任何人。所以斩猫就像把“美”剔除，不是根本的解决办法，因为美的根源是永远不会断绝，即使猫死去，它的美并没有死。只有赵州了解这一点，于是把草鞋顶在头上，暗示南泉和尚解决这件事太过草率了。

第三次出现这个故事，是柏木发现在沟口与金阁之间产生严重失衡，下决心走向纵火金阁之途的时候，柏木问他：“如今你在效法南泉和尚了吧？”这时沟口心里疑惑：莫非我的结巴就是因为美的观念而产生？于是脱口说出：“美，美的东西对我来说已经是怨敌了！”终于效法“南泉斩猫”用残忍的行动即纵火金阁的行动来断绝自我的妄念，对金阁美的幻影，以及断绝现实的金阁与观念上的金阁的对立、人生与金阁的对立。

三次出现以猫作为金阁的象征，作家作了不同解释，第一次是由田山和尚解释，第二、三次是由柏木解释，柏木将斩猫解释为美引起行动上的对抗，和美在认识上得到了维护即是“美的象征”，表示了作者的本意，即以此揭示金阁的命运有如猫的命运，在斩猫与烧金阁之间画上了等号。

作为最后烧金阁的导火线就是住持获悉沟口发现自己嫖

妓，决定放逐沟口引发的。这时候沟口面前的美与丑、爱与憎已经严重失衡，他决心向美学原理挑战，倒向丑与憎。面对行将把金阁付诸一炬，他无法分清美究竟在哪里？是在金阁本身，还是在笼罩金阁的虚无的黑夜。他一方面觉得金阁每个细部都充满着美，别具一种含蓄的美，每一种美都互相联系，形成了金阁美的主题。但另一方面他又感到金阁还具有一种虚无的预兆，虚无成为这种美的结构的基因，因此这些细部的美未完成时，各自都蕴涵着虚无的预兆。金阁在虚无中飘浮着……

金阁在他心中依然是金碧辉煌。然而在大火中，他已看不见金阁的形状了。

不知是作家对沟口的同情或是别的什么原因，故事结束，他并没有按照历史事件的真实——主人公自杀的结局来处理，而是描写了主人公掏出自杀备用的小刀和安眠药扔到谷底去，然后点燃了一支香烟，一边抽一边想："还是活下去吧！"

三岛由纪夫选择这样一个非人性的、反社会的主人公的犯罪故事作为主题，离开善恶的价值观念和道德标准，通过自己的思想、感情和美学观再现主人公这种不为社会所容的行为，并作为美的存在而加以赞美，这样复杂的问题要处理好是相当困难的。所以中村光夫问三岛："我以为不要写第十章烧金阁寺的场面不好吗？"三岛带开玩笑地说："但是，中断性交对身体是有害的啊！”

所以中村光夫说：三岛设计“烧金阁寺或者这种表现，很可能是他在此之前的对人生所感到的最官能性的发情的一种形式”。实际上三岛是将“金阁作为他的情欲的对象来描写的”。“我们各自的人生都有自己的‘金阁’，憧憬和被疏远的感情，经过破坏的所有，恐怕就是生的根本形式。我确信：三岛不仅是作为美学的理论，而且还是作为人的伦理问题，来冲击这种生的根底，这一天肯定会到来的！”①

可以说《金阁寺》不仅寄托着作家的美学原则，也铸刻上作家的人生理念。金阁成为其精神支柱的象征。战后的现实使他失去了精神支柱，陷入封闭的孤独，作为象征的金阁的存在，不正是使自己的孤独感正当化的唯一根据吗？

概言之，三岛由纪夫驱笔写《金阁寺》，就是以金阁与人生相比喻，写美与人生、艺术与人生的悲剧性的关系，他的信念是：

人类容易毁灭的形象，反而浮现出永生的幻想，而金阁坚固的美，却反而露出了毁灭的可能性。像人类那样，有能力致死的东西是不会根绝的，而像金阁那样不灭的东西，却是可能消灭的。

---

① 《关于〈金阁寺〉》，第141页。

第八章　文学基因的裂变

一、《叶隐》的投影

三岛由纪夫自幼是一个“书迷”，他迷恋过许多日本的和西欧的作家，从上田秋成、北原白秋、立原道造、伊东静雄、森鸥外、泉镜花、谷崎润一郎到王尔德、拉迪盖……今日迷张三明日迷李四，可以数得上一大串作家的名字，是一个“泛迷者”。但唯独一本书二十多年来他几乎手不释卷地经常翻阅，从中领会新的感受，那就是《叶隐》一书。三岛说过《叶隐》作为我的人生的老师，实在是一部十分重要的书。[①]

《叶隐》全书11卷，是18世纪武士时代佐贺藩士山本常朝的一部著作。山本常朝在主君佐贺藩主锅岛光茂逝世后，本想殉死相随，但当时已下禁止殉死令，他只好出家，削发

① 《日本的古典和我》，《全集》，第33卷，第161页。

受戒隐居北山黑土原，潜心写这部《叶隐》留存于世。严格地说，这不是山本本人撰写，是他口述，由同是一个藩的武士田代陈基笔录。前后7年完成。因为是在树叶掩映下的草庵里讲述的，所以全称为《叶隐纪闻》。日语的“隐”字是掩映、掩盖的意思。这是一部武士修养的教科书，宣扬大义和殉死，是元禄时代一种特殊的文化现象——武士道的文化精神。

首先《叶隐》宣扬的大义，就是忠主君，对主君的忠贞不渝；其次宣扬殉死，为主君而死是最高的理想。三岛由纪夫在1967年9月写了《叶隐入门》的长文，对叶隐进行了详尽的释说，并将它归纳为三大特色，一是行动的哲学，二是恋爱的哲学，三是生的哲学。

所谓行动的哲学，三岛理解为《叶隐》是重主体的，作为主体作用置于行动，作为行动的归结置于死。所以他解释《叶隐》规定，武士必须服从的一个前提，是以死为职业，死就是武士的行动原理。怕死、逃避死就不是武士。不过，三岛非常重视《叶隐》中的一句名言：“所谓武士道，是找到死之所在”，就是死得其所。他说：“人的生的本能，在或生或死的情况下，当然是执着生。只是人在想美美地生，美美地死的时候，执着生经常需要觉悟到是背叛了美。人嘛，美美地死、美美地生是困难的；同样，彻底丑陋地生、丑陋地死也是困难的。所以《叶隐》这句名言就是关于生死

1970年，在家中楼梯上。

的结论。”[1]可以说，三岛由纪夫将“武士道”的文化精神看作是一种美学的理念，而不是一种政治的理念。为此他贯注了自己的热情，经常为自己的行动理论和艺术相克而苦恼，对自己的文学总是隐藏着卑怯的生而困惑，自己认定作为艺术家没有必要为生来辩解。基于此三岛由纪夫强调，《叶隐》中的行动哲学，不是政治哲学，“从战争期间被政治利用这点来看，有人对《叶隐》作出了政治性的解释。尽管如此，《叶隐》没有一点政治性的东西。武士道如果被认为是政治性的理念则另当别论，但《叶隐》全力探求在一定条件下人的行动精髓的依据。”[2]在这里是否可以解释为他觉得战争期间《叶隐》中所提倡的“武士道”文化精神被人出于政治的目的而利用了，失去了原来的武士道的真髓呢？似乎可以作出肯定的回答。

他在《我的信条》一文中进一步阐明，文学家要成为英雄，必须有思想和信仰，这样就会出现像（无产阶级作家）小林多喜二那样被杀的可能性。然而，没有思想和信仰，要成为英雄是很困难的。当然，也可以停止一切的英雄作态，彻底卑怯。但文学家等于懦夫的这种思考，对我来说，无论如何是不可取的。[3]他从自己的体验来说，《叶隐》探讨了置

---

① 《叶隐入门》，《全集》，第33卷，第62页。

② 《全集》，第33卷，第73页。

③ 《我的信条》，《全集》，第32卷，第35页。

于一定条件下人的思想和信仰将是行动精髓的依据，是一种个人努力的实践哲学，即行动的哲学。

为此，三岛由纪夫力图建立自己的行动学，专门写了一篇《行动学入门》，强调行动要建立自己的独特理论，这也可以说是他作为对《叶隐》的行动哲学的一种诠释。

他的行动学理论，解释将行动归结为肉体行动，这是他对男性肉体憧憬的延伸和提升，并且理论化了。他认为“感受到肉体活动本身，就带有一种独特的喜悦，这就是行动的目的”。他说：“这种目的接近于无目的，愈是为美而行动的目的，就愈离开行动而无限地接近艺术。但艺术需要非常长的时间，而行动是迅速的，不需要很多时间，这是行动的特色。在某种意义上说，生需要长时间，死可以在瞬间完成，体现了人生的真正价值。”他举出西乡隆盛在城山的切腹行动、特攻队在极短时间的攻击行动，像火花一样虽然瞬间炸裂，却具有一种概括人生长河的不可思议的力量。而且这种行动、战斗行为的美，从希腊的叙事诗到日本的军记物语世界，都有详细的描写。于是在这种实际上也见到的、可怕的战争行动中捕捉瞬间的美的闪光，将它永恒化，并让它留存在武道中。[1]从这里不难看出三岛主要是从美学的角度，探讨行动的美。他的文化观和艺术观也包含行动和行

① 《行动学入门》，《评论全集》，第3卷，第253—255页。

动模式。

三岛由纪夫强调行动的美，不仅是行动本身的美，而且是行动模式的美，即不仅是形式美，而且包括内在的美。他说："在许多情况下，行动模式包含内面的东西，因此美不是由形式，而是内面的东西所左右。"他以将士于明月夜在敌前挥动日本刀身浴数弹战死为例，指出：在这样的场合下，这种行为的形式的美、月光、浪漫的情景、悲壮感及其行动形式本身的内在美是完全一致的。但是，这样一致的美，岂止在人的一生中只有一次，而且在历史上也是不会有多次表现的。所以他联系到艺术的本质"决定的东西可以反复"，《劝进帐》至少每月反复重演25回，认为《叶隐》的作者蔑视艺能大概也在于此，武士蔑视所有艺能，只承认能乐，因为能乐以公演一次为原则，在于它贯注其中的精力，是基于近乎唯一的实际行动的一回性。行动的美就产生在没有重复两次的地方，它就像火花一样。[①]概言之，三岛由纪夫的行动哲学是特指男性的肉体行动，赞美男性的精力和热情，以为男性的活力是善，无力气是恶。他在《行动入门》的后记里特别声明，这部作品是为青年男性读者而写的。

所谓恋爱的哲学，是日本近世武士的爱恋理想的概括。武士时代，日本实行历史上最严格的性爱管理，绝对禁止男

---

① 《三岛由纪夫短篇全集1—6》前言，《全集》，第32卷，第20页。

女接触，爱恋是以男色为主题，突出宣扬对主君的爱。男女恋爱成为“秘恋”。《叶隐》宣扬的正是这个时代的恋爱哲学。所以三岛在《叶隐入门》中解释说，男色比女色高尚，而且男色即男性同性恋爱最真实最激烈，是转化为对主君的忠义，这是日本经过特殊的传统育成的特殊的恋爱观。[①]

什么是“秘恋”呢？要了解这点，我们先要简述一下近世日本的男女恋爱的一般情状。如上所述，近世日本严禁男女相恋，作为其社会基础的武士流行“男色”，男女之间的爱与性得不到正常的发展，即使“秘恋”也如此，当时掀起一股“殉情”的风潮，以表白双方的真情。当时的文艺，尤其是好色文学大师井原西鹤和近松门左卫门的作品，大多是描写男女双双情死的故事，赞美秘恋的殉情。可以将他们这种审美情趣概括为有恋无爱，即“无爱恋之色”，“无爱的性”或“无性的爱”，将爱与性公开，放在特异的位置上，表现男女在恋爱最绝望的时候，为了追求纯洁美、为了实现风雅美而殉身，将情死崇高化。所以三岛解释，“秘恋”一语穷尽《叶隐》的恋爱观，意思为：公开恋爱是最低品位，如果是真正的恋爱，一生都不公开，这是最高品位的恋爱。《叶隐》的理想恋爱，是为了恋爱必须一死。死，提高恋爱的紧张与纯度。[②]

---

① 《叶隐入门》，《全集》，第33卷，第74页。

② 《全集》，第33卷，第62—63页。

三岛由纪夫归纳《叶隐》的三大特色的最后一个，就是生的哲学。三岛说，《叶隐》“所谓武士道，是找到死之所在”是第一阶段，强调“人生短暂，生来要做自己喜爱的事”是第二阶段。《叶隐》将死与生这一盾牌两面中所具有的哲学的一面明确化了。即生的哲学是：生与死既对立又统一。三岛认为《叶隐》所强调的武士决断的死，是一种自觉的死，是与人的意志相连的，是人的自由意志的极致。所以他将行动的死即斩死，看作是一种强制的死；自杀即切腹的死，看做是自觉的死，并且其独特的思考方法是，将两者放在同等的位置上，以为切腹是积极的，是为了维护名誉的自由意志的积极表现。《叶隐》的所谓死，就是指这种有可能自觉选择的行为，即使在强制的状态下，也要通过自觉选择来突破强制的束缚，这时候也就成为自由的行为，于是他总结出武士道的理想公式是：死=选择=自由的公式。行动达到这种纯粹状态时，其中就自然包含忠孝的形。[①]按三岛的说法，武士的殉死是选择的死，“内中应自然包含忠孝”。三岛深受《叶隐》这一点的影响，他从主从关系的绝对性出发，不问目的和效果，一味赞美为主君殉死，并将这种死崇高化。

三岛从美学角度分析《叶隐》的行动哲学时，曾经说特

① 《全集》，第33卷，第74—77页。

攻队在极短的攻击行动像火花一样，从中可以捕捉瞬间的美，可是他论及《叶隐》的美的前提是道德性时，又强调也许有人会说特攻队的精神最接近《叶隐》的明朗行动和死的理想，并以美名加以赞扬，但他们的死毕竟是一种强制的死，他们半途放弃学业，被国家权力强行推向死亡，虽说是志愿，但实际上几乎是用与强制一样的方法把他们推向肯定会死的进攻，这是一种悲惨的进攻方法，也是一种最非人性的进攻方法，与《叶隐》所强调的选择死是完全不同的。[①]

可以说，三岛由纪夫是非常赞美《叶隐》强调的武士殉死的公式：死 = 选择 = 自由，他认为这种选择的死——武士的剖腹自杀，达到最大的自由，最高的美。三岛将这种理想的死上升为艺术上的“残酷美”。他在《关于残酷美》一文中将切腹作为一种自杀的美学、一种美的形态，他以日本古典文学为例说：切腹是一部具有知性部分和感性部分的两刃的剑的作品，为了强调和展开主题，残酷的场面是必要的。将残酷性提高到残酷美，就表现出作品感性方面的力度。他并以古典文学作品的红叶、樱花来暗喻血与死为例，说明这种深深渗透到民族深层意识的暗喻，对生理的恐怖赋予美的形式的训练，连续了数百年。人心倾于红叶、樱花，用传统

① 《全集》，第33卷，第111—114页。

的美的形象来消化直接的生理的恐怖。所以今天文艺作品给血与死本身以观念性的美的形象，是理所当然的。[①]

三岛由纪夫在《〈禁色〉——青春的总结算》、《小说家的休假》两篇文章中，也从不同角度论及《叶隐》，前者说，读《叶隐》后，今天可以认为“艺术的奥秘就是生活”[②]。后者赞美《叶隐》是“一部无与伦比的奇异的道德书，像一切艺术作品一样，是在对抗时代下产生的”[③]。但这些都是停留在一种挚爱上，而《叶隐入门》一文则是强调“《叶隐》的死的教训，比起行为的结果来更重要的是教会了行动家的真正幸福”[④]，是一种行动的追求与实践，并且表达自己的行动的决心、勇气和紧张的意志，而且写作这篇长文时，他已经入自卫队体验生活了。

应该说，《叶隐》对三岛的影响是深远的，不仅促使他的文学基因裂变，而且育成他更为复杂的特异的精神结构——“文化概念上的天皇”和“文武两道”以及对“二·二六事件”的新认识。所以三岛说，这些都是“《叶隐》的恩惠”，他“从《叶隐》中找到生的哲学”，“《叶隐》是我的文学母胎，也是（我的）永远的活力的源泉”[⑤]。

---

① 《关于残酷美》，《全集》，第31卷，第125—126页。

② 《全集》，第25卷，第494页。

③ 《全集》，第27卷，第177页。

④ 《叶隐入门》，《全集》，第33卷，第57页。

⑤ 同上，第58页。

二、“二·二六”事件三部曲

——《忧国》、《十日菊》、《英灵之声》

“历史上的男性，你最喜欢谁？”

“二·二六事件的军官们！”

这是1963年12月号《文艺》杂志上刊登的一篇题为《向三岛由纪夫提问》的新闻中，三岛由纪夫谈及关于生活与艺术的信条时，他回答提问者的一段对话。

三岛由纪夫所喜爱的所谓“二·二六事件”，是怎样的事件，在什么背景下产生的呢？

20世纪30年代初、中期，日本策划和发动侵略中国和亚洲的战争，走向封建军国主义的过程中，发生了一系列军部青年军官策划的武装政变，从1931年3月过激派的陆军军官和右翼分子发动的“三月事件”、同年的“十月事件”，到翌年5月15日，少数右翼海军青年军官，以改造国家为名，发动军事政变，杀死首相犬养毅，袭击警视厅和大臣官邸，为军部干涉政治开辟了道路，进而结束了政党政治时代，实现军阀独裁。1933年7月发生神兵队事件和1934年11月皇道派青年军官和士官候补生又企图策划“士官学校事件”均未遂，更加加剧了军部内部的派系斗争，皇道派推出以武力改造国家的计划，而统制派则主张以合法手段建立军部霸权，矛盾进一步激化。皇道派青年军官受到国家主义者北一辉及其《日本改造法案大纲》的影响，打着反对政府“破坏国体”，“昭和维新”的旗号，实为企图建立皇道派武力独裁和战争体制，遂于1936年2月26日发动了迄今日本历史上最后一次军事政变——史称“二·二六”事件，杀害了三名内阁大臣，重伤侍从长，并占领首相官邸以及陆军省、国会议事堂等中枢机构。统制派以奉“天皇敕令”为名，镇压了政变，对北一辉及政变为首者处以极刑，之后在“肃军”的名义下，清洗皇道派，掌握全部军权，开始所谓改组体制，颁布戒严令，对国内民主进步力量实行残酷镇压，加速建立绝对主义天皇制，接着发动全面的侵华战争。

这一事件的发生，当时在三岛由纪夫的脑海里，投下了朦胧的影子，但在他的记忆中却占有很大的位置。他作为作家曾说过：二·二六事件之后“在我体内积淀着不知目的的愤恨和悲哀，所以我与（二·二六事件）青年军官的激烈慨叹的结合，这是时间问题。因为这30年间，二·二六事件不断往返于无意识与意识之间，不断地与我在一起……我感到我好像逐渐地理解了这悲剧的本质。”[①]他对二·二六事

① 《二·二六事件与我》，《全集》，第32卷，第364页。

件特别关心，不仅写了《关于二·二六事件》、《二·二六事件与我》等文章，而且还写了二·二六事件三部曲：短篇小说《忧国》、剧本《十日菊》、《英灵之声》。他在《关于二·二六事件》一文中写道："如果有人问我对二·二六事件是持肯定还是否定的态度，我会毫不踌躇地站在肯定的立场，对日本的知识分子来说，这一判断具有象征的意义。也就是说，自由主义者、社会民主主义者、社会主义者，甚至国家主义者也都将否定二·二六事件作自己的免罪符。"因为普遍的"二·二六事件观"是"通过二·二六事件开辟了军部法西斯的道路，使日本落入黑暗的谷底的时代"。因此，肯定这一事件，是会带来麻烦的。

但是，三岛由纪夫肯定"二·二六事件"，是强调它作为昭和史上最大的"精神与政治的冲突"的事件，精神失败了，政治理念胜利了。得胜者是西欧的君主立宪政体，被国家社会主义和军国主义利用了。

他认为这些青年军官是反对政党政治的腐败、经济失败、外交软弱、贫富悬殊而又没有一个大勇的政治家站出来以一死救国。所以说，他赞美的不是"二·二六事件"本身，而是参与政变的青年军官的"灵魂的奔腾"、"正义感的爆发"。他认为"最大的悲剧是：悲惨地断绝了为国家最高的正义、灵魂的交流，而这种断绝，青年军官们在死前并不知道，而且这一错误在敕令下达而达到顶点。由于这一错误，'二·二六事

1961年，在院里石椅上。

件’在历史上永远地刻下永恒的美及其精神价值。具有讽刺意味的，是战后大赦‘二·二六事件’受刑者的不是天皇，而是承认这一事件的民主改革的美占领军。”他最后竭力赞美这些青年军官的“脆弱的美”、“纯洁的美”。①

他在《二·二六事件与我》一文中，再次强调：在他难以治愈的观念中，青年人永远是美的。青年人的行动永远是透彻的！

他自己也承认，“二·二六事件，是对我的精神史产生过重大影响的事件”。②

事实上，三岛由纪夫在他的第一部长篇的自传体小说《假面自白》里，早将少年的他在二·二六事件当天早晨，给他留下的朦胧印象以及所受的感动写了下来：

快到达学校前的车站，我透过空荡荡的国营电车的车窗，看见工厂街对面的太阳冉冉上升的景致。风景充满了喜色。不祥地耸立着的烟囱群，还有那单调的石板屋顶的昏暗的起伏，瑟缩在旭日照耀下的雪的假面具那尖锐笑声的背后。这幅雪的假面具，常常很容易地导演出革命性或暴动性的悲剧事件。不知怎的，在雪的反映下，行人的苍白脸色也会让人感到活像个肩挑重担的人。

---

① 《全集》，第33卷，第173—175页。

② 《三岛由纪夫短篇全集1—6》，前言，《全集》，第32卷，第20页。

当时三岛由纪夫虽然只用了“革命性”或“暴动性”来形容这一悲剧，但是自从“二·二六事件”以来，他不断反刍这一事件留下的印象和感动，酿成他的“挫折”、“悲剧”、“赞美英雄”的观念，乃至发出对天皇下敕令处死这些青年军官的愤懑与诅咒。这逐渐形成他的精神结构，且转化为深深埋藏在他内心的象征，他总是期待着有朝一日能将它写成作品。他期待的这一天，终于在日本战后社会重大转折的60年代到来了。60年代，日本各种政治力量围绕日美安全条约问题展开了激烈的争斗，人民群众反对日美安全条约运动如火如荼，极左思潮、极右思潮同时泛滥，日本社会面临着一系列新的课题。三岛由纪夫对这一重大历史事件很少言及，表面上似乎是漠不关心，实际上他是佯装沉默，内心里却翻滚着汹涌的波涛，急剧地增强了他的极端的政治意识——国家主义和民族主义的意识，他对文化概念的天皇制的狂迷，以及对其精神支柱《叶隐》所宣扬的武士道文化精神的执恋，便逐渐明显地形成了他在文学上和美学上的核心。

以“二·二六事件”为背景的三部曲：《忧国》、《十日菊》、《英灵之声》就在这种状态下完成了。三岛本人说：“《十日菊》描写受狙击而苟生的人间喜剧的悲惨，《忧国》描写自刎的人间至福和美，前者试图表现对生的无垠的、半死不活的拷问，后者试图表现接连死的生的火花似的爆发。《英灵之声》则描写死后的世界，试图表现受狙击被杀的人间苦难的悲剧。二・二六事件是一座塔，我就是这样从三个侧面来观察它的。”[①]

《忧国》发表在1961年1月《小说中央公论》杂志上。三岛由纪夫将它称为“二・二六事件”外传，因为它虽以“二・二六事件”作为背景，故事却又离开事件本身，描写禁卫步兵中尉武山信二和他的爱妻丽子在围绕事件“挫折”之后，对待生与死的故事。小说中的人物，仅此两人。活动舞台也局限在他们并不宽敞的老房子里。开首作者用很短的一节倒叙中尉武山信二自二・二六事件以来懊恼挚友加入叛军，痛恨皇军互殴之势必至，留下仅一句“皇军万岁！”的遗书，与爱妻丽子双双自刎。附：中尉享年三十，夫人二十有三，举华烛之典尚不足半载。接着作者拉回到中尉在新婚的第一夜，探问妻子：一个军人的妻子随时都有可能牺牲，你有没有这种思想准备。妻子拿出母亲给她做嫁妆的一把短剑，放在自己的膝上，默默无言。中尉明白了妻子的决心。几个月来，他们俩的肉体健康而年轻，他们俩的感情交流是诚挚而激烈，甚至达到可怕的程度。可是2月26日的清晨，一阵枪声不仅粉碎他们甜蜜的美梦，而且打破他们婚后平静的生活秩序，丽子从丈夫匆匆出门的脸色，以及从广播的新闻

① 《二・二六事件与我》，《全集》，第32卷，第367页。

里，了解了事件的全貌，她就已经看到丈夫的死的决心。她独自留在家里，对浮现在她脑海里的事丝毫不觉得害怕，相反她坚定地相信，丈夫现在感到的、想到的、他的悲叹、他的苦恼以及他所思考的一切，都和他的肉体完全一样，会把她带到快乐而舒适的死亡里去。

婚后第二天的傍晚，中尉回家后，告诉妻子，他的几个战友为了照顾他刚刚结婚，没有让他参加政变行动，明日天皇将下敕令，将参与政变的战友，加上叛军的罪名，让他指挥部下去讨伐他们，他正视着妻子的眼睛说："这种事我办不到呀！今晚我切腹自杀！"丽子早已觉察到丈夫的决心，眼睛里没有丝毫的畏惧，回答说："我伴随着你！"这样，两人的心像突然获得了解放，油然生起一股喜悦。

中尉吻着妻子的脖颈，他的胡须刺得妻子觉得痒酥酥的。对丽子来说，这不是现世的、现实的。她的身体重新苏醒过来，承受着丈夫的抚爱。在他们两人决定去死的喜悦里，没有任何不纯的东西，是遵守了大义和完璧无缺的道德的。所以中尉觉得在自己的肉体的欲望与忧国的至诚之间，不仅看不到任何的矛盾和冲突，甚至认为它们是一个东西。

中尉沐浴过后，在等待妻子入浴出来的时间里，双手交叠地枕在脑后，望着天花板，他不知道现在等待的是死亡，还是肉体上的狂欢，或者是两者的重叠，好像肉体的欲望正面临着死亡。他想：自己是为国家而献身，但是不知道自己为之毁身劝谏的国家，会不会因为自己的死而给予理睬！

丽子出浴后，他们的身心，他们激动的胸膛，都为一种“这是最后一次”的想法而沸腾起来。两人爱得发狂，亲吻、拥抱、爱抚，两个年轻的肉体融合在一起，简直不可能再分离了。中尉更增添死的勇气。他松开了身子，因为他担心会削弱切腹所需要的那股强大的力量，以及过于贪恋而有损于最后的甜美的回忆。

事后，中尉夫妻俩进浴室净身，然后忙着各自的准备。中尉身穿整齐的军服，带着军刀；丽子一身白素衣，佩上短剑，两人手捧遗书，放在壁龛里。两人隔着一张铺席，相互交视。丽子看到中卫膝前的军刀，想起了新婚之夜，不胜哀伤。中尉压低嗓门说：“没有人帮忙割脑袋，我想切得深一些。”丽子说：“是！”中尉在妻子的身上，仿佛看到了自己所热爱的、并为之而献身的皇室、国家、军旗这一切灿烂的幻影。丽子凝视着即将死去的丈夫，感到丈夫现在的形象，表现了男性的最高尚的美。

中尉切腹，扑倒在血泊里。丽子在血泊中膝行过去，抹去丈夫唇上的血，亲了死别的一吻。丽子没有一点迟疑，拔出了短剑。她一想到肉体的痛苦曾经把自己和刚才那样死去的丈夫隔开过，而现在它将变为自己的痛苦，也就感到高兴，自己将进入丈夫已经占有的世界。丈夫所信奉的正义的真正的甘与苦，现在自己也尝受到了。丽子增添了力量，把剑头狠劲地朝自己的咽喉深处刺了进去。

主人公中尉军官武山信二切腹倒下来了。妻子丽子相随自刎也倒下来了。三岛由纪夫认为，他们选择的死，“不是喜剧，也不是悲剧，而是一篇至福的故事”。[①]

三岛解释说：“《忧国》中的夫妻在悲境中自觉地捕捉生的最高瞬间，追求至福的死，将他们至上的肉体愉悦和至上的肉体痛苦，概括在同一原理之下，并以此招致至福的到来。这是以二·二六事件为背景而设定的，在选择死时又选择生的最大喜悦，这难得的一夜，达到他们的至福，夫妇的爱达到了净化和陶醉的极致。”[②]三岛强调《忧国》有几个主题，但最重要的是夫妻爱，这是无疑的。作者竭力渲染他们在死中追求永恒的爱，这不是他们自己有意识的选择，而是由于命运和意志的安排，使他们夫妻俩的爱提高到最高点：为了纯真诚挚的爱，必须死。这样作者选择了在中尉将奉敕令去镇压他们的同僚的前一晚，中尉和妻子两人在肉体上尽情地享受人生的欢悦，让他们没有感到丝毫的悲哀，相反，他们俩的内心里充满了甜美的情绪，并尽量使之与即将到来的自刎的肉体的痛苦重叠，让肉体的愉悦和肉体的痛苦互相撞击，迸发出接连死的生的火花，也就是说，作家有意识地在生与死的一瞬又一瞬间，既捕捉他理想中的生的最美瞬

① 《全集》，第32卷，第359页。

② 同上，第359—360页。

间，也捕捉死的最高瞬间，从而将生与死，推向一个作者所梦寐以求的爱与血的美的世界。

正如日本文学研究家长谷川泉指出的：“《忧国》具现了三岛美学的基本结构，即死与生的最充实的瞬间微妙地重叠而固定下来，死、美与幸福在一瞬间融合了。”[①]

但是，三岛由纪夫将这个美的世界安置上“二·二六事件”的背景，目的在于表现他另一个也许可以说比夫妻爱更为重要的主题，那就是大义与至诚。作者所说的中尉的夫妻爱，他是放在肉体的欲望与忧国的至诚的矛盾冲突中加以描绘的，同时将这种矛盾冲突推向最激烈最紧张的状态下来完成他的所谓完美的统一，使即将殉死的中尉看不到肉体的欲望与忧国的至诚之间存在任何矛盾与冲突，甚至看到的只是两者——热烈的爱与残酷的死，是一个东西，从而完成他所设计的为“大义”而死的“悲壮美”。比如作者选择以“二·二六事件”作为背景，描写他们俩是在面对“至诚”两个大字的挂轴前自尽；中尉在决心伴随自己一起自刎的妻子身上，好像看到了自己为之献身的皇室、国家、军旗的灿烂幻影等等，就渗入了作者的强烈的政治意识，所谓“至诚”也好，“忧国”也罢，目的在于将中尉对天皇和国家忠诚抽象为纯粹的美。但是在文学上并非愈抽象就愈纯粹，更

① 长谷川泉《三岛由纪夫的知性之命运》，第122页，至文堂1990年版。

何况注入这种强烈的政治意识和让人悚然的愚忠，实际上是一种明显的、从右翼的国家主义立场出发的政治批评，即企图将政治置于文学中，又将自己不可思议的美学置于文学中的政治。不过，这一切都是贯之以爱与死的主题来完成的。所以西方将《忧国》译成《爱与死的仪式》。概言之，它始终贯穿《叶隐》的行动哲学、恋爱哲学和生的哲学的思想。可以说，这是三岛由纪夫在《忧国》中，所要表达的真正主题而采取的一种巧妙的艺术手法。这就在三岛文学中楔入一个裂变的活跃的因子。

日本作家安部公房读了《忧国》之后，产生了两种相反的感情，他说："一种是近乎羡慕的同感，一种是忍受不了的痛苦的反感。我无论如何也不能很快地将这两种矛盾的感情统一起来。"[①]安部公房所说的同感是指表现上的效果，所谓反感，是对以"二·二六事件"作为背景而言。所以安部指出：这样爱与死的构成比重很不协调，对爱的处理极具象征性，而对死的处理则颇具即物性。也就是说，这样，艺术与思想、形式与内容很难统一起来。所以当三岛由纪夫征询安部的意见时，安部公房提出质疑："我完全不明白这一象征的主题背景，为什么必须选择'二·二六事件'，如果将职业军人理念化，爱与死的悲剧的结合，当然应该潜藏在日

① 安部公房作品论《忧国》，《三岛由纪夫》，第153页，小学馆1990年版。

常生活之中，没有必要选择‘二·二六事件’作背景嘛，不是吗？”[①]三岛沉默，没有回答，他们的话题便转移了。

评论家、诗人上田三四二更直接指出：“书名虽称《忧国》，但几乎没有忧国的面影，主要是描写切腹而死的形态的悲壮美，是一种灭亡美学的实践。‘二·二六事件’只不过是完成《忧国》主题死的义。”[②]评论家渡边广士提出，三岛由纪夫的《忧国》，忧的是什么“国”呢？他说，“三岛要维护这种‘国’的纯粹性，不是根据国民、国土和国际社会，而只是根据‘伟大的神’。他所‘忧’的，只是失去的永恒的东西，是欠缺的理念。所以他的忧国之情是极度观念性的。”[③]应该说，这些评论都是非常艺术而中肯的。

三岛本人对他所偏爱的《忧国》，是这样自我评价的：“这篇小说对我来说是难以忘怀的作品，虽然不足50页，其中集中了我的各种因素。如果有人读我的一篇小说，那么与其读广为人知的《潮骚》，不如读这篇《忧国》，因为它包括我这个作家的优劣，希望读者能理解这一点。我深深地爱着的，唯有这篇作品。”[④]

三岛由纪夫计划将《忧国》改编成电影，与两三家电影

---

① 同上，第153—154页。

② 转引自三枝康商《三岛由纪夫——血与青春》，第184页，樱风社1977年版。

③ 渡边广士《〈丰饶之海〉论》，第39—40页，审美社1942年版。

④ 《电影〈忧国〉的制作和经过》，《全集》，第32卷，第306页。

公司联系，可能是因为作为电影情节过于简单，后半部过于凄惨，都没有通过。最后由大映公司的藤井浩明作为制片人促其实现。在制作电影的时候，三岛首先不忘其重要主题，认为在舞台上挂上巨大的“至诚”二字的字幅，对于支配出场人物的命运是十分必要的。三岛对于电影《忧国》的制作倾注了全部热情。他不仅亲自改编电影剧本，而且从挑选演员到制作服装、小道具，也由自己一手操办。为了找一件“二·二六事件”当时的军服、军帽以及当时中尉兵种的襟章，他跑遍了军服店、帽店，最后找到了一个长期卧病在床的缝制军服的老职工来完成。字幕也由三岛亲自挥笔。挑选女主角就更加困难。他在摄影家细江英公的帮助下，约见了两三个女演员，虽然各有所长，但与他设计的形象不相配。因为他觉得这个中尉夫人既不能过于妖艳，也不能太富于魅力。既不能过于漂亮，当然也不能丑陋。既不能过于成熟，也不能是不成熟。既不能让人预感到过于悲剧性，当然也不能是喜剧性的。总之这个平凡的中尉妻子，应该是世界一流美人，但她又是朴素的，像个女人，而且必须是个将热情隐藏在内心里的女人。后来藤井浩明向三岛推荐了大映公司的新演员山本典子，三岛一见面，即拍板定案，由山本典子饰演中尉夫人丽子。根据山本典子的要求，她的艺名改为鹤冈淑子。之所以改此艺名，三岛解释：“鹤冈”含有鹤冈八幡宫的古典派，是个典雅的形象，“淑子”则象征她的性格。

设计中尉扮演者时，三岛的原则是：他只能是军人、殉大义的人、为精神献身的人、纯真无垢的军人精神的权力化。而且他认为中尉同能剧面具一样，将军帽戴到齐眼深，用军帽、军服来表现他的行动。他的一举一动，比起活人的行动来，必须让军帽、军服来行动。而且面临爱的场面时，必须完全是个作为男人的裸体。另一方面，故事中受压抑的热情被解放的过程，与这种热情和大义结合达到极致的过程，必须从对方角色——女人的脸部窥知。所以三岛过电影似的掠过所有著名男演员的脸和表情，觉得都不符合他的原则，会损害他所设计的形象，最后决定自演且自导了。《忧国》参加国际电影节时，西方电影评论家说："《忧国》是悲剧，而且其中包含具有希腊悲剧的东西、永恒的诗——即死与爱。"这部电影曾获戛纳国际电影节奖。

继《忧国》之后，三岛由纪夫经过4年酝酿，终于完成他的"二·二六事件"的第二作、剧本《十日菊》，发表在《文学界》1961年12月号上。

如果说《忧国》是欲图通过中尉武山信二对待"二·二六事件"的心态，从侧面来把握这一事件的主体性意义的话，那么他的剧本《十日菊》，则是企图从逆反面来表达他对这一事件所带来的种种思考。三岛在《十日菊》里将"二·二六事件"改称为"十·一三事件"。据说他之所以作此更改，原因有二，一是戏剧的季节和人物年龄计算上的技术要求。所谓季节与年龄计算上的技术要求，就是作者将时间放在1952年，从年龄推算，设定女主人公奥山菊54岁，男主人公森重臣69岁的最下限年龄，他们才能目击1937年发生的“二·二六事件”；一是1952年日美和约生效是在10月13日夜。而且这一年围绕日美和约生效，日本国内政治斗争风起云涌，发生了“五一节流血惨案”，是战后一个划时期的年份，作者这一设定的目的，就是将1937年的政变作为与现在的时点结合，赋予其现实的内涵。看来后一个原因是主要的，先有后一个原因，才能成立第一个原因。三岛对战后将天皇人格化的现状不满，一直抱着一种反时代的精神，恐怕这个原因包含着某种暗喻的意味吧？

这剧本是根据真实的历史事件创作的。据一些日本史书记载，1937年2月26日凌晨4点多，冈田首相官邸响起了一阵告急铃声，机警的女佣立即将首相藏在自己房间的壁橱里。首相秘书官松尾传藏大佐和首相警卫，企图阻止叛军闯进首相官邸，叛军将大佐误认为是冈田首相，枪杀了他。叛军曹长若无其事地率领叛军例行检察官邸，当他们发现两个女佣在自己的房间里，面向壁橱，背向着隔扇门互相紧挨着跪坐在地上，像要保护壁橱里的东西似的。曹长觉得有点蹊跷，猛地将她们推开，刚打开半扇壁橱门，女佣立即挡住曹长的视线。曹长用手摸了摸壁橱里的东西。因为他认定冈田首相确实已被杀无疑，所以随便翻了翻上面的被褥，大声呼喊

1962年，在院里的阿波罗石像下。

道：“没有特殊情况！”就从女佣房间里走出来了。这样，女佣救了冈田首相一条命。

《十日菊》将男主人公设定为大藏大臣森重臣，“重臣”二字具象征性，因为主人公是作为“二·二六事件”被皇道派青年军官袭击的对象——首相大臣的化身。森重臣在他的夫人长期住院疗养、家中无人的时候，诱惑了女佣奥山菊，阿菊被他征服，委身于他。“十·一三事件”前夕，阿菊从在连队里的儿子那里获悉她的主人将遭袭击。当天晚上叛军袭击大臣官邸时，阿菊在叛军面前赤裸身子，诱惑叛军以拖延时间，好让森重臣从秘密通道逃走。阿菊的儿子作为激进派的皇道派军官，也参加了这次袭击行动，目睹母亲这副不体面的样子，感到羞耻而上吊自杀了。大臣在这场劫难中幸获九死一生之后，给阿菊一笔赡养费，打发阿菊返回乡下，从此断绝与阿菊的一切联系。重臣自己辞掉官职，远离政治，而去养植仙人掌。倏忽间16年过去了，16年来，阿菊一直咽不下这口怨气，于“十·一三事件”16周年后的这一天，回到旧主人家，准备复仇。可是森重臣老奸巨猾，对阿菊花言巧语，最后还说出：“我只爱你！”阿菊又一次被征服，说：“既然已经帮过你一次，我就永远帮下去。这就是我的性格！”

剧本从1952年10月13日奥山菊来森重臣宅邸“复仇”拉开帷幕，从时间上说，现在1952年的时间与16年前的事件当时的时间重叠，从剧情上说，在于揭示事件幸存的受害者和加害者的“喜剧的悲惨”。

女主人公奥山菊对掩护主人的行为，和16年后回到旧主人家复仇的动机，自己并不甚明确，全剧贯穿了这个人物的性格与命运的较量。到了最后一幕，她自己这才发现自己的性格所在，不得不接受命运的安排。所以创作者说：主人公阿菊“她的性格与命运，在终幕的台词中才统一起来，因此可以把它看成是喜剧，也可以把它看成是悲剧，全听任各位观众的自由”[①]。

剧作者正是从这点出发来制造戏剧的种种悬念，使奥山菊这个人物的两种思想的矛盾和斗争，随着剧情的发展而达到高潮。这个高潮是突发的，出乎观众的意料之外，因为一般以为奥山菊去复仇，结局肯定是悲剧，但受害者奥山菊与加害者森重臣在紧张的对峙中，通过幕终前的一段简短对话，却将悲剧急转为喜剧，更明确地说，是剧作者所说的“喜剧的悲惨”，因为阿菊不能自己安排自己的命运，而完全听任森重臣的主宰。剧作者贯以“菊”的名字是因为在日本，“菊”象征忠节，象征对主君的忠诚，但是“菊”在日本过了9月9日重阳节就成了废物，称作“十日菊”，亦即废物之意。同时“菊”也象征女主人公的善良，她不止一次受

① 《关于〈十日菊〉》，《全集》，第30卷，第178页。

骗，也不止一次有过怨恨，但她不理解，仍然重复着她的善意的行为。处在一种无可奈何的迷妄、愚直的状态。在老官僚森重臣的眼里，事过境迁，女佣奥山菊不就是“十日菊”吗？所以说它是有深奥的寓意的。

从整体来说，森重臣既是受害者——被政变军官袭击幸存下来，但他又是加害者——让阿菊为他做出种种牺牲，而自己却像一具行尸走肉，将荒废的灵魂当做诱饵，加害于奥山菊直到剧终。剧中让这个人物后来养植带刺的仙人掌，苟延残生，是否有其特殊的意味呢？

《忧国》、《十日菊》虽然都是以“二·二六事件”作为背景，但没有直接触及天皇制问题，而《英灵之声》则以对天皇发表《人的宣言》带来的困惑不解，进而不满、批判作为主题，它是通过30年代“二·二六事件”的政变军官的亡灵和二战时期特攻队的亡灵的积怨和积愤反映出来的。

《英灵之声》发表在1966年6月号《文艺》上。虽然是现代剧，却借用了能剧典型的“修罗场”模式，分两场六段构成，每场分“序段”、“破段”、“急段”三段结构，第一场“序段”，配角木村上场；“破段”，主角“二·二六事件”的青年军官上场；“急段”，开始唱段。第二场“序段”，配角川崎上场；“破段”后主角特攻队队员上场；“急段”倾诉苦难。全剧除念白外，还有乐曲和歌唱。剧本结构严谨，文体庄重。剧情梗概是：一个早春傍晚的归神会上，审神人木村吹响石笛，神灵降在一个盲少年巫师川崎重男身上，它听见神灵对日本的现状表示的叹息与愤懑声音。接着“二·二六事件”被镇压的政变军官的亡灵，呼喊着“我们是被出卖者们的亡灵！”在舞台上出现了。他们悲伤恸哭地为自己的行动辩解：他们是要净化充满腐败、老朽和欺骗的国家，是对陛下的忠诚，但作为人的陛下却憎恨他们的行动，将他们打成了叛军。与此同时，太平洋战争的神风特攻队队员们的亡灵，也通过少年巫师川崎重男出现了，他们为自己的特攻行为鸣怨叫屈，说他们对作为神的陛下有一种恋的饥渴，他们为保卫陛下，驾机冲击敌舰精确地死去，他们死的瞬间与神成为一体，保证了死的光荣、不灭，同历史联接在一起。可是战争结束以后，陛下发表了《人的宣言》，他们的灵魂被出卖了。他们的死灵变成冤魂，不得安宁。于是让作为死灵附身的川崎重男呼喊出：“陛下为什么要变为人呢？！”然后死去。在这里表现了三岛对昭和天皇的诅咒和非难。

三岛由纪夫在“二·二六事件”发生的当时，虽年仅11岁，但他对“为伟大的神之死”已有一种实感，即对天皇宣布维护皇道的政变军队为叛军不甚理解，战败后对战争期间特攻队曾为之殉死的“神之死”，抱有一种恐怖的愤懑的实感，即对天皇公开发表的《人的宣言》十分困惑，这两种在三岛看来颇具“残酷性”的实感的结合，便产生了《英灵之声》。写完《英灵之声》，他将原稿给他母亲看时，这样对母亲说：“我夜半写它，在书斋里仿佛听到‘二·二六事件’的士兵的话声，我下笔如有神，一泻直下，想停也停不住，连我自己也感到震惊。”由此可见，三岛由纪夫对“二·二六事件”，以及对天皇奉为神的做法极端狂迷。他自小接受天皇神格化的教育，将天皇视作神，他的脑子里无论“二·二六事件”的政变军官或者二战期间的神风特攻队他们都是为了保卫作为神的天皇而作出牺牲，战后天皇本人却将自己的神的面具撕下，在《人的宣言》中宣布“朕实际上是人！”由“神”还原为人，那么历史上这两次为天皇殉死的人的“军魂”和“国魂”就自然丧失当时人为地涂抹上的釉彩，三岛也就自然感到疑惑和不解，觉得自己过去受骗了。他将战后日本人思想的空虚的根源归结为天皇人化了的缘故。于是，他要选择自己的方式来表达自己的天皇观。他在《忧国》、《十日菊》写了支撑“大义”的是神格化的天皇，隐蔽式地表示了他的天皇观，似觉意犹未尽，便在《英灵之声》中，直截了当地以此作为主题，中心思想就是借助“二·二六事件”时被镇压而死的皇道派军官的亡灵与二战期间所谓神风特攻队队员的亡灵，通过灵媒的交流，表达出他们被人格化的天皇所背叛的“怨”与“愤”。也就是说，三岛由纪夫要发泄长期积郁在心中的对天皇尤其对天皇人格化的“怨”与“愤”，进而进行了三岛式的非难与批评。他在《英灵之声》中，末尾有这么一段话：

不只是因为他死了才让我们吃惊。应该说，这张死脸不是川崎君的脸，不知是谁人的脸。看见这张变形的模糊的脸，才不禁令人悚然。

日本评论家梅本克己指出：“最让我感动的是这末尾的数行，在不知是谁人的脸上，重叠失去了生活目标的现代日本人的模糊的脸，仅此，这部作品就是单纯的作品。还有，在那张模糊的脸上，倘若重叠的是已经变成不是神的天皇的脸也是同样的道理。它不仅是背叛了献身的人、成为人的神的死脸，而且是神本身的死脸，是相信神的人的死脸，是用一种不可思议的乐声把英灵们召来的人的死脸。不过，这似是我的误解。我读到让英灵的口吐出‘陛下为什么要变为人呢’这句话的时候，就觉得三岛巧妙地将批判放在文学的效果之中了。”[①]三岛的天皇观成为其精神结构的重要支柱，这将在下章论述，但在《英灵之声》一剧中，他通过两个不同时期为天皇殉死的亡灵的声音，道出假如天皇是人，那么他们的英灵就会感到他们的死是毫无意义的了。这既表现了对天皇的尊崇，同时又对战后天皇的“人的宣言”的“历史背

① 日本文学研究资料丛书《三岛由纪夫》，第131页，有精堂1975年版。

叛”进行抨击。以这点来看，他知道不再现天皇神格化，仅从两次事件的死者与生者的连续性来捕捉其战后精神史，是非常困难的，因而他企图保持文化概念的天皇及天皇制，来建立其天皇美学的空间，这岂止是一种艰难的尝试，而且它会将自己推向窄小的胡同，甚至是死胡同，到了进退维谷的地步。因为在战后民主化的冲击波连续不断的冲击下，已经失去了维系政治上、历史上的天皇制的基础，于是他转而竭力地维持文化概念上的天皇制。

可以说，以1960年的日本战后史又一次转折为契机，三岛由纪夫逐渐形成自己的文化概念的新的天皇观，并以此作为其创作的中轴，辐射出《忧国》、《十日菊》、《英灵之声》三部曲，以及《林房雄论》、《日本人论》（与林房雄对谈）、《文化防卫论》、《太阳与铁》等文章，这些作品将其破坏性的冲动与危险美的情趣结合，并运用了冷嘲热讽的、保守的乃至反动的言辞，来构建其新的文学模式。这一模式中的文学基因裂变，产生新的因子，演绎而形成三岛由纪夫特异的精神结构——文化概念的天皇和“文武两道”，成了三岛文学生涯及三岛美学观的一大变化和转折。

第九章　特异的精神结构

一、文化概念的天皇

——以《文化防卫论》为中心

我是以承认天皇制为条件才参加“近代文学派”的。[①]

如果你们高呼“天皇陛下万岁”，我就跟你们一起在安田讲堂呆下去！[②]

前者是三岛由纪夫自戕一周之前，与评论家古林尚对谈中的一句话，谈的是战后初期他参加“近代文学派”的经过；后者是60年代日本新左翼“全学共斗会议”[③]学生占领安

① 《三岛由纪夫·最后的话》，《全集》，补卷1，第671页。

② 同上，第685页。

③ 简称“全共斗”，1968—1969年学潮期间，日本各大学极左翼学生联合组织的学生团体。

田讲堂后，三岛与学生代表对话中的一句话，让学生呼喊这句口号，他才与学生一起战斗。左翼学生当然不会高呼这句口号。这短短两句话，充分反映了三岛由纪夫的尊皇思想。

关于日本的尊皇，从神话传说到有文字记载的文学历史《古事记》、《日本书纪》早就有所表述。日本人是非常崇拜为他们“开天辟地”的天照大神——太阳女神，进而崇拜太阳神的御子孙——天皇的。这种原始感情，千百年来使日本人保持朴素的信仰自然神与信仰人神的一体化。他们认为，天皇是“至高无上”的，所谓“佛九善而皇十善”，将天皇作为人神来敬畏和崇拜，即将天皇神格化，就像人格化太阳神一样。自《古事记》、《日本书纪》问世以来，其后的日本文学艺术反复地渲染这一主题，不仅形成古代日本人的原始心理特征和审美价值取向，而且对后世日本人的影响也至为深远。可以说，在日本，尊皇是有其历史文化传统的，即崇拜天皇成为日本民族传统文化的组成部分，超越时间而延续至近代，并且在发挥日本国民的向心力和凝聚力方面，起过积极的作用。但明治维新逐步建立近代天皇制政权以后，法西斯主义、军国主义出于政治目的而加以利用，使“万法归于天皇之权威”，建立起所谓“神敕国体”的天皇制绝对主义，把天皇及天皇制推向了消极的方面。战后美占领当局自上而下实行政治经济和社会改革，推进日本非军事化和民主化，尤其以废除绝对主义天皇制作为其民主化和现代化的中心任务，迫使天皇发表《人的宣言》，即《非神的宣言》，否定天皇的神格。但制定新宪法时，为照顾日本人信仰天皇的历史文化传统，又保留不具权力的象征性天皇制。可以说，战后日本历史的进程，就是在美式民主主义和保持象征性天皇制的二元政治体制下展开的。战后思想文化界以批判绝对主义天皇制为出发点，引进西方各种人文思想，促进近代自我的觉醒，来开始日本战后思想文化的进程。“近代文学派”就是以批判绝对主义天皇制和确立近代自我为先行的。在这样的背景下，当时许多民主主义作家、自由主义作家都结集在“近代文学派”的旗帜之下。三岛是一个天皇崇拜者，他要参加“近代文学派”，自然要声明他本人是“以承认天皇制为条件”的。其经过是这样的：三岛参加近代文学派的时候，《近代文学》已接近尾声，经营恶化、经济拮据，他们也就不多谈思想条件，采取了广泛搜罗同仁的方针。所以他给邀请他参加近代文学派的同仁写了一明信片，提出了本章开头所说的条件，那些同仁无疑说过，“你承认天皇制也可以参加嘛”。于是他推测：近代文学派同仁中有人认为“三岛承认天皇制就让他承认好了，让他参加进来，反正可以给他洗脑，把他同化过来嘛”。起初三岛没有参加“近代文学派”，因为他觉得这是被人家“当成傻瓜来看待”。这期间，近代文学派创始人之一的评论家小田切秀雄和三岛一次同乘地铁的时候，征询三岛是否参加日本

1962年，在玄关矮柜上。

共产党，三岛觉得很突然，他决定不参加共产党，就下决心作为第二批同仁加入了近代文学派。

三岛由纪夫对天皇的信仰是自少年时代开始形成的。当时他就读的学习院是以皇族为中心，学生们自小接受尊皇的教育，三岛自然也不例外。每年毕业典礼，天皇行幸，他都目睹天皇御影，尤其在高等科毕业考试，他成绩优异，曾到皇宫拜领了天皇颁发的银表，他感恩戴德，激起过对天皇敬爱之情的波澜。再加上战争期间，直接接受“二·二六事件”皇道派军官的所谓“皇道精神”的熏陶和日本浪漫派的“皇国传统”、“皇道文化”的洗礼，以及莲田善明的愚忠行为对他的“感情教育的影响”。他在《大诏》中曾歌唱过“阳光普照天子国，流泪之剑永不落”。在“遗书”中也曾发誓“报皇恩于万一”。总之，天皇在青少年时代的他的心中，确实占有很大的位置。但他当时没有加入右翼团体，没有成为狂热的“爱国青少年”。战后，在民主化与现代化进程中，天皇发表《人的宣言》，放弃作为太阳王朝的代表者的资格，从神格的地位走回到人格的位置，同时，美占领军制定的新宪法规定废除战前的绝对主义天皇制，使天皇失去了神圣权力的象征，失去拥有神权的最高统帅权，只保持象征性天皇制。三岛对此很不理解，转不过弯来。尤其是他看到，天皇只隐居皇宫，废止天皇穿军服，在照片里的天皇与美占领军总司令麦克阿瑟并排站立时，比麦氏矮一截的形象，以及天皇作为人站在战后的废墟上笨拙地挥帽的形象，更加接受不了，不由得发出深沉的慨叹。三岛就是在这种极端矛盾的思想下，重新构筑他的天皇观的。我们从他与古林尚就他“为什么需要天皇”等的对谈中，就可以窥见一斑。

这段对谈是这样的：

三岛：追求泛情欲主义，是我文学上的第一重要使命。

古林：这样说来，你认为为了完成三岛美学，无论如何也必须有个绝对权威啰？

三岛：于是就出现天皇陛下（笑）。

古林：我不明白，为什么文学上的美意识，非得有个政治存在的天皇露面不可呢？

三岛：不是天皇也罢，哪怕是封建君主也可以。总之需要有个《叶隐》中所说的王。它不是阶级史观的王，而是能得到王权的人。我之所以非常嫌恶战后的天皇观，乃是因为它模仿了欧洲的制度。

古林：战后天皇发表了《人的宣言》，开始与民众有某种程度的接近，但最近又被“菊”的帷幕隔开了。我对天皇、天皇家并无怨恨，但是作为制度的天皇制经常被某种政治势力所利用。

三岛：对天皇个人，毋宁说我有反感。我完全否定战后的天皇人格化这种行为。

古林：天皇的《人的宣言》不是很好吗？

三岛：我认为，建立战后的天皇制是最大的谬误。因为做了这件事，天皇制才变得这么糟糕。这同你所讲的被政治利用的绝对君主制=天皇制的东西全然具有不同的意义。是人格化的天皇这种形象弄得个乱七八糟。

古林：对三岛美学来说，绝对者是必要的吧？即使不是天皇，比如共和制什么的也可以吧？

三岛：共和制怎么能成为绝对者呢？我觉得民众还是希望在某处寻求绝对者的。就日本历史来说，是那样嘛。日本人没有内发的革命，我首先考虑的，大概是因为有了天皇制的缘故；其次，我想，正因为没有内发的革命，所以天皇制才能够维持下来。

古林：我一直认为战后是绝对的。对我来说，所谓战后可以用“确立近代的自我”这句话来归纳政治、经济、人的诸权利的实现。也可以说，近代自我通过实施民主选举制度、经济高速增长等，在某种程度上得以实现了。但也出现过非常苦楚的东西。因此，在某种意义上说，你对现状不满，我是理解的。不过，那种不满，如果只顾奔向确立绝对者天皇的方向，那么你我之间就会产生一个无法填平的鸿沟。

三岛：是啊。不过我认为这是没有法子的事啊！

古林：我对写小说的三岛由纪夫很感兴趣，但对作为意识形态的三岛由纪夫则退避三舍。所以，我也不希望你去填

平这道鸿沟。（笑）[①]

这段对谈虽是摘要译出，但也许可以作为一个引子来观察三岛由纪夫对天皇和天皇制的多层次的思考吧。

三岛由纪夫首先强调的是："天皇是日本的象征"，"是日本文化的历史性、统一性、全体性的象征"，而且"是国家与民族非分离的象征"。"保卫日本文化，势必归结到保卫天皇"[②]。正是从这点出发，他认为要完成他的美学，需要有一个绝对的权威者，需要有一个为之忠诚的对象，这就必然需要将天皇作为神来崇拜。所以他对于战后以天皇宣布《人的宣言》开始的非神运动，以及相应的民主化运动和民主体制，持否定态度。同时他认为战后天皇制，模仿欧洲制度，天皇没有成为绝对者，没有绝对者就存在"内发革命"的可能性。所以他虽然承认战前战时"将天皇陛下同政治权力粘在一起是有弊害的，历史上曾好几次形式上将天皇同政治权力联系在一起"，并且认为天皇对战争负有不可推卸的责任。但他又以为"没有一次天皇陛下是独裁者"[③]。

基于这种观点，他担忧战后的象征性天皇制，会使"天皇与文化变得相互无关"，所以他进而提出了"文化防卫"

---

① 《三岛由纪夫·最后的话》，《全集》，补1卷，第671—686页。
② 《荣誉的纽带把菊与刀拴在一起》，《全集》，补1卷，第212页。
③ 同上。

的理论。在《文化防卫论》的长文中，他既反对美军制定的象征性天皇制，同时也反对“复古主义者只希望复活政治概念的天皇制”，因为“政治概念上的天皇，大概不得不牺牲更加自由更加概括的文化概念上的天皇”，而战后“总算维持下来的天皇制，使这两个侧面的任何一方都变成软弱无力”。所以他力图恢复“唯一能对抗左右全体主义的观念——文化概念上的天皇”，即恢复“作为文化整体性的支配者天皇的形象”。[①]

于是，他试图从美学的观点出发，阐明“天皇制是文化的共同体”，并以体现日本美的形态“风雅”的《万叶集》为例，说明万叶时代以来这一文化共同体的存在，而且不仅“风雅”，还有“幽玄”、“花”、“空寂”、“闲寂”，他说：“如果没有天皇这一绝对的媒体，诗（艺术）与政治就只有陷于完全对立的状态，最后以被政治吞掉诗（艺术）的领域而告终。”所以他的结论是：“‘风雅’的源流是天皇，这说明传统是在‘风雅’中追求美的最高价值……日本的民众文化一般都是发自‘模仿风雅’，每个时代的日本文化，都以‘风雅’为中心卫星式的美原理，使‘幽玄’、‘花’、‘空寂’、‘闲寂’等美原理得以成立。产生这种独创性的新生文化的母胎，正是既高贵又平凡的风雅文化，

① 《文化防卫论》，《全集》，第33卷，第398页。

文化的反独创性的极致、古典主义的极致的秘库就是天皇。而且正统的美的圆满性和伦理的起源，在不断的美的激发和伦理的激发的灵感中，就有天皇的意义。”[①]

三岛进一步以《古事记》的古代神话故事为例，说明他所提出“文化概念的天皇”的意义。他说：在这些古代神话里已经包容了菊的笑与刀的悲，也包括了风雅这种文化上的反逆与革命，表现了文化的全体性。作为文化概念的天皇就在这里形成了。因此，按三岛本人的说法，他的所谓“文化防卫论”，这个“防卫”是包括行动与行动模式的。他说：“日本文化拥有将行动和行动模式本身艺术作品化的独特传统”[②]，正是因为这一点，三岛由纪夫不满于“现代日本文化的贫弱，文学题材和视野的局限性”，他“对明治以来日本纯文学没有出现过一次剑道的场面甚感奇怪”，认为“日本近代文学作品的人物大多脸色苍白、肌体不健全，好似‘饿鬼草纸’（日本12世纪后半叶创作的画卷）在近代文学文学飞扬跋扈。”[③]他以此强调文学要恢复武道，以为“武士道与其他作品形态同属一种艺术模式，是一种伦理的美化或者美的伦理化的体系，它与生活和艺术是一致的”。然而他又说：“文化与行动一致的思考形式，在所谓政治形态下多

① 《全集》，第33卷，第398—399页。

② 同上，第373页。

③ 同上，第381—382页。

少孕育着一些危险性。”[1]他还列举战争期间当局控制言论自由、儒学者指责《源氏物语》为淫书等例子，说明“在现代‘菊与刀’中的‘刀’绝迹的结果，也是日本文化特质之一，出现了无限制的感情上的懦弱；战争期间，‘菊’绝迹的结果，另一方面产生了欺骗与伪善。压迫者方面总是扮演着歇斯底里的伪善的角色。这一点，在战争期间和现在都没有变化。”[2]他尤其认为“战后由于美国占领的政策，日本文化断绝了‘菊与刀’的永远连环。”[3]因此“要让‘菊与刀’连续下去，从最崇高的东西到浅显的东西，不避开文化主义者的所谓‘危险性’的文化概念的母胎，就必须是某种共同体。不过战后日本的共同体原理完全崩溃了”。[4]于是他大声疾呼要恢复“文化概念的天皇”，既是从美学出发，也强调了行动、生命和精神作用，具有强烈的意识形态色彩。

具体地说，三岛之所以要采取“文化防卫”的行动和提出要恢复天皇荣誉权的主张，其一是他认为日本历史上民族和国家是非分离的，但战后国家与现实政治权力机构却趋向同一化，现政权成为买办政权，将国民出卖给外国，并尽力将民族主义引导到这个方向。在民族与国家分离的状态下，

---

① 《全集》，第33，第377页。

② 同上，第377页。

③ 同上，第367页。

④ 同上，第382页。

强调民族主义本身，就是强调这种分离，结果将会导致否定国家，肯定民族。这是为了将非分离引向分离的另一种手段。目前，国家权力带上了和平宪法和舆论的手铐脚镣。这种民族主义是受政治意识形态的支配而变形的，它典型地表现了日本民族两个相反的形象：一个是在外国武力驱使下，被当做人质而受到压迫的、和平的日本民族形象；一个是由于被异族压迫、背负着历史赎罪感而行使权力受制约的日本民族形象。[①]所以他强调要恢复民族与国家的非分离，就必须恢复国家与民族非分离的象征——文化概念的天皇。

其二是不满于战后的体制。他认为明治国家政权是企图将西欧政治体制与日本国体作折中的结合，采用了立宪君主政体。战后日本放弃了这种折中的结合，使议会制民主主义和象征天皇制成为不即不离的关系，这样反而使天皇在文化上的非权力的本质变得更加明显。所以应该恢复的，不是荒诞的折中主义，也不是破坏日本文化的连续性的共和制，而是应该在可以最大限度地收容日本文化的全体性和与作为文化概念的天皇制的接合点上，发现日本可能出现的、既新鲜又古老的“国体”。[②]

其三是出于恐共反共的目的，他以泰国共产党领导的爱国阵线“高唱国王赞歌”、老挝共产党向国王表达不渝的

---

① 《全集》，第33，第386—387页。

② 《反革命宣言》，《全集》，第34卷，第10—25页。

敬爱之情为由，认为在美国式的民主主义体制下，保证言论自由，日本国民以压倒多数支持象征性天皇制，会导致成立一个容共的政权，共产党在战术上利用这种民主主义体制下的言论自由，来推翻日本文化、历史和传统以及在理论上与他们不相容的天皇的存在，这样天皇就会作为政治的象征而被利用。所以只是保障言论自由是不够的，还应该保持传统和历史的连续性。因此，像现在这样原封不动地保持天皇制是不行的，必须复活作为历史的悠久的文化概念的天皇，而不是作为政治概念的天皇。天皇必须成为占据国民文化共同体的中心位置的政治形态。当务之急是用荣誉的绶带将天皇与军队联结，恢复所谓天皇荣誉大权，其实质就是军事上的荣誉应由天皇赐予，让天皇检阅军队、直接下赐军旗等，以提高天皇的地位。不仅如此，他反复强调恢复天皇荣誉大权，天皇赐予的不仅是文化勋章，而且国民还要承认天皇具有军事荣誉，即必须建立由天皇作为日本国民和自卫队的精神统帅、精神权威的实体，并非要求天皇拥有实际的军事统帅权。他在自称是一篇“反共宣言书”的《反革命宣言》中明白地表示，他之所以支持天皇，是“因为我思考的天皇，不是什么政治权利的象征，而是一面镜子似的，映出日本文化的全体性和连续性，我们必须使日本的文化传统，同这种最终企图破坏映出这种全体性和连续性的天皇制的势力作斗争”，“我们的最终目标是维护天皇，粉碎和击败企图最终

1962年，在餐桌前。

否定天皇的政治势力，保持天皇是我们历史的连续性、文化的统一性、民族的同一性的别无替代的唯一象征”。[①]简单地说，他所谓“文化防卫论”就是保持文化所适应的政体，即选择文化概念的天皇制。

他之所以主张恢复作为文化概念的天皇制，而不是政治概念的天皇制，是因为他立足于天皇是日本文化、历史、传统的绝对者，将天皇奉为神，企图掀起一个现代造神运动，以重新将神格化了的天皇作为全体国民包括自卫队的精神支柱。即他所追求的天皇不是政治权力的代表者，而且他明白表示“将天皇包括在全体主义的政治概念里正是日本和日本

① 《反革命宣言》，《全集》，第34卷，第10—25页。

文化的真正危机”。应该说，三岛本是试图吸取战前、战时天皇制被政治利用的教训，避免天皇制历史的重复，不将天皇包括在政治概念的前提下，保留天皇这根精神支柱，维持日本历史和文化的传统以及国家民族统一的象征，但是由于他提倡的“文化防卫论”是出于上述三个政治因素，故又有意无意地将他的所谓“文化概念的天皇”或“文化概念的天皇制”掺入强烈的意识形态，正是在这一点上，三岛由纪夫自己走进了对天皇及天皇制从肯定——否定——新的肯定的误区。自1960年写了《忧国》以来，他不由自主地在这一误区里来回转圈，企图从政治概念中摆脱出来，追求“文化概念”，却又重新陷入“政治概念”之中。他的《忧国》就是企图从这种“危险的美学”观点出发，来作为实现这一目的的实验性实践。

就在他撰写《忧国》前后，日本文坛发生了一件轰动日本国内外的《风流梦谭》事件，即作家深泽七郎的《风流梦谭》以及发表《风流梦谭》的中央公论社社长岛中鹏二宅邸遭到了右翼势力的恐吓和施暴，因为右翼势力认为《风流梦谭》有辱皇室。对于三岛之发表《忧国》，评论家村松刚曾提出这样一个问题：“三岛由纪夫是不是由于深泽七郎的《风流梦谭》的触发而写《忧国》的呢？”[①]

---

① 村松刚《三岛由纪夫的世界》，第305页。

村松刚描述事情的经过是这样的：1960年10月16日中午，三岛由纪夫正光着膀子在阳台上用餐，中央公论社编辑井山孙六前来取《忧国》原稿，三岛将像印刷一般逐字逐句写得工工整整的小说原稿交给了井山后，马上开始了有关深泽七郎的新作《风流梦谭》的话题。三岛对井山说：“你回到出版社后，向总编辑说说，让深泽先生的新作与这篇《忧国》一起刊登怎么样？”井山回到出版社后，向总编辑汇报了三岛的建议，但最后还是没有将《忧国》与深泽的新作刊在一起。据说三岛预先曾谈论过《风流梦谭》，大概以为与《忧国》一起刊登可以多少消除一些《风流梦谭》的“毒”，所以大家推测三岛对《风流梦谭》也是感到不愉快的。但在刊登《风流梦谭》的中央公论社社长岛中鹏二宅邸遭右翼袭击，岛中夫人受重伤，女佣被杀害之后，社会上盛传《风流梦谭》是由三岛由纪夫向《中央公论》推荐的。奥野健男在1993年出版的新作《三岛由纪夫传说》中也披露并证实了这点，三岛是个尊皇者，且要为消除《风流梦谭》的“毒”而尽力，他万万没有想到自己也会成为右翼攻击的对象，有点惧怕，马上用谈话形式发表声明：“我本人一向遵守不侵犯编辑的道德。”《新潮周刊》在刊登这一声明时加上了这样一个标题：《三岛由纪夫的声明——不是（风流梦谭）的推荐人》。据井山孙六回忆，三岛由纪夫向他提出上述建议时，表情非常严肃，使他直观性地预感到《风流梦谭》公开发表后会带来不祥，所以推测三岛写《忧国》是由于《风流梦谭》的触发，为了“消毒”而一气呵成的。

但是评论家奥野健男则有另一种说法：三岛读过深泽七郎的《风流梦谭》后，觉得饶有兴味，便向中央公论推荐，还说，他通过文学与三岛的交往中，不知多少次听到三岛对皇族、华族的揶揄式的批评以及对昭和天皇有否定口吻的言辞。①我们若从三岛的天皇观的复杂而多重这一点来审视，这种可能性也是存在的。

三岛由纪夫继《忧国》之后，一发而不可收地写了剧本《十日菊》、《英灵之声》，以及非文艺的长篇评论文章《文化防卫论》、《反革命宣言》、《太阳与铁》等，从创作和理论两个方面来表达他的复杂而多重的天皇观。当时古林尚担心三岛这种天皇观会被人利用，与三岛对谈时，曾表示过忧虑。

古林：当实现你主张的文化防卫式的天皇制的时候，必然不得不转化为政治性的东西，你没有察觉到这点吗？即使你没有这样的意志，可是有人企图利用它啊！

三岛：不久以后你就会明白。我可以明确地告诉你，不久你将会明白，绝不会是这样的。

① 奥野健男《三岛由纪夫传说》，第449页。

古林：我不是说你的意图，而是说客观的效果……

三岛：我决不会让人利用的，现阶段也许可以说会被利用，他们现在觉得我有利用的价值，但请你用长远的眼光来看，我不是这种人。

古林：关于天皇制，这不是你个人的意志，我是担心周围有人想恶意利用它。他们已等待很久，确实有这种动向。我对此非常担心。

三岛：你的担心不无道理。不过，我是不会轻易上敌手的当的。所谓敌手，就是政府、就是自由党，就是整个战后体制，包括社会党和共产党。因为对我来说，他们都是一样，不论哪个都是伪善的象征。我是决不会上他们的当的。不信，你等着瞧，看看我搞的是什么！

三岛说罢，哈哈大笑，然后说了一句：

"关于天皇制问题，不管会被利用也好，不会被利用也好，我绝对必须让它理想地活过来，因为它已经成为我的固执了。"[1]

的确，三岛对战后的天皇个人是嫌恶的，对古代以来的天皇制，却非常偏执，但他又知道原封不动地回到战前战时的天皇制是不行的，他无奈地就以这两重的价值取向作为同

① 《三岛由纪夫·最后的话》，《全集》，补1卷，第682页。对谈是摘要译出。

一圆心，横轴执着追求绝对者，追求忠诚的对象，纵轴扩展为文化概念的天皇制，以满足他对天皇及他对天皇制的切不断理还乱的情念。所以他对他所说的“文化概念的天皇制”是非常关心和非常固执的，但是在这种非常关心和非常固执的意识深层折射出多重的阴翳，他一方面表现了对神代以来的天皇的朴素的敬爱之情，另一方面对近代以来的天皇又包含着一种哀怨和轻蔑的批判。这是一种对天皇爱与憎的两种极端矛盾的感情，一种二律背反的感情。因此，不能简单地下结论，将他的天皇观简单化，更不能将他的天皇观固定在战前战时绝对主义天皇制的位置上。应该说，三岛由纪夫要恢复“文化概念的天皇制”不是指恢复绝对主义天皇制的政治权力核心，而是恢复作为日本文化、历史传统的天皇制的权威实体和天皇的神格实体，即精神基轴。而且，其天皇观是非常矛盾的，一方面，他对天皇表示了真挚之情，另一方面又企图从植根于自己的美学出发，崇拜天皇只是一面，并不是完全占据其中心的位置。

日本评论家奥野健男说得好：“三岛对天皇抱有一种两面价值的感情，恰似对近亲抱有的爱与憎的极限的两面价值的感情一样。（中略）三岛对天皇的思想和感情，正像一把双刃的剑。”①

① 奥野健男《三岛由纪夫传说》，第444—445页。

《边境》杂志主编井上光晴约他写一篇有关天皇论，他说："关于天皇问题，我在《文化防卫论》里都谈过了，没有你所期望的内幕。"

二、"文武两道"的实质

——以《太阳与铁》为中心

三岛由纪夫曾对美国学者亨利·斯克特·斯托克斯谈过："非日本人是不可能理解日本的，西方人只注意日本传统中'风雅'的部分，而忽视日本文化重要的一面——'武'。"[①]三岛对美国学者本尼迪克特在《菊与刀》一书中所提出的，日本传统中的"菊与刀"二重结构的论点，是持肯定态度的。但他们两人在"菊与刀"的接点上对"菊与刀"的理解又存在微妙的差异。也许正是存在差异，三岛在《文化防卫论》中谈到菊与刀的绝迹和连续时，特别强调菊的"风雅"要素发展不平衡，刀的"尚武"要素被排除在文化概念之外，所以必须运用刀的原理。保持"菊与刀"的连续，其坐标轴就是文化概念的天皇及天皇制。

早在八·一五日本投降后一个月，三岛由纪夫在9月16日的随想笔记中这样写道："伟大的传统国家只有两条道路：

---

① 《三岛由纪夫·死与真实》，第66页。

要么异常的柔弱，要么异常的尚武。其自身不存在健康无碍的状态。传统教人野蛮和成熟。”[①]从这里可以看出，他已经开始培育“菊与刀”的理论，并且以此为基础，从《文化防卫论》的“菊与刀”发展到《太阳与铁》的“文武两道”，这种思想把他自己引向一个特异的精神领域，他谋求在这个领域里重新构筑自己的精神结构。

如果说三岛在《文化防卫论》里着重论述“菊与刀”的原理，那么他在《太阳与铁》这篇自称为“告白与批判的中间状态”、“秘密的批评”的随笔中，则是着重“发现其奥妙而暧昧的领域”——“文武两道”：

在战后所有的价值颠倒的时代里，应该恢复“文武两道”的古老的道德细目。此后不久，对道德细目的关心离我而去。随着我开始渐渐从太阳与铁中领会到：不仅用语言描摹肉体，而且用肉体去描摹语言的秘法。在我的体内，两极性保持平衡，直流电给交流电让位了。我的机械装置从直流发电机变成交流发电机。而且在自己体内潜藏着决不相容的东西，乍看向相反方向交互流动的东西越来越大，表面上看，像要使自己分裂，其实是在每一瞬间思考着创造出不断被破坏却又再度复苏的活生生的平衡，这种对极性对自己的

① 《8月21日的证明被告不在现场》，《全集》，第30卷，第135页。

包容，总是准备把相对抗的矛盾和冲突包容在自己的内部，这正是我的“文武两道”。

自此以后，我就关心文学的相反原理。这样，对我来说，开始成为有结果的东西。对死的燃烧般的希求，决不同厌世和无力气连结在一起，反而同充沛的力量和生的顶峰的光辉和战斗的意志连结起来。如果说在这里有“武”的原理，那么恐怕就再也不会有比这种东西如此反文学的原理了。所谓“文”的原理，就是死逐渐被压抑，直接作为动力被利用，力量一味献给虚妄的构筑，生总是被保留、被库存起来，同死作适度的混合，被施以防腐剂，被花费在保持令人毛骨悚然的永生的艺术作品的制作上。所谓“武”就是落花，所谓“文”就是培育不朽的花。不朽的花就是假花。

这样，所谓“文武两道”就是落花和不落的花兼而有之，这是人性最相反的两种欲求，以及为实现这种欲求的两个梦，把这两个梦兼于一身，就是“文武两道”。[①]

三岛似乎用了他特异的文体来论述“文武两道”，令人觉得深奥，其实他所谈的焦点，就是如何整合肉体与精神的背离问题，即在战后所有的价值颠倒的时代如何调和现实、行动、生活的肉体系列的价值，与想象、语言、艺术的精神

① 《太阳与铁》，《全集》，第32卷，第95—96页。

系列的价值这两个体系的对立问题。即如何在艺术与生活、文体与行动伦理方面达到使“文武”相反的欲求均衡于一身的境地。三岛运营的这一机制，对于理解三岛文学是极为重要的。

所以他所说的“从太阳与铁中领会到的，不仅用语言描摹肉体，而且用肉体去描摹语言的秘法”，就是他悟到作家作为“观察者”，如果总是置身于想象、语言、艺术的精神系列之内，即总是置身于现实、行动、生活的肉体系列之外，那么，就没法到达事物的本质，于是要谋求让“观察者”变为“行动者”，进入肉体系列的价值体系。正是从这里出发，他企图首先通过太阳与铁来创造“行动者”的肉体。

所谓太阳，得从三岛的太阳观说起。战争期间15岁的三岛已经写下这样有关太阳观的诗句：

阳光普照，
人们赞美太阳。
我却在坑里，
躲避太阳，抛出了灵魂。

三岛承认，这是他“敌视太阳”的唯一一次的反时代精神。总体来说，三岛是崇拜太阳的，他认为太阳决定人的行动。他对太阳的崇拜，一是承传古代以来的传统，日本人崇拜太阳神，以后太阳女神产下御子孙——天皇，由此崇拜天皇的象征物太阳。这是观念性的。一是日本传说天神产下太阳神和山川草木，万物生长靠太阳，人也不例外。这是行动性的。也许三岛确认太阳的这两重含义，他不仅在观念上竭力恢复文化概念的天皇，而且在行动上企图通过太阳“改造肉体”。这种“肉体的思考”在战后初期就开始了。三岛是这样记录的：

我第一次无意识地与太阳邂逅，是在1945年战败的夏天。苛烈的太阳照射在战时和战后的分界线的茂盛夏草上（这个分界线只不过是一道已经开始毁坏的铁丝网，一半埋没在夏草里，而且向各个方向倾斜），我在那太阳光的沐浴下行进。但是，对我来说，这意味着什么呢？我不大明白。

那是十分紧密而均等的夏天的日光，匆匆降临在万物上。战争即使结束了，也毫无变化地在那里生长的浓绿的草木，依然被这白昼无情的光照射，作为一个明晰的幻影，随着微风摇曳。我的手指即使触及那些叶梢，它也不会消去，这使我十分惊愕。

同一个太阳一直同流逝的月日、流逝的年月，与全然的腐败和破坏有关连。当然，那太阳无疑是像鼓舞似地照耀着行将出击的飞机机翼、刺刀之林、军帽帽徽、刺绣的军旗。然而更多的是照耀那些从肉体不断地流出来的血、伤口落满苍蝇的躯体，它掌管腐败、主管在热带的海和山间众多年轻人的死，最后甚至统治着扩展到那地平线的赤锈色的广袤的废墟。

因为太阳没有离开死的形象，我做梦也没有想到我从此承受了它对我的肉体上的恩惠。当然战时的太阳继续保持着光辉和荣誉的形象。[①]

三岛形象地表示了战后他第一次邂逅太阳的感情，以及从“以太阳为敌”到认识到太阳同生与死都有关，太阳对他“肉体上的恩惠”的转变。正是这一转变，在他1952年赴欧美旅行在船上第二次与太阳邂逅时，他三呼：“太阳！太阳！完美的太阳啊！”他说“我对太阳有一种欲望，几乎可以说是如饥似渴了”[②]。甚至情不自禁地朗诵了纪德的诗句：“啊，崇拜太阳，那就是崇拜生活！”他与太阳“和解地握手”，更深层次地思考太阳与肉体的关系，发展到肉体的思考之一就是“武”。尔后他与太阳不能分手，太阳与他的第一义之路的形象结成一体，他预见到他的肉体训练的必要。而且严格要求自己进行希腊古典式的肉体训练。

太阳与肉体训练之间，需要有一个媒体。三岛选择“铁”作为他所探求的这种媒体。关于这一点，三岛在《太阳与铁》一文中，作了精细的解说：

---

① 《全集》，第32卷，第72—73页。

② 《阿波罗之杯》，《评论全集》，第2卷，第750页。

铁的性质实在不可思议，就像秤子一般，随着秤砣一点点地增加重量，放置在秤盘上的我的肌肉的重量也一点点地增加了。仿佛铁有义务与我的肌肉之间保持严密的平衡。于是我的肌肉诸性质与铁类似，也一点点地加强了的。这种缓慢的过程，逐渐给脑髓以困难的知性的生产物，于是头脑被知性所改造，这种过程非常类似“教养”的过程。而且总是让人梦见外在的、规范的、古典式肉体的理想形态，教养的最终目的就存在这里，这点很像古典主义的教养的形成过程。

但是，事实上哪种像哪种呢？我不是已经用语言来尝试模仿肉体的古典形姿了吗？对我来说，美总是后退的。对我来说，只有过去存在或者过去应该存在的形姿是重要的。我的任务就是使铁块通过那种富于微妙变化的操作，复苏在肉体内行将失去的古典的均衡，将肉体推回到应有的姿势。①

三岛借铁的助力，不仅是用于肉体训练层次，而且还在于铁如实地教会他的精神与肉体之间的照应方面，即柔弱的情绪与柔弱的肌肉的照应，这里的情绪包括感伤、感受性、果敢的斗志、知性的判断、刚毅的性格、语言的呼唤等等，形成一种精神教养，赋予肉体以特性，那就是三岛所

① 《太阳与铁》，《全集》，第32卷，第77页。

说的“古典式的肉体”。可以说，三岛所指的“古典式的肉体”，不是一个没有灵魂的躯壳，而是包含精神的内容，他的“肉体的思考”是包括肉体与精神两个方面的，是将肉体与精神放置在两个秤盘上微妙地计量其平衡，在平衡中酿造一种“对死的浪漫的冲动”。然而他认为要面对“浪漫主义悲壮的死”，还需要有健壮的雕刻般的肌肉，过去自己没有机会实现这种“对死的浪漫的冲动”，原因就是自己不具备肉体的条件。于是他追求的不仅要借助太阳进行肉体训练，而且要借助铁来完成他的肉体与精神两者的绝对统一。“太阳与铁”便成为其完成肉体与精神统一的最重要的两个要素。所以他说，他要依存于铁块，就可以相信自己的力量。这时候，力量是自己的，同时也是铁的。他的存在感觉就自足了。这种力的纯粹感觉找出了语言的真正的反对物。这就是他的思想核心。这样，他为了避免肉体离开铁只依靠太阳而陷于绝对的孤独的境遇，一方面将自己意识的纯粹实验的意欲赌注放在肉体＝力量＝行动这一直线上，另一方面又通过无意识的反射作用，将自己的肉体的纯粹实验的热情赌注，放在肉体发挥到最高伎俩的瞬间上，“这两种相反的赌注的接合点，即意识的绝对值与肉体的绝对值完全相连的接合点，对我才具有真正的魅力”[①]。

① 《全集》，第32卷，第86—87页。

三岛由纪夫所强调的“太阳与铁中领会到，不仅用语言描摹肉体，而且用肉体去描摹语言的秘法”，正是他在理论上重新整合肉体与精神对立→统一的可能性的独特尝试。在这种尝试中，他介入语言、文体、肉体痛苦、死这些既是概念性又是行动性的东西。

三岛在文中谈到语言与文体时强调：艺术总要用一种形式表现出来，而表现需要媒体，这种媒体的语言的抽象作用，用表现是不能得到满足的。用语言表现“想说而不能说”的愿望，有时可能成功，有时也可能不成功。所以语言必须通过文体的精妙排列，才能极大地唤起读者的想象力。这时候，读者、作者都是想象力的同谋。这种同谋的作业，就是让没有的“物”存在于作品这个“物”里，人们就将它叫做创造，从而得到了满足。

为此他说，在现实中，语言本来就是起到整理具象世界混沌的理性作用，用抽象作用的武器而出场的。可是逆反运用这种抽象作用，只用语言把具象的“物”的世界显现在读者眼前，这就是表现的本质。一切文学作品都是这样一种美的语言的变质，都是与此相呼应的。因此所谓表现，就是避开“物”来创造“物”。

三岛还谈到肉体痛苦和死，他说：肉体痛苦与意识是相关的，意识可以将肉体痛苦延续至最后。所谓肉体痛苦，就是肉体的意识的唯一保证，是意识的唯一的肉体的表现。随

1970年7月6日，在玄关的太阳镜旁。

着具有肌肉、具有力量以后，逐渐在自己内部萌生积极受苦的倾向，并加深对肉体痛苦的关心。但是，不能认为它是想象力的作用。因为这是直接用肉体从太阳与铁学习到的。这样，肉体经过长时间的太阳与铁的磨炼，制造出来流动性的雕刻作用。既然这样制造出来的肉体是严密地属于生，那么在这一瞬间的光辉里，就存在其所有的价值。正因为如此，人体雕塑以不朽的大理石纪念了一瞬间的肉体的精华。从而肉体与死也涌现在眼前的一瞬间又一瞬间。所以所谓英雄主义就是肉体的原理，是归于肉体的强壮和死的破坏的反差。三岛还说：只要有肉体的说服力就足够了。卓越的肉体有悲壮的东西，毫无滑稽的东西。但归根结底，正是从滑稽中将肉体拯救出来，正是健全强壮的肉体的死的因素，肉体品位才具有必须依靠它来支持。艺术家就只能捕捉或生或死的最高的瞬间。如果说，肉体的严肃性和品位只是内涵死的因素，那么通往那里的道路理应可以悄悄通往痛苦、受苦和作为生的证明的意识的持续。如果发生剧烈的死的痛苦和隆起的肌肉这两者巧妙的结合，那么就只能认为这是在宿命这种美学的要求下才能发生。

三岛进一步解释肉体痛苦与死的问题：接受肉体痛苦要有肉体的勇气。所谓肉体的勇气，是理解和体会死的嗜欲的源泉。这正是对死的认识能力的第一条件。所以书斋里文学家尽管将死作出种种想象，但是，如果他与成为死的认识能力的前提——肉体的勇气无缘的话，那么他最终就把握不到其本质，即使是只鳞片爪。所以三岛不喜欢想象力，他喜欢剑道，就是因为剑道不容许存在一切想象力，而且凝聚着肉体的痛苦，可以产生压抑这种痛苦的坚强的意识。紧迫的呼吸的痛苦，可以产生狂热的瞬间。三岛正是从这个角度窥视他所说的另一个太阳。他说，这个太阳与长期以来给他恩惠的那个太阳不同，这是充满黑暗的激情火炎的另一个太阳，他决不烧灼人的肌体，却是具有异样光辉的死的太阳。于是他觉得对知性来说，假如第一个太阳是危险的话，那么在本质上第二个太阳比第一个太阳更危险。他最喜欢这种危险。

三岛由纪夫是怎样与语言和文体打交道的呢？又怎样讲一步将语言、文体与肉体痛苦、死联系在一起的呢？他使文体适合于他的肌肉，这样他的文体变得柔韧、自在，这类似脂肪被剥去装饰后，还有肌肉的装饰。这种装饰即使在现代文明也是无用的，但为了维持威信和美观，仍然是需要的，所以它被精心地维持下来了。他不爱单纯机能性的文体，如同不爱单纯感觉性的文体一样。他认为他的文体如同他的肉体孤立一样，也是处在孤绝的界线上。他的文体不是受容的文体，而是一味拒斥的文体。他的文体与时代好尚背道而驰，富于对句，具备古风的堂堂的重量感，并不乏品格，不论在什么地方都保持仪式的庄重步伐，就像军人挺胸走路一样的步伐。所以他非常轻视别人那种驼背、侧身、屈膝甚至无骨气的文体。于是他企图将艺术与生活、文体与行动伦理统一起来，使文体如同肌肉、行动规范化，让其机能抑制放肆的想象力。在这里他认为永远属于想象力的唯一的东西就是死。如果带来夜袭的病态的想象力、官能性的放肆的感觉性的沉溺的想象力的渊源都在于死的话，那么光荣的死和那种死有什么区别，浪漫式的死和颓废的死又有什么区别？实际上前面两种死是一样的，所以文学上的理论也好，行动上的伦理也好，只不过是一种为了抗拒死和忘却的无常努力而已。假如有区别的话，那就应该归于有无将死作为“能看见的东西”的名誉观念，以及基于这种死的形式上的美现象。也就是有无走向死的状况的悲剧性、走向肉体的美。男人为什么只有壮烈的死才与美相连呢？因为男人的美就是肉体美，被看成是无媒介的客体化。一般赋予男人美的严密法则是：男人平时绝对不容忍自己的客体化，男人只有通过最高的行动才能达到客体化，恐怕这就是死的瞬间。这种美不仅是精神的，而且是常人不可企及的壮烈的行动。对于这样以美为媒体的最高行动的瞬间，语言无论如何接近它，也只能达到近似值，就像飞行物永远追不上光速一样。所以他说，他发现想象力的渊源在于死。尽管他认为害怕想象力的进犯必须有坚固的防备，他却逆用这种想象。少年时代一直折磨着他的想象力，他使它转化，他开始考虑让它变成反击的武器。但是在艺术上，他的文体已经处处构筑起堡垒，制止了这种想象力入侵。如果企图进行这种反击，它就必须在艺术以外的领域进行，这就是他之所以亲近“武”的观念的由来。所以对死的日常性的想象力转化为义务的瞬间，是最令人目眩的瞬间。这样，就必须以培养想象力的同样手段，来培养肉体、力量、战斗的意志和战斗的技术。这与想象力在培养亲近死的技术是一样的。而且这两种东西越尖锐，自己就越走向毁灭自己的方向。磨炼对死的想象力就具有如同磨剑一样的意义。

三岛基于此，他的心里每天都想着死，朝着值得死的方向收缩一分一秒的时间，将对最恶事态的想象力置于对光荣的想象力同样一个位置上，这样一来，他从精神世界走向肉体的世界。他表示为了接受这种粗暴的变化，他在肉体世界里也不怠慢地准备着，准备时刻接受的态势。于是他的内心产生了一种理论：一切都可以回收。随着时间的推移，不断成长又不断衰退，肉体可以回收，连时间也可以回收。这意味着过去不能完成的美的死就变为可能了。他下结论说：“况且我在这十年里学到力量，学到受苦，学到战斗，学到克己，学到满怀喜悦去接受这一切的勇气。”[①]

这样，三岛由纪夫在精神上达到“绝对的闲暇”，在肉体上达到至高的“净福”，以他的“文武两道”的观点形成

① 《全集》，第32卷，第102页。

独自的思想方法论，对语言、文体、肉体痛苦、死进行三岛式的独特的分析，并且完全理论化了。尽管这些理论十分生涩难懂，有时甚或故弄玄虚，但对于我们审视三岛文学、美学的主体，和把握三岛行动的深层意识具有重要的意义。同时从中也不难发现过去我们在认识上对于他主张的“文武两道”，尤其是“武道”所产生的偏颇。可以说《太阳与铁》中所阐述的“太阳与铁”也好，“文武两道”也好，他的内容实际上是三岛人生观、美学观和艺术观的自白书。

在这里我引用日本著名学者千叶宣一先生在《试论〈太阳与铁〉》一文中的一句话，来结束这一章：

它（指《太阳与铁》）似乎这样告诉人们，在“太阳与铁”的极限的觉醒方面，正是，美是可怕的东西的开始。思想是可怕的东西的终了。《太阳与铁》是三岛由纪夫巧妙地自己验证“好样的日本人”的典型的、文学思想史的“命运书”，是他的“激情冲动体验”的血的结晶。[①]

① 《国文学解释与鉴赏》，1972年12月号，第136页。

第十章　全乐章的交响
——《丰饶之海》四部曲

一、超长篇的十年酿造

日本人性格敏感纤细，在艺术表现上喜爱小规模的形态。日本的艺术作品向来以短小见长，创造了世界最短的诗歌形式——和歌、俳句。在散文文学领域，也大多为短篇，即使称作长篇者也不过二三十万字，超长篇的小说很少。

三岛由纪夫的所谓长篇小说者，一般多为十几二十万字。1950年25岁的三岛开始想创作一部超长篇小说，并且作了详细的笔记。他在笔记上漫不经心地写上："为什么要写超长篇？时间的长＝人的一生、遗传、世代、历史、叙事诗、战争、扩展时间"，"除了时间的长以外，还有空间要求的长。另外还有什么长的必要吗？"他在笔记的最后还写道："螺旋型的长、永劫回归、轮回转世的长，小说的反历史性、转世谭"等等。从他的这段笔记里可以看出，自1950

年开始，《丰饶之海》在他的脑海里有了酝酿，并已经形成以轮回转世谭为主题的雏形。正如他自己在《关于〈丰饶之海〉》一文中所说的："这些想法埋在我内心深处已十年有余，就等待再发现的时候了。"[①]

约莫到了1960年，他经过十年的酿造，并且又积累了十年创作的实践经验，他觉得开始动笔写一部"长、长、长的小说"的时机已经成熟了。他反复思考，这部长篇应与19世纪以来西欧的超长篇不同，不能一味追赶时间的记载年代式的长篇，他要在某一个地方超越时间，用个别时间来构成个别的故事，而整体又形成一个大圆环，成为一部"解释世界的小说"。也就是说，他的超长篇所要追求的不是西欧的风格，而是东方的风采，而他觉得东方佛教轮回的永恒观，已经潜藏在日本人的深层意识和日常的言行中，最能反映东方和日本的色彩。于是他从东方的轮回转世说入手，汲取艺术思想的源泉。他定下这个基调以后，由于他自知对轮回思想的认识比较肤浅，就花了许多时间涉猎各种佛学书籍，尤其佛学入门书，潜心钻研佛学的唯识论和摄大乘论。他读了多遍摄大乘论的注释，仍然没有完全理解，就求教于京都的佛学大学——大谷大学教授山口益博士，很快地有所领悟。正如他后来所说的，"幸好我是日本人，幸好轮回思想就在我

---

① 《全集》，第34卷，第263页。

1962年6月10日，在晴海汽车教练场学习汽车驾驶。

的近旁”。[1]他觉得自己执笔时，应该把握这个哲学体系，以佛教的轮回思想来“解释这个世界”。

之后，他在创作其他小说的过程中，脑子里像过电影似的不时地闪流着一部部带有轮回思想的日本古典名著的故事，试图从中得到某种启迪。在他的脑子里闪过《滨松中纳言物语》时，他找到了感觉，多遍细心地阅读岩波书店出版的、学习院时代的老师松尾聪校注的《滨松中纳言物语》版本，反复琢磨书中的故事。《滨松中纳言物语》是日本平安时代后期（11世纪后半叶）创作的物语文学，相传是《更级物语》作者菅原孝标女所作，全6卷，是一部超长篇小说。故事描写主人公中纳言遵从托梦的启发，赴唐朝与转世为唐朝第三皇子的亡父宫相会，却恋慕起皇子的母后（她是唐朝遣日使和日本上野宫的姬君所生的女儿），终于生下若君。中纳言带若君返回日本，访问住在吉野的唐后的母尼君，母尼君将其异父妹——美貌的吉野姬嘱托给中纳言就故去了。中纳言听高僧说，如果吉野姬未满20岁而怀孕，她就会早死，她有这种天相。于是，中纳言就等待她再长大些才与她结合。这时候，吉野姬被好色的式部卿宫悄悄夺走。此时，中纳言做了一个梦，梦中唐后称：“我为你倾心于我而感动，缘此我投胎转世为吉野姬的女儿。”另一方面，式部卿

① 《关于〈丰饶之海〉》，《全集》，第34卷，第27页。

宫在吉野姬的苦苦哀求下，让已经怀孕的吉野姬回到中纳言身边。中纳言联想到唐后的托梦，不禁陷入极度矛盾和复杂的心境中。三岛由纪夫从这个故事中获得了创作的灵感，决心以《滨松中纳言物语》这个梦与转世的故事，作为其构思超长篇小说的依据。三岛读了其师松尾聪注释的版本《滨松中纳言物语》以后，专门写了一篇题为《梦与人生》，就此作了说明："如果梦先行于现实的话，那么我们成为现实的东西是不确定的。如果不存在永恒不变的现实，那么转世就是很自然的了。"[①]这种思考贯穿在这个作品里。在作者的眼里，"看起来现实无疑是稀薄的，这样就可以说，现实看起来是稀薄的这种体验，是实在的体验，如果我们对这个乍看似荒唐无稽的故事抱有同感，那正是我们自己发现，我们也是生活在这个不能自足的、确乎不动的现实的时代里。现代人应该读《滨松中纳言物语》的意义估计就是在这里吧。"[②]

经过这样一个酝酿过程，三岛开始构思一部以梦和轮回转世为基调的四卷本超长篇小说。为了取材，他多次遍踏古刹林立的古都——京都和奈良，历访寺庙和尼庵。有一回，三岛在一尼庵会见一位老尼，老尼问他："你的小说故事梗概怎么样？"三岛答："准备写一个青年冒犯了皇室，恋上了一位与皇族订了婚的女子，让她怀了孕。情人最后削发为

① 《梦与人生》，《全集》，第31卷，第269页。

② 《全集》，第31卷，第269页。

尼，他自己也郁结病死。”老尼听后有点困惑，双眼直勾勾地盯着三岛的脸问道：“这个故事你在哪儿听来的？”三岛听罢吓了一跳，心想：难道真的发生过这等事吗？这时候，三岛觉得即使他回答老尼这纯属虚构，恐怕她也不会相信的。某年早春一个下着雨雪的日子，三岛又走访了一尼庵，在里室会见一位年轻貌美的尼僧。这位尼僧正患感冒，不时用她的紫色法服挡住脸儿，似乎极度疲劳，话题甚少，三岛却被她这种幽艳的情调深深吸引住，他觉得小说的人物有赖于这个美貌的尼僧了。于是他的四部曲第一卷《春雪》的故事梗概和女主人公的人物形象轮廓就渐渐地明晰起来了。

三岛由纪夫在1965年开始在《新潮》杂志上连载《春雪》之后，为了进一步考察佛学，同年9月他访问美国、欧洲之后，到东南亚一些佛教国家实地采访。在写作第二卷《奔马》期间的1967年9月，他应印度政府的邀请，访问了佛教的发源地印度，归途顺访佛教之国老挝和泰国。在访问印度的一个月期间，他踏足印度教教徒信仰的源泉、印度文化发祥地的印度河、恒河流域，考察印度教教徒的信仰和风俗习惯，亲眼目睹虔诚的教徒在圣河沐浴净身以求清洗一切罪孽，日出时刻向太阳顶礼膜拜，以及人死后为了立即让他回到五大（空气、土、水、火、大气）后转世而火化等场面，实地体验轮回转世的信仰和思想。他在一篇印度通信中写道：“每当我想到这个国家佛教的衰灭，就不由地想到经过洗练、哲学性地体系化了的法则，即获得普遍性的宗教行将被这片土地的‘自然’的根源性的力量所不断抛弃的法则。

“人在直面‘生’与‘死’的同时，在印度极其自然地要直面明显的‘贫困’。

“印度的贫困，绝不只是经济问题，它还是宗教的、心理的、哲学的问题。”①

在两次访问印度和东南亚之间，三岛由纪夫为了《奔马》的取材，先研究了神风连的有关著作，学习古神道。后又赴大和的大三轮神社，听取了宫司讲解古神道的故事，并且到了神风连的重要遗址新开皇大神宫。三岛在这神风连思想的信条的发源地，辞绝了向导，独自一人步行了十余公里进行采访。他在大量资料的基础上，潜心研究从佛教到神道，从中汲取其创作的佛、神道文化思想。

三岛由纪夫有一本笔记本记录《丰饶之海》的创作笔记，这是从动笔写《春雪》前一年的1964年开始，到他自杀前4个月的1970年7月底陆续记录的。标题是《大长篇笔记》。它作为构思的笔记，记录了各卷的细目：

《月之宴》

第二部主人公

① 《印度通信》，《评论全集》，第2卷，第997—998页。

因热带溃疡，死亡。

第三部主人公

二·二六起义前，父（北一辉）为了救儿子，赴南国。他，为罪的烦恼所折磨，得热带溃疡而死亡。

第一部

明治末年西乡家和皇族妃殿下之间的恋爱。（明治末年—大正末年）20岁

第二部（神兵队事件诉讼记录）

作者和同代人

战争中死亡之前（北一辉之子）——热带。（美男子因热带溃疡，死亡）第三部（从第一部至第三部60年。副主人公也已60岁）

泰国王室之女或战后之女，未死幸存，同已60岁的男子结婚，生子。在第一、二部，两人重出现。

第四部

老年问题（青春不灭）

分别体现在第一、二、三部。

从这创作笔记可以看出，三岛在构思第一部和第二部时，原先是以神兵队事件和昭和6、7年的国家主义运动作为背景，写北一辉父子两代人的。北一辉是实有其人，“二·二六事件”的皇道派军官实际上是受北一辉的《国家

改造法案大纲》的影响，企图发动政变，用武力完成所谓国内改造。二·二六政变失败后，北一辉受到牵连，被作为主谋而被处以死刑。三岛非常崇拜北一辉，并对北一辉的《国家改造法案大纲》产生很大的共鸣，认为北一辉“总是像一座奇耸的山峰”，“是一种悲剧性的日本革命家的理想形象”。但是正如三岛所说，北一辉“对天皇制是冷眼相看的”，在天皇观上与他是存在着差异的。所以他认为：“无论如何也不能考虑将北一辉作为小说中的人物。”[①]也许正是由于三岛由纪夫和北一辉存在这种明显距离的缘故，最终三岛放弃了以北一辉父子作为这部超长篇的主人公。

最后，三岛决定各卷写一个人生，四卷就写四个人生，背景和故事完全独立，但是又用托梦和轮回作为一根线将四卷联结，形成其超长篇的整体性。三岛从酝酿到下决心写这部超长篇，经历了十年的岁月，他将它看做是自己“毕生的事业”，他为此心情是非常紧张的。1965年开始创作第一部《春雪》时，出版社出版他的短篇小说集《三熊野诣》，他在跋文中自注：“这部短篇集是我迄今的全部作品中最颓废的，可见我写《春雪》前是如何落入精神的沉滞期。但也许这只不过是我从事长篇创作之前的一种不安心情吧！”[②]

① 《北一辉论——以〈日本改造法案大纲〉为中心》，《评论全集》，第2卷，第534，538页。

② 《关于〈丰饶之海〉》，《全集》，第34卷，第26页。

他创作《丰饶之海》时，几乎没有写其他东西，终日躲在书斋，一味埋头在稿纸堆里。从1965年9月开始在《新潮》杂志上连载，中间不曾停止过一次。所以有人说他写这部超长篇的工作，就如同终日看不见外景的地铁司机的工作。三岛自己也说，这是至理之言，因为他一旦呼吸到外面的空气，欣赏到外景，就不愿重新开始，这样前半部分可能在他的脑子里总是整理不出来，越来越成为他的心灵的糟粕，反而会妨碍他的创作。[①]三岛本来准备连载完全四卷之后，一起出版单行本，但写完第一、二部的《春雪》、《奔马》之后，他的心境起了变化。他一方面担心他的一卷一个故事、一个人生这种构思，如果先出前两卷，带有一定的危险性，因为人们会根据这两卷就批评他全貌；如果这两卷遭到体无完肤的严厉批评，对他写后两卷多少会造成一些心理上的影响。另一方面，快连载完这两卷，没有引起评论家的反应，好像完全被忽视了，所以他决定先出版这两卷的单行本。当新潮社将《春雪》、《奔马》两卷推出之后，获得了读者好意的反应，销售良好。他觉得自己肩上的担子减轻了，心情也开朗了。他摆脱了心理上的压力，又继续投入后两卷的创作。1970年2月出版第三部《晓寺》，日本评论家反应意外地冷淡，三岛对美国的日本文学研究家唐纳德·金表示过不满，

① 《我的近况——〈春雪〉和〈奔马〉的出版》，《全集》，第33卷，第518—519页。

三岛由纪夫爱用的记事本。

认为日本评论家对《晓寺》甚少评论，是他们不想暴露自己对佛教的无知。所以他想借助于他在外国的名声，让外国翻译家译成外文本。但根据唐纳德·金分析，可能由于三岛当时正热衷于率领盾会进行军事训练，日本评论家觉得三岛作为作家是一流的，但对其政治信条持异议，有意避开评论这个人物的作品的缘故。①

也许三岛由纪夫感到的“危险性”以及心理上的压力，不仅在于这四部曲的创作成败与得失，而在于创作以外的事？他说过，顺利的话，全四卷要在1971年年底完成。他开过这样一个玩笑：“《丰饶之海》的题名是从拉丁语《月面

① 《日本文学史》（近代·现代篇 五），第423页。

的海》翻译过来的，也就是说，载人火箭着陆月球恐怕比我这部小说的完成还快呢！”[1]到了1969年，他还担心小说的完成，“多半是我的人生的完成”，但是他最后却在1970年11月25日将第四卷赶完了。所以新潮社责任编辑小岛千加子于11月24日下午3点左右接到三岛的电话让她翌日去取稿，而且翌日将稿子取回编辑部展开一看，是第四卷《天人五衰》的终章，她不禁愕然，觉得有点反常了。因为三岛每次完稿，都照例提前通知她的，她估计这次完稿是在两三个月以后的事，而且离他计划的全部完稿还有一年多呢！这次交稿如此突然，她有点茫然，心想：难道是我听错、看错了？或者是他交错稿了？甚至是别人盗用了三岛由纪夫的名字？她脑子里空转了一阵子。这当儿，小岛千加子从广播电视里知道异变了。三岛由纪夫害怕这部小说的完成，事情的确如他自己所担心的那样可怕……

这四部曲竟成了三岛由纪夫的绝笔。

二、梦与轮回

《丰饶之海》四部曲的故事是这样展开的：

《春雪》的主人公松枝清显本是武将门第出身，家道

---

① 《日本文学史》（近代·现代篇 五），第423页。

中落，父亲松枝侯爵将他寄养在绫仓伯爵家。18岁上他与伯爵的女儿聪子相恋，但他优柔寡断，没有勇气接受聪子的求婚。当洞院宫三王子治典王向聪子提亲时，侯爵还征求他的意见，如果他说出他爱聪子，那么事情还可以挽回。但清显却不置可否。聪子被皇上敕许给洞院宫三王子治典王之后，她通过老仆蓼科仍与清显保持联系。清显却与她发生了肉体关系，并且让她怀了孕。而老仆蓼科又与主人绫仓伯爵关系暧昧，她秉承伯爵之意，教唆聪子以不是处女的姿态对松枝侯爵进行幽雅的复仇。清显在东大法律系的同学本多繁帮的帮助下，继续与聪子幽会。清显的贴身学仆饭沼茂之与女仆阿峰私通，被侯爵开除，侯爵在他们两人未双双出逃和成婚之前，却乘机占有了阿峰。蓼科和清显知道饭沼和阿峰的关系，就反过来利用他们作为自己的心腹，与侯爵进行斡旋。伯爵发现自己的女儿聪子怀孕后，怕事情败露，让女儿去奈良月修寺躲风。聪子在月修寺私自削发为尼，有犯皇上之嫌，所以侯爵、伯爵两家乱了方寸，让医生开具假诊断书，以欺瞒皇上。清显在本多的帮助下，亲赴月修寺要会见聪子，被聪子婉拒了。清显心力交瘁。在返回东京的车厢里，生平常做梦的他做了最后一个梦，醒来喃喃自语："还会见面的。一定还会再见面的，在瀑布下……"清显回到东京次日就离开了人世，年仅20岁。

《奔马》的主人公饭沼勋，是清显的学仆饭沼茂之的儿子。在一次剑道比赛会上，东大法律系毕业后就任了大阪法官的本多繁帮遇见了饭沼勋，发现赛后在瀑布下洗澡的饭沼勋与清显一样，在左侧腹上密集着三颗黑痣。于本多想起18年前清显临终前梦后说过的一句话："还会再见面的。一定还会再见面的，在瀑布下……"于是他发现了轮回转世的奇迹。但饭沼勋的性格与清显迥异，他剽悍、刚毅，倾倒于山尾纲纪著的《神风连史话》，提倡"学习神风连的纯粹精神"，他还曾将这部书献给已经担任连队长的洞院宫治典王。本多觉得这是一种危险，曾经忠告过他。但勋还是固执这种危险，认为最高的信念就是"剑"，是"在太阳下自刎"！而且他期待着洞院宫降下大命，以实行昭和维新，计划爆炸发电厂、暗杀他认为罪恶之源的金融界巨头藏原武介等。但参与此计划的两名陆军中尉临阵逃脱，饭沼茂之为报答自己的恩人藏原武介和挽救儿子不犯杀人罪而向警方告密，勋等人被捕。这时有人伪造大命降下的传单，波及洞院宫。本多知道清显的死与洞院宫有关，他认为洞院宫是受害者，于是辞去法官职务，亲自为勋作辩护。由于本多的尽力和勋的情人鬼头慎子的伪证，勋被免刑了。但勋获释后得知父亲告密的所作所为，感到失望。独自跑去伊豆山刺杀了藏原，自己走到一个山崖上，面对曙光照耀下的大海切腹自杀了。临终前两天，勋说过："在遥远的南方，极热，在南国的蔷薇光中……"

《晓寺》话说时年47岁的本多，为五井物产公司一桩商业纠纷来到了曼谷，意外地遇见了学生时代通过清显介绍认识的暹罗王子所生的刚满7岁的女儿，这位小月光公主，一再声言自己不是暹罗王室公主，而是日本人转世的。小月光公主闹着要跟他回到日本。这引起了本多极大的兴趣。本多回忆起勋临终前的一句话："在遥远的南方，极热，在南国的蔷薇中……"而且他翻阅了带来的清显的《梦日记》，发现清显记载着他梦见一个色彩鲜艳的暹罗梦，自己成为暹罗王族，王子把绿宝石戴在自己手上，绿宝石映出一个娇小可爱的少女的面孔。本多读罢这篇《梦日记》，认定这就是小月光公主的面孔，小月光公主是清显、勋的转世。本多开始埋头学习唯识论，醉心于研究轮回学说。

随着时光流逝，本多58岁上，18岁妙龄的小月光公主来到日本留学，本多与妻子梨枝在别墅内特修一个游泳池，目的在于让小月光公主入浴，近处窃看她身上有无三颗黑痣，未果。于是本多挽留小月光公主在别墅小住，他从书架后面墙上的窥视孔里偷看小月光公主的裸体，发现了她的左侧腹上呈现三颗黑痣。这期间本多的邻居庆子介绍其侄子志村克己给小月光公主认识，本多有意让志村向小月光公主求爱。他通过窥视孔窥见小月光公主拒绝志村的挑逗。本多梦见小月光公主，涌上一股爱的玄妙的滋味。他向庆子表白，自己爱上小月光公主了。一天晚上，庆子和小月光公主同室，本多再次从窥视孔里偷看，再次发现小月光公主左侧腹上

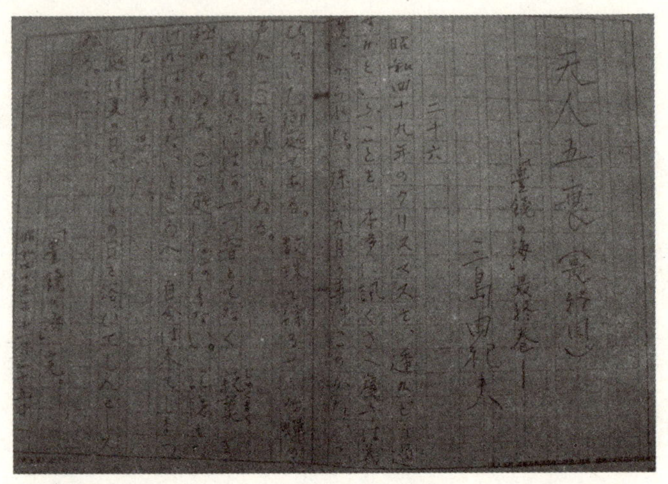

《丰饶之海》四部曲之第四部《天人五衰》手稿。

的三颗昴星般的黑痣。本多的这种举动，被妻子梨枝发现了。这时候，别墅失火了。

小月光公主回国后，杳无音讯。15年后，小月光公主的孪生姐姐来到日本，本多才知道小月光公主于20岁上，突然被蛇咬死了。

《天人五衰》话说76岁的本多丧妻后，发现了在信号所工作的孤儿安永透左侧腹上聚集了三颗痣，认定他是小月光公主的转世，将他收为养子。但是，安永透出生是在小月光公主死后好几天，本多有些疑惑，对安永透进行了调查。他发现安永透对政治活动有一种厌恶感，不问津一切过激的、无论偏左还是偏右的政治活动。但本多为安永透升大学而请来三个家庭教师中之一的国文教师古泽却向安永透灌输“过激派左翼”的思想，被本多解雇了。安永透入大学后，与丑女绢江相爱，常常虐待本多。本多一想到安永透快满20岁，快将死去了，再忍耐半年吧，就又得到了莫大的安慰。可他一转念又怀疑：如果安永透不是小月光公主转世，他不是会把自己逼至老衰而死吗？

本多在神宫外苑“偷窥春色”被发现，周刊杂志揭露了这桩丑闻。这事件之后，安永透开始怀疑本多收养自己的原因，这时庆子将转世的原委告诉了他。之后安永透向本多借了清显的《梦日记》，读后服毒自杀未遂，导致了双目失明。此时绢江已有身孕。本多知道是庆子将事情告知安永透的，就与庆子结束了20多年的关系，自己抱着老躯，背负着耻辱、罪恶与死，去月修寺会见老尼聪子。聪子表示对清显的事已杳无记忆，本多怀抱了60年的梦就在这刹那间幻灭了。

所谓“天人五衰”，即天人临终时出现的五种衰相是也。

《丰饶之海》是三岛由纪夫毕生的文学创作的缩影图，他将唯美、浪漫和古典主义发挥到了极致，同时又着眼于与复古的国粹主义和国家主义的微妙接合，并在接合点上确立其历史的独自性。可以说，它是三岛文学、美学的集大成，也是三岛的“文武两道”的艺术作品化，三岛本人曾总结说：“《丰饶之海》四卷的构成，第一卷《春雪》是王朝式的恋爱小说，即写所谓‘柔弱纤细’或‘和魂’；第二卷《奔马》是激越的行动小说，即写所谓的‘威武刚强’或‘武魂’；第三卷《晓寺》是具有异国情调色彩的心理小说，即写所谓‘奇魂’；第四卷题未定（注：即《天人五衰》）取材于时间流逝某一点上的事象的跟踪小说，导向所谓‘幸魂’。”[1]简单地说，三岛试图在这四部曲中表达“和”、“武”、“奇”、“幸”四魂。《日本书纪》也称赞“和魂”是“奇魂”、“幸魂”，可见这三者精神是相通的。实际上是集中表现“和”、“武”二魂。不同的主人公松枝清显、饭沼勋、小月光公主、安永透四人，各自被赋予了不同的性格特征，各自成为一种“魂”的体验者；而他们彼此的联系完全仰赖于梦与轮回的主题，并由副主人公本多繁帮贯串始终，形成一个完整的、不可分割的故事系统，这是作家的独具匠心。

三岛向来对死非常固执，而对生又非常憧憬。在三岛看来，死也是生的出发点。于是他通过生生死死的轮回来寻找归宿，并在佛教无常与文学虚妄的连接点上，展开宗教心理和审美心理的交织，浸润着东方艺术的神秘色彩。

《春雪》中的松枝清显与绫仓聪子的关系，就是一种无常的关系。清显在聪子向他求爱时，反而认为聪子动辄将自己的感情逼到憎恶的地步，甚至与聪子坐车赏月时，脑子

① 《日本文学史》（近代·现代篇　五），第423页。

里还翻腾起聪子会不会折磨他，他会不会经受得住屈辱的考验的念头，从而产生一种反常的心理，即他不理解女性，轻蔑和拒绝女人的肉体，因此他对自己的存在感到某种的不安，被一种无常的虚幻美所驱动。他对聪子初吻表现出的优雅，产生了妒忌和自卑。初吻的回忆竟成为刺伤他自尊心的事件。在一段时间里他不愿意会见聪子，心头却又涌上一阵痛苦，仿佛是从自己纯洁感情中编织出来咬噬自己身心的苦痛，他幻想着如何才能在年轻时代就结束自己的生命而不感到痛苦，着实地追求一种优雅的死。这种死的想法第一次鼓舞了他，他突然又想见聪子，哪怕只见一面。尤其是在他优柔寡断之时，皇上敕许聪子配洞院宫，他这才有生以来第一次产生热恋聪子的感情。这时他认为“所谓优雅就是犯禁”，“只能触犯最高的禁忌”，而这种观念第一次教会了他肉感，他才感到自己充满青春和活力。

清显开始了对生的强烈渴求。他与聪子虽然犯了可怕的犯上的罪过，他们却一点也没有感到罪恶的污浊，反而觉得身心比任何时候都洁净。作者为此倾注心血，描写了乘车赏雪和海边幽会的场面，充分展现了这对男女恋人的风雅的世相。

“乘车赏雪”的场面是这样描写的：

人力车随着拉车人和推车人的吆喝声在移动。透过车篷的小窥视窗，只能望见纷扬的黄色雪花。车厢里，昏暗在不断地摇晃着。

两人的膝上盖着清显带来的深绿色的苏格兰方格子围毯。两人靠得这么近，除了已被忘却了的幼年时代的记忆以外，这还是头一遭。清显看见，充满灰色微光的车篷缝隙，时开时闭，雪花不断地卷袭进来，落在绿色的围毯上，化成了水滴。这种情景，就像在大芭蕉叶下听到的飘雪声音一样。雪落在车篷的声音特别响亮，完全把清显吸引住了。

车夫询问到哪里去？清显答道：

“随便，只要有路，你就去好了。”

清显知道聪子也会抱有同样的心情。于是，随着人力车把的抬高，两人的身子稍向后仰，姿势依然是那样拘谨，甚至连手也没有相握。

但是，在围毯下面，不可避免的相互接触的膝盖像雪里送来了一团火。清显的脑子里，又翻腾起了那讨厌的疑窦：“聪子真的没有读那封信吗？蓼科既然说得那样肯定，大概不会错吧。那么，聪子会不会把我当做一个不理解女性的男子来折磨我呢？原本是那样地期望着聪子不要看那封信，然而现在却觉得宁可让她看了还好呢。她若是看了，早晨这场飘雪的狂热幽会，显然就意味着一个女子对理解女性的男子的一种真挚的撩拨。要是这样，我也就另有办法……即使如此，我不理解女性这个事实，是无法隐瞒的啊，不是吗？……”

在昏暗的小四方形车厢里，黑暗的摇晃把他的思绪都弄得零零乱乱了，想把视线从聪子身上移开，可是除了移向沾满雪花的浅黄色赛璐璐的亮窗外，就没有什么可望的地方了。他终于把手伸向围毯底下。聪子的手在等待着他，恍如在温暖的巢中充满了狡猾的等待。

一片雪花飘了进来，落在清显的眉毛上。聪子瞧见，不禁啊地喊了一声。清显不由地把脸转向聪子，他感到有股凉气扑在自己脸上。聪子马上闭上了眼睛。清显面对着闭上了眼睛的脸庞，只有抹上京都口红的嘴唇映现出微暗的亮光。那脸庞活像被指尖轻轻掸了掸的花在摇曳一样，其轮廓在紊乱地摇晃着。

清显的心在激烈地跳动。他明显地感到束紧着他的脖颈的制服高领的束缚。再没有什么比聪子那文静的紧闭眼睛的白皙的脸庞更难理解的了。

清显感到围毯下面握着的聪子的手指增加了一点力量，传来了她的心绪。倘使把这理解为信号，清显肯定又要受到伤害，不过清显被这种轻微的力量所诱惑，自然可以将嘴唇贴在聪子的嘴唇上了。

车子摇晃的瞬间，几乎把他们两人合在一起的嘴唇给分开。他的嘴唇和她的嘴唇相吻的地方，很自然地成为扇轴，于是他们采取可以经得起任何摇晃的姿势。清显感到在接吻的这扇轴周围，徐徐地展开了一面非常巨大的、芳香的、肉眼看不见的扇子。

这时，清显体会到了忘我的境界，然而他并没有忘却自己的美。自己的美和聪子的美从公平地同等地看待的地点出发，肯定可以看到：这时彼此的美犹如水银般相互交融。清显悟到类似拒绝、焦急、刻薄，这些都是同美无关的另一种性质的东西，盲目地自信所谓孤高的个人，这不是在肉体上而往往是容易在精神上产生的一种病态。

清显内心的不安早已一扫而光，当他明确了幸福所在之后，接吻就越发热烈果断了。随之聪子的嘴唇也变得更加柔软。清显担心自己整个身心是否会融进她那温暖的、甜蜜的口腔里，因此自己的手指也就想去触摸有形的东西了。于是他从围毯下面把手抽出来，去拥抱她的肩膀，支着她的下巴颏。这时候，手指接触到她的下巴颏，他感到她的下巴颏肌肤是纤细的，骨头是不坚硬的。他再次明确了在自己之外存在着另一个肉体，这样他们的接吻就更加融和，更加热烈了。

聪子落泪了。泪水落到清显的脸颊上，清显这才知道。他感到自豪。然而，在他这种自豪感中，丝毫没有往昔给人施以恩惠时的那种满足感。聪子的一切，已经没有年长者那种批评腔调了。清显为自己的指头接触到她的耳朵、胸脯，接触到一处处新的温柔而激动了。他学会了，这就是爱抚。他把动辄飞逝的雾霭般的官能，依托并连接在有形的东西上。现在他只顾沉浸在自己的喜悦中。这是他能够做到的最高的自我放弃。

接吻结束时，他非本愿地醒过来，自己还很困顿，却抗拒不了透过薄眼皮射进来的玛瑙般的朝阳，内心充满了沉郁、依恋的情绪。只有这时候，睡眠的美味才达到顶峰。

一旦嘴唇脱离了接触，留下来的就是不祥的静寂，宛如方才还在美妙地啁啾鸣啭的鸟蓦地沉默下来了。两人纹丝不动，彼此不能看对方的脸了。这种沉默，多亏车身的摇晃，才自然而然地得到了拯救。他产生了一种仿佛要忙着去干别的什么事似的感觉。

清显把眼皮耷拉下来。只见聪子穿着白布袜的脚尖，从围毯下面战战兢兢地微露了出来，活像察觉危险而从绿草丛中窥视四周的小白鼠。雪花轻轻地飘落在她的脚尖上。

清显觉得自己的脸颊格外的热，孩子般地伸手摸了摸聪子的面颊。她也同样火热。他感到满足了。

“海边幽会”场面作了这样的描绘：

……今天夜里，沉湎在宁静的大自然中。

清显和聪子为了躲避过分明亮的月光，在海滨到处徘徊游荡。深夜的海滨寥无人影，只有高高悬着破浪木的渔舟在沙滩上落下的黑影才是惬意的地方，因为四周的月光太耀眼夺目了。船上沐浴着月光，船板也像白骨一样。将手伸向那里，手仿佛就能穿透月光。

迎着凉爽的海风的吹拂，他们两人很快就躲在渔舟的阴影下紧紧地拥抱了。聪子悔恨自己穿着这身平时很少穿的西装，净闪烁着白光，她也忘了自己肌肤的洁白，她恨不得早点脱掉这身白，藏身于幽暗之中。

按理说是没有人窥视他们的，可聪子却觉得海上荡漾的月影，像千万只眼睛。聪子仰望天上的云和挂在云端危险地眨巴着眼睛的星星。他们相互爱抚，互相亲吻，更觉可爱，犹如自己饲养的小动物在互相戏耍，充满着一种有意识的后退一步的甘美。闭上眼睛的聪子想起悬挂在云端的星星的闪烁。

从那里要达到深海般的愉悦还有一段路程。一心只想融化在黑暗中的聪子，一想到那黑暗只不过是渔舟相伴的阴影，就不免产生一种恐惧感。因为那不是坚固的建筑物，也不是岩石山的阴影，而是不久就可能出海的渔舟短暂的阴影。舟船在陆地上停留是不现实的，它那实在的影子也像是虚幻的。她有点惧怕，这艘相当古老的大型渔船，眼看着像是要从沙滩上一声不响地滑行到海上去。为了追逐那个船影，为了永远置身在那个阴影中，自己必须变成大海。于是，聪子在沉重的充沛之中变成了海。

所有包围着他们的万物，诸如夜空的月光、海的闪耀、掠过沙滩上的风、远方松林的沙沙声……这一切都是注定要消亡的。时间薄片的紧对面，响起了“不”的一个巨大的声音。大概不是松林的沙沙声吧。聪子感到他们已被绝对不能原谅他们自己的东西所包围、捍卫和守护着，犹如滴在盘子水面上的一滴油，这油正是通过水受到保护一样。然而，水是黑色的、宽阔的和默默无声的，一滴发油就在孤寂的境界里漂荡。

这是一种什么拥抱式的“不”啊！对他们来说，这个“不”究竟是夜本身呢？还是即将来临的黎明的曙光？他们两人都无法分辨。只觉得它渐渐地逼近自己，但还没有开始冒犯自己。

……两人坐起身子，从漆黑中勉强地伸长脖颈，望见一轮即将消失的明月。聪子感到悬挂在天际的圆月，就像明显地钉在上空的自己罪恶的徽章。

四周渺无人影，两人站了起来，取出藏在船底的衣裳。在漆黑幽暗中，他们借助月光，彼此相凝视着。虽是短暂，但却是认真地凝望着。

穿好衣服，清显坐在船舷上，摇动着腿说：

“倘使我们是一对公认的情侣，恐怕就不会这么大胆了吧。”

“你这个人真无情啊！你的心原来就是这样的吗？”

聪子流露出埋怨的样子。她的埋怨声中，却有一种难以名状的龃龉的滋味。因为绝望立即迫在眼前了。聪子依旧蹲在船边阴暗的地方。从船舷垂下来的清显的脚背，被月光照得白亮亮，聪子把嘴唇贴在清显的脚趾尖上。

聪子和清显的“赏雪”与“幽会”，写得格外纤细、哀怨，充满了平安王朝文学的风雅余韵，达到了“忘我的境界”、“令人目眩的高超的境界”。可见他们在留恋生和爱的时候是多么热烈和果断，但是，正是在这种时候，他们又觉得生与爱恋的无常和短暂，于是留恋生“这就像对人诉说死”或者“夕阳的美”一样。也就是说，他们走到生的极点就联系到“死”，贯穿了佛法解释生的起源于爱欲这一观点，即欢乐的要求，肉体的要求。轮回就是指重生，死后重生。所以在聪子婚期逼近，无可挽回之时，这对恋人寻求风雅的“冒渎的快乐”，开始谈起“终了”的事来了。他们的解决办法就是两人互相面对着死。作家通过清显表达了这样一个生死的哲学观：优雅是包藏着“血污的实质”，“自己的行动，自己的爱情早已作为死去的东西处理了”。

为此，作家以聪子削发为尼、清显死后转世再生，作为《春雪》的结尾，也作为《奔马》的开首。从清显转世《奔马》的主人公饭沼勋，乃至转世到《晓寺》的小月光公主、《天人五衰》的安永透所依据的，一是清显的《梦日记》，一是他们左侧腹的三颗黑痣，还有他们的生与死是同一年月日。评论家村松刚认为清显左侧腹的三颗痣和他的梦日记，“就像火药似的装填在第一卷之中，尔后在各卷中爆炸”。[①]其中《梦日记》最为关键。《丰饶之海》由梦与轮

---

① 村松刚《三岛由纪夫的世界》，第452页。

回为主题的展开全系于《梦日记》。比如《奔马》中的饭沼勋在狱中梦见变身月光公主，就是在清显的《梦日记》里事先预定的。

清显这个人物俊秀纤弱，抱有一种无常的虚幻，常常做梦，他的第一个梦，梦见一口棺材，自己的尸骸就躺在里面；第二个梦，梦见云游暹罗，在戒指的绿宝石上浮现出一张艳美可爱的女子的脸；第三个梦，梦见三联队兵营、两位暹罗王子站在聪子左右、自己荡着木筏在无边无际的大海漂流；尤其是第四个梦，梦见他与聪子的爱恋似乎已经脱离了世界。为了成全他们，这个世界的秩序崩溃了。实际上在梦中，他预定了自己的死，预定了他与聪子爱恋的悲剧结局，乃至预定了洞院宫担任三联队队长和饭沼勋的举兵，如此等等。总之，清显做了许多许多的梦，好像由梦来编织他的人生。最后一个梦，清显没有实际记录下来，但他醒过来后，喃喃自语："还会见面的。一定还会再见面的，在瀑布下……"

三岛由纪夫知道，清显与《奔马》的饭沼勋的轮回转世，光有两人左侧腹的三颗黑痣和"在瀑布下"这两个重复，也许会被人视作一种偶然，作为转世的依据是不够充分的，于是他有意识地安排主人公清显将这些梦都记在日记里，清显临终前嘱托母亲将他的《梦日记》送给本多，以便为后三卷的主题"轮回转世"作铺垫。但更重要的，似乎是作家试图通过托梦，宣扬他临时抱佛脚地学来的"唯识论"

和“摄大乘论”，尤其是“我法二空”观，也就是既否定一个实存的自我，又否认客观世界的真实存在。所以他在《春雪》里，就以托梦的形式出现。他写清显的梦，似是飘忽不定，却是切实的。在现实生活中，清显对聪子的感情犹疑不定，是没有形状的，而梦中的现实却是有形状也有色彩的。清显在这样的现实与梦的环境里，对爱与非爱、是与非、善与恶、美与丑等都采取不置可否的态度。不过，他对客观现实的否定的态度中也还有所肯定，即肯定思维意识的真实存在。也就是说，他利用梦这个无意识的世界，利用人在梦中无意识地看到的形象即另一种“现实性”，来强化意识世界的本来不确定的“现实性”，这是三岛笔下的梦的性格。这样三岛就可以用托梦和轮回来实现他所设定的“如果梦先行于现实的话，那么我们称为现实的东西是不确定的。如果不存在永恒不变的现实，那么转世就是很自然的了”。这就是所谓“生来死去都是幻”。这样三岛由纪夫就巧妙地在他的作品里创造了艺术与宗教之间的重合面。

三岛由纪夫在《春雪》里，以平安王朝《源氏物语》古典式的悲恋模式，编织了一个充满神秘感和感伤余情的、浪漫式的恋爱故事，来展开梦与轮回主题。而且以清显的“柔弱纤细”，再现了光源氏式的古朴的风雅美，即三岛的所谓“和魂”。三岛由纪夫的引路人川端康成把《春雪》比之为现代的《源氏物语》，他读了《春雪》和《奔马》后说：

“我被奇迹冲击似地感动和惊喜。这是融贯古今的名作，无与伦比的杰作。这作品与西方古典的血脉相通，但它是日本过去没有的，然而是切实的日本作品，日本语文的美丽多彩也是极致的。在这作品中，三岛君的绚丽的才华，纯粹升华为危险的激情。”[①]美国的日本文学研究家唐纳德·金也说：“《春雪》是三岛写作技巧达到了炉火纯青的至高领域的一部小说。可以说，浪漫式的恋爱得到了最美好的表现。三岛曾写过好几部日本男儿严格尚武的理想的小说，但在《春雪》这部小说里，它却充分地发挥了天赋的抒情诗般的感情，特别是结尾部分，他向装饰平安朝小说的女性的那种优雅挑战。从文章的角度来看，《春雪》特别美地再现了对明治时代的日本充满眷恋的情绪。这是三岛由纪夫在描写早已流逝的时代中最优秀的一篇。”[②]这些赞词，虽然难免有些溢美之嫌，但这部作品的确代表三岛文学成就的一个侧面。

清显背负夭折的命运，通过佛教的轮回转世，变身为《奔马》的主人公饭沼勋，他是三岛所追求的理想人物。三岛精心塑造的这个饭沼勋，不是清显那种生的悲恋，而是异常痛苦的死、残酷的死，忠实于古代武道的纯粹性，并将这种纯粹性贯彻始终。

---

① 《奔马》广告文，新潮社1970年版。

② 《日本文学史（近代现代篇 五）》，第402页。

在作家的设计中，饭沼勋的行动的原动力，是《神风连史话》所传达的武道精神，侍奉现世的现人神天皇，注意锻炼肉体等等。可以说，他无论在肉体方面还是精神方面，尤其是“履行古道，实现复古”的精神方面，都是三岛本人的分身。三岛在这部作品里就常常借饭沼勋来宣扬自己的所谓“纯粹观念”。比如饭沼勋在同学中间提出“学习神风连的纯粹精神”就是一例。他所描述的所谓“纯粹”，可以立即转化为一个血的观念、斩断非正义行动的日本刀的观念，甚或转化为切腹的观念。在作家透过主人公的眼睛，“纯粹”是从完全相反的观念转过来的，“纯粹”能够使血淋淋的尸体立即化为清香的樱花，成为一种美。因而他说：“纯粹就是诗（艺术）”，他们的“信念就是日本刀”。尤其是他描述饭沼勋心里想的：“假如‘纯粹’的本质一定受到年龄限制，那么必须抓紧行动！”以及饭沼勋想到“最后忍无可忍的时候，也就只有使用日本刀了！”这活脱脱地映现出三岛由纪夫写《奔马》当时自己的心态，而且他在这四部曲完成之后所采取的现实行动，正是这小说的极限的外延。

三岛将他的上述精神和行动原理浓缩在饭沼勋与洞院宫的一段对话里，就像他本人在实践其“行动哲学”前，将自己的精神和行动原理浓缩在他与古林尚的对话里一样（这点将在第十三章详述）。

洞院宫：假如天皇陛下不同意你们的精神或行动，你打算怎么办?

饭沼勋：如果陛下不同意，那么我们就像神风连那样马上切腹自杀!

洞院宫：如果陛下同意你们这样做，你又怎么办?

饭沼勋：（毫不犹疑地）那时也马上切腹自杀。

洞院宫：你再说说看，这又为什么呢?

饭沼勋：为有勇的忠义，就是不顾自己的生死安危。

洞院宫：明知有罪还那么做吗?

饭沼勋：是的。

洞院宫：守法，难道不是陛下的命令吗?

饭沼勋：我说的并不是法律上的犯罪……一旦用行动表现出自己的忠义后，马上切腹。只有死才能净化一切。[①]

在这里，三岛由纪夫同时也为自己在写《奔马》时正在酝酿的行动辩解，在以上这种说教式的对答中，他仿佛以为"只有从最原始的罪恶中摄取营养，只有这时，罪和死、切腹和光荣才能浑然结合"，"才能净化"。

正是在这个问题上，三岛用佛学的唯识论来解释轮回。

① 《丰饶之海》第二卷《奔马》，第174—176页，新潮社1970年版。此处引用为摘译。

轮回的主题是因果报应，这便是善恶。主人公饭沼勋杀死一切罪恶根源的金融资本巨头藏原武介，然后切腹，将自他的罪恶“净化”，即化恶为善。饭沼勋说过：“理想实现之后，马上要舍生自尽。那时候，潜藏在体内的纯粹的罪恶，也会将表露于外的纯粹同归于尽。”这样三岛就顺理成章地将主人公的行动推向血与死。

从这里不难看出三岛花大力气塑造饭沼勋这个人物形象，正是要将自己的“精神和气魄”注入这个人物的血肉之躯内。他描绘事发之前，同伙中的中尉等人退出不干，饭沼勋决意如期举行时强调：“需要的是精神和气魄”，“是靠日本刀和日本精神去干！”“使皇国恢复本来面目”，“日本一定能回到昔日‘丰苇原水穗国’”！应该说，从这个时候开始，三岛由纪夫已经把精神寄托在最后的痛苦与最后的快乐上。人们从饭沼勋这个人物身上不也可以看到三岛由纪夫的影子了吗？

虽然说，这个时候三岛由纪夫提出了“文武两道”的论点，但他强调的重点是在“武”上。虽然说，《春雪》和《奔马》一个体现“文”即“和魂”，代表中和的精神；一个体现“武”即“武魂”，代表尚武的精神，算是体现“文武两道”，但是三岛更多地倾斜于后者。他处处为饭沼勋的行为辩解，就是佐证。他不仅写了饭沼勋的情人鬼头慎子冒险作了伪证；写了由审讯人宣布饭沼勋的“思想方向并没

书架上的部分藏书（绝大部分为三岛本人作品）。

有错”，只是“过于纯真，搞得过火罢了”，以及最后全体被告无罪获释；而且还写了饭沼勋切腹的一刹那间，“光辉灿烂的太阳在他的眼帘里升起来了”，但他为饭沼勋辩护，不是为饭沼勋的整个右翼行动，而是为饭沼勋干预历史的意志和行动辩护，写了饭沼勋抨击腐败的政界、金融界等等，将这个人物推向他认为精神与肉体同一化的“最理想”的境界。从而进一步发展了他的危险的冲动和危险的美学。用他在《奔马》中的话来说：“危险的美，比美的危险更鲜明地反映到自己的头脑里来了。”

《晓寺》的舞台从日本搬到暹罗（今泰国）除了增加些许外国情调外，主要原因也许是作家感到已经不能完全陶醉在日本的架空故事，也许是作家为了可以更自由自在地转动作家轮回转世的轴，到佛教之国探索他那个轮回与无我之间的矛盾——那个多世纪以来都没有能够解决的矛盾，探索超个我的不死，即超个我的永生。所以作家让本多埋头于佛学，从唯识论出发寻求轮回于生死或者往生于净土之路。因此，《晓寺》、《天人五衰》主要以佛教的主题展开，主人公虽说是小月光公主、安永透，但实际上是由副主人公本多繁帮来充当了。至少可以说是喧宾夺主了。在《晓寺》里，本多作为应该否定的唯识者的个我出现，一味追求观念性的东西。《天人五衰》他又从应该憎恨的唯识者个我超脱出来，对死的述怀充满了悔恨与谛念，带来了肯定与否定的二重性。最终一切皆空。

概言之，《丰饶之海》四部曲的四个主人公的人生都结束于风华正茂的20岁，在人生不该结束的时候结束了。女主人公聪子和本多已经老迈，聪子对尘世的一切了无记忆，本多走向老丑的绝境。作家情不自禁地道出："人是要死的，肉体是要衰老的，为什么要等到老丑才死呢？这时候，他们两人什么也没有，既没有记忆，也没有过去，直面的是宿命的孤独，已是虽生犹死之人了。"

《天人五衰》终结这样写道：

此外，毫无声息，寂寞极了。这庭院空荡荡的。本多心想：自己来到了一个既无记忆，也无任何他物的地方。

庭院沐浴在夏日的阳光下，一派静寂……

这部超长篇最后的一切存在都化为乌有，导向绝对虚无和绝对空寂之境，梦与轮回的主题也空无化了。

衰老的本多和聪子万念俱空，作家三岛由纪夫是否也万念俱空了呢？

第十一章　多彩的艺术表现

一、戏剧创作活动的多样性

三岛由纪夫是一个多才多艺的文学家，他涉足文学的各个领域。他的《全集》凡36卷（含补1卷），收入作品总计600余篇（部）。内含小说181篇（部），共19卷；戏剧58部，共5卷；此外评论上千篇，长短不一，共13卷。他不仅著作等身，而且他的艺术表现是丰富多彩的。

就戏剧创作来说，包括话剧、歌舞伎、能乐、文乐（木偶净琉璃），乃至广播剧、音乐剧、舞剧和翻译剧等近代剧和古典剧。还涉足电影。可以说，小说与戏剧是三岛文库的两根支柱。

戏剧对三岛的诱惑由来已久，尽管他上小学时，祖母认为歌舞伎流于卑俗，担心对年幼的孙子产生“不良”影响，没有让他去过一次歌舞伎座，但他反而更加向往戏剧，经常听祖母、母亲等讲述有关戏剧故事。上中学以后，祖母、母亲开始领他去观赏歌舞伎、能乐等古典戏曲。上中学后他第一次看歌舞伎保留节目《忠臣藏》时，大序的幕一打开，他就完全被歌舞伎的魅力所俘虏了。此后他几乎每月不缺地去观赏歌舞伎表演。每次去他都带上全套歌舞伎剧本，一边欣赏舞台表演，一边将重要的地方和他认为好的台词都详细地做笔记，而且还能背得出来。外祖母看见他喜欢古典戏曲，她也当仁不让地带着他去观摩能乐。三岛第一次看能乐的节目是《三轮》，也同样被迷住了。观后三岛还写写剧评。他在《我经历的时代》中是这样描述自己涉足戏剧的："我觉得戏剧境界里有两种人，一种是从知识的兴趣出发踏进去，一种是凭身体踏进去的。我是属于后者。"这种偶然的选择"似乎也可以说是我得到日本的艺能之神的特殊待遇的证据"[①]。

三岛同一些现代派青年不一样，他并不赞同他们所认为的古典剧都是"封建遗物"，因为他"凭身体踏进"戏剧境界，切身体验到传统戏中蕴涵着复苏的日本文化的精髓。就是说，三岛倾倒于歌舞伎等传统戏，不仅是要增加自己的知识，提高文化教养，而且更重要的是，从传统戏中发现日本文化的精髓，寻找到感觉上、官能上的需要，并把它运用到艺术创造上来。三岛谈到他从事戏剧创作的原因和目的时曾

① 《全集》，第30卷，第460页。

说过："我的小说结构渐渐戏剧化了，我试图以小说形式改编希腊悲剧。我觉得为了打开小说形式走进死胡同的局面，我从戏剧形式得到了很大的启示。""所以戏剧对我来说，是一个有魅力的领域。大概是因为我是以自我本位的魅力来接受的，目的是使它丰富我的创作。"[①]三岛写剧本，实际上是要寻找一种传统与现代契合的自我满足感，以及从丰富其小说创作需要出发的。

1948年，三岛最终选择从文以后，埋头创作小说的同时，就投入了戏剧的创作。而且，这种投入不是一般的投入，是非常认真的投入。写小说得不到自我满足的时候，他就常常为写剧本而废寝忘食。有时候在写长篇的过程，对戏剧的兴趣大发，不能自已，就用写小说的笔来写剧本。有时候，写短篇小说写到亢奋之时，也转而写剧本。戏剧几乎成了他的创作事业的"一侧的磁极"，他"经常往返于小说和戏剧之间"。[②]三岛本人在《戏曲的诱惑》一文中也说："我写小说，同时写剧本，没有觉得它们之间存在什么矛盾。剧场和书斋是我的跷跷板的两端。"在这篇文章中他还谈及"对我来说，写小说和写戏剧都是非常坚定的"，因为"我为现代日本既定的小说理念所苦恼，总是想有朝一日硬将戏

① 《关于〈火宅〉》，《评论全集》，第3卷，第738页。

② 《三岛由纪夫——死与真实》，第250页。

剧法则引进小说法则里”。[1]他之所以为日本近代小说理念所苦恼，乃因他认为日本近代小说受自然主义的影响，偏重内容而忽视形式，失去了艺术的立足点，所以他从事戏剧创作，是作为一种对策，主动将戏剧形式和理论结构引进小说创作里。有一段时间，三岛对戏剧创作比小说创作的兴趣更大，恐怕也是三岛探索创作的一种方法吧。

三岛由纪夫将小说创作和戏剧创作比作“跷跷板的两端”，但这两端不是交替地保持一高一低的状态，而是要在一高一低过程中寻找其平衡。三岛曾经谈过：“我老早以前就想写戏剧。我喜欢歌舞伎，我钦佩全段净琉璃脚本那种近代式的结构。这样，我的小说结构也渐渐变成戏剧性，产生了尝试以小说形式改编希腊悲剧的野心。在无法突破小说形式的时候，我从戏剧形式受到了很大的启迪。”[2]所以他以钻研戏剧理论作为文学创作的突破口。他将小说理念和方法运用到戏剧创作上的同时，也将戏剧理念和方法引进小说创作里，使两者互为补充，以丰富小说、戏剧的创作表现。比如三岛写小说经常运用能乐谣曲的绚丽文体，他写戏剧时又有意识地将小说节约对话运用到戏剧创作提高对白的精练程度上。他以此为乐，取得创作生活和生理的平衡。

这一时期，三岛由纪夫倾倒古典戏曲——歌舞伎和能

① 《评论全集》，第3卷，第630—633页。

② 《关于〈火宅〉》，《评论全集》，第卷，第738页。

乐，对话剧剧本和翻译剧本只是顺手捡来读读而已，而对郡虎彦的戏剧却十分入迷。这时候，《人间》杂志给他一个很好的写剧本的机会，他模仿郡虎彦写了第一部独幕剧《火宅》。因为初写剧本，在一页稿纸上净写对话，他有一种难言的不安，面对稿纸，就觉得“稿纸简直大得要命，它恍如放学后的运动场白茫茫一片，真不知如何用文字把它填满了”。[①]他费了很大劲，写了30多页稿纸。《人间》杂志发表不久，著名话剧团俳优座在每日大厅为该剧举办了创作剧研讨会并上演。首场演出时，三岛有点担心，战战兢兢地站在演出大厅招待观众，而且总让他的戏剧界朋友矢代静一站在自己身旁以壮胆。有时矢代去了后台，他就急匆匆跑到后台，冲着矢代说：“喂，矢代，你跟在我身边嘛！”该剧的舞台装置、布景以及焰火制作虽然简陋，但是由著名导演青山杉作执导，由著名演员千田是也、村赖幸子主演，阵容强大，首场演出受到观众喝彩。上演头一天，他已体味到幸福了。他异常兴奋，趁势染指戏剧创作，连续写了《灯塔》、《尼奥比》、《圣女》等独幕剧。伴随戏剧创作的劳苦与艰辛，给他带来了很大的乐趣。他爱上了戏剧，爱上了戏剧的紧张空间和剧场的狂热昂奋。他自己觉得仿佛相当轻易地得到了在文坛上几乎不能得到的“权力欲的满足”。

① 《我经历的时代》，《全集》，第30卷，第462页。

《火宅》选择了一个家庭生活的日常性场面，展开这样的戏剧情节：45岁的德国文学研究家大黑贞次郎的家庭生活气氛是平和的，但妻子千代子对夫妇之间的关系感到倦怠，将兴趣转向儿子贞一和房客上。她怀疑儿子和女佣发生关系。她还怀疑房客爱上她女儿。房客与女儿外出时，女儿留下一信，父母均未察觉。千代子告诉贞次郎说女儿去寻死了，贞次郎不相信，认为她是受到“幻想的蒙骗”。然而当他读了女儿告发母亲受到房客的诱惑干了不贞的事这封信后，深感不安。这时候，他发现庭院里冒出一股浓烟，一边高喊道：“着火啦！”一边冲了出去。千代子嘲讽似地说：“什么着火，这是少有发生的呀！”

从剧作本身来说，这个家庭，夫妻的感情是背反的，父母子女的关系是龃龉的，令人感到他们心灵上都留下了深深的伤痕。剧作家有意让作品中的女儿唐突地对母亲千代子说出“憎恶”这个词，而千代子却奇妙地说：“什么憎恶，我却不喜欢这个词。”似乎故意让人产生一种反感，对这个家庭的反感，进而对战后社会的价值秩序的不安与反感。

“火宅”为佛语，本意为现世或烦恼的世界。三岛之所以用佛语“火宅”作为剧名，就是从这一点出发的吧。他试图将诸多烦恼和不安喻作遭火灾的家屋，家屋遭火灾了，一切烦恼和不安就化为无了。可以说这出独幕剧具有象征的意义。剧作家以一个家庭比喻日本整个战后社会，抱有一种不安感。

此外，三岛还写了《大障碍》、《早晨的杜鹃花》等几出独幕剧。但是他为了让情节的发展、人物的活动和场面的活动有更充裕的时间和更广阔的空间，即为了满足戏剧行为的必然要求，他在撰写小说《潮骚》之后，创作了多幕剧《白蚁巢》、《鹿鸣馆》、《喜琴》、《萨德侯爵夫人》、《麻风王的阳台》等。

三岛在《火宅》中所表现的反感情绪，在《鹿鸣馆》等剧中表现得更为充分。

所谓鹿鸣馆，是明治政府为了推行欧化政策，于1881—1883年在东京兴建的两层洋楼，作为上层社会的社交场所，穿西服吃西餐，举办各种洋式晚会、交际舞会等，力图使日常生活和风俗欧化，制造一种欧化的氛围。所以一般提起鹿鸣馆，就自然联想到这是当时推行欧化主义的一种象征。

三岛的《鹿鸣馆》四幕剧本，1956年12月在《文学界》上发表，同年11月至12月由文学座公演。

舞台是主人公影山伯爵的宅邸和鹿鸣馆大舞厅，主人公影山悠敏伯爵是政府高级外交官，其出身艺伎的夫人朝子，曾与他的反对派政治家清原永之辅有过一段关系，生了一个男孩名叫久雄，由清原收养，长大成人。朝子对丈夫的欧化兴趣很有抵触，从不涉足鹿鸣馆。大德寺侯爵夫人季子让她的女儿显子与久雄相恋。朝子从季子那里获悉久雄拟趁天长节之夜鹿鸣馆举办舞会之机，图谋暗杀影山伯爵。朝子私下会见儿子久雄，得知久雄拟暗杀的不是影山而是生父清原。朝子旋即让心腹女管家草乃去见清原，告知清原自己是晚会的主持人，请清原中止其领导的反对党的壮士闯入鹿鸣馆暗杀政敌影山的计划。后来朝子通过偷听，了解到是影山伯爵利用久雄对其生父的“憎恶”命久雄暗杀其生父清原的。朝子遂下决心要粉碎影山的阴谋，拯救清原父子，并下决心一反常态亲自出席鹿鸣馆晚会。此时，影山收买朝子的心腹草乃，以娶草乃为妾相许，让草乃背叛朝子，他从草乃那里获知一切秘密，影山便将计就计，让一批人打扮成反对党的壮士，在舞会正欢时假装闯入的样子，另一方面让草乃告知清原是壮士们违令乱闯入。久雄按影山的部署，暗杀清原未果，反被清原枪杀了。朝子决意离开影山，随清原逃走。这时，响起了影山指使刺客袭击清原的枪声。朝子责怪影山，影山却说了声：“那是打不上去的焰火！”两人便加入了舞圈。幕徐徐降下。

剧作家在这出戏里以朝子与影山、朝子与清原，以及影山与清原三组对立，展开他们之间爱情的纠葛和政治的明争暗斗，而不是一般性地反映人际关系。舞台中心，更重要的是以朝子对影山的爱发挥了政治性的作用。影山对朝子的怨恨，是以企图实现其政治目的作为依据，来展开恋爱与政治之间的戏剧性关系和人际关系的移位。剧作家以鹿鸣馆作为舞台，并尽力在这个舞台上通过爱的虚荣，施展政治权术，以及令人憎恶的人际关系，企图塑造一个鹿鸣馆濒于崩溃的形象，这里是否含有三岛由纪夫反对欧化主义，维护传统主义的意味呢？可以说，《鹿鸣馆》全剧不仅溶进了作家的艺术观，也渗透了些许作家的政治意识。

在戏剧手法上，日本戏剧评论家尾崎宏次分析：三岛“在这前后写进了许多日常性的会话体，让剧情发展下去。他把自己这种憎恶的美学灌入人们的耳中，耳朵里响起的声音，意味着内容似乎脱离了剧情，同时也未必是为了剧情的需要，而是一个独立的世界”。他“发现了这种手法之后，无疑就相信任何通俗的戏，都能提高到他所需要的水平。正因为如此，他去掉看似通俗的主题，然后创造出歌颂憎恶的人际关系，准确地展开剧情的画面。现在三岛的戏剧世界就是这样一个世界”。尾崎宏次还认为：“也许可以说是一种纯粹性。但这种憎恶与现实的平凡人绝对无关。它作为一种贵族的感情，成为三岛戏剧的摆子。”[①]这种感情一直贯穿在三岛后期的剧作中。如果剖析一下《火宅》中的贞次郎与千代子、《鹿鸣馆》中的影山与朝子的关系，就不难发现，三岛所展现的人际关系是非正常性的，即将互相信任的人际关系位移；即便是展现人与人的正常性联系，也常常是用反日常盼手法表现，人们需要从逆反方面来理解。

---

① 尾声崎宏次《关于三岛由纪夫的戏剧》，见三枝康高编《三岛由纪夫——命运与艺术》，第132—136页。

1965年创作的三幕剧《萨德侯爵夫人》是三岛根据涩泽龙彦著《萨德侯爵的一生》改编的。

第一幕：萨德侯爵在马赛发生了虐待娼妇事件，逃走了。萨德的岳母蒙特尔幽夫人获悉法院判决萨德侯爵有罪，为保持自己女儿鲁内的声誉，劝女儿同萨德分手，女儿不从。蒙特尔幽夫人向国王举报了萨德。

第二幕：鲁内帮助萨德越狱未遂，蒙特尔幽夫人以“正义和法”作为盾牌，花钱差人以“敕令拘捕”为由重新将萨德关进监狱。鲁内知道是母亲所为，拒绝母亲要她离婚的劝告，并参与了在狱中充满了恶德的萨德所行的快乐之事。她指责母亲的伪善，说：“如果好人是恶德的怪物，那么您就成为贞淑的怪物。”

第三幕：萨德在狱中写了《美德的不幸》。鲁内觉得是从“恶德中编织出来的”。法国大革命后，敕令拘捕状无效，鲁内眼看萨德即将获释，自己以没有理解自己的丈夫而自责，为了不再见到萨德，最后决心当修女。

该剧由N1T剧团公演，荣获第20届艺术节奖。

三岛后期的戏剧犹如他后期的小说，增加了不少意识形态的东西。1963年的《喜琴》以列车颠覆事件（影射松川事件）为背景，写一个打入警视厅任侦察部长的秘密共产党员，在负责调查过程中，设法将制造事件的左翼主犯嫁祸于右翼的故事，具有强烈的反共意识。所以当时文学座负责人、著名演员杉村春子拒绝上演。三岛拉了一些演员退出文学座，另组云剧团，文学座因此而分裂。三岛为此在报上发表声明时也承认，这部戏剧“是与我过去的作风完全不同的作品，包含了某些危险性”，并且认为“艺术必须有针刺，有毒素。不吸这种毒素，只想从中吸到蜜是不可能的”。①从此，三岛将这一戏剧的制作精神贯穿在他的一些剧作中，比如1967年的四幕剧《朱雀家的灭亡》的主题，“就是‘承诏必谨’的精神的实际存在之分析。”（《朱雀家的灭亡》后记）宣扬三岛晚年在作品中经常出现的“愚忠”精神，用三岛的话来说就是“孤忠”。《朱雀家的灭亡》接近终幕时，三岛点出了主题：主人公经隆从皇上的眼神里领会到皇上说“什么都不要干了”的时候，他就什么都不做；领会到皇上命令“灭亡吧”，他就欣然接受灭亡。最后他独白道：“啊，皇上，尊敬的皇上。”“正是这样，皇上悲伤，我越发悲伤；皇上痛苦，我越发痛苦。我就是为了充当从远处支持皇上才生下来的。”1968年的三幕剧《我友希特勒》也是宣扬雷姆其人对希特勒的信赖、友爱、同志爱、战友爱，认为这是崇高的男性神经的特质，如果没有这些支撑，现实和政治也将会崩溃了。

三岛并不满足话剧剧本的创作，歌舞伎剧本也成为他戏

① 转引自《三岛由纪夫——死与真实》，第254—255页。

剧创作的重要组成部分，同时也显示了三岛戏剧创作的深厚功力。其成功之作有：《地狱图》、《卖鱼者之恋》、《芙蓉露大内实记》、《椿说弓张月》等。

《卖鱼者之恋》是三岛由纪夫歌舞伎剧代表作，1954年发表在《戏剧界》11月号上。歌舞伎剧本《地狱图》是根据近代日本著名小说家芥川龙之介的一部名作改编的，这是三岛在歌舞伎剧本方面的第一部实验性作品，他写这部作品时，心情较紧张。但写《卖鱼者之恋》时，他觉得比写《地狱图》时轻松得多。这出戏的主要演员之一中村勘三郎曾对三岛说："你简直轻松愉快地写完这出戏啊！"《卖鱼者之恋》在中村吉右卫门剧团首演，获得了意外的好评。三岛十分高兴，觉得写小说难得有这样的赞扬，于是他开玩笑地说："我干脆改行去当歌舞伎剧作者算了。"在旁的朋友信以为真，连忙制止他说："算了，算了，可别这样做。"这出戏的剧情是说镇上有一个卖沙丁鱼的人叫猿源，他与倾城名妓萤火一见钟情，猿源朝思暮想，他父亲教他化装成大名，潜入五条东洞院。他与萤火互赠和歌，了解了萤火的身世。萤火本是丹鹤城的一大家闺秀，10年前她为卖鱼者的叫卖声所感动，随声出城去探寻，被人贩子拐卖给妓院，她说她早已暗下决心嫁给卖沙丁鱼的人。两人过夜的时候，适逢萤火家的家臣特地前来为她赎身，于是他们两人成了夫妻，一起叫卖沙丁鱼。

这是一出人间喜剧，题材取自日本室町时代的御伽草子、歌物语中的《猿源氏草子》、《鱼鸟平家》的恋爱故事。但三岛企图创造出元禄时代舞台样式的明朗和奢华的气势，而不拘泥于时代，深受观众欢迎。

三岛的另一部歌舞伎代表作是《椿说弓张月》，1969年11月发表在《海》杂志上，同年在国立剧场公演，三岛亲任导演。

这是根据近世泷泽马琴的同名小说改编。剧情是：主人公为朝同代官的女儿雕江结为夫妻，生了二子，遭岳父代官撵出家门，后成为岛长。这时候代官奉敕令讨伐该岛，结果代官却被为朝所灭，为朝弃岛远去。

为朝梦中参拜故主崇德院陵墓，正想切腹以作后世的御伴时，崇德显灵加以阻止，并令他再举兵。为朝举兵到了肥后国，与当年的恋人、今已成为山中女贼的白缝姬重逢，又遇见了亲生儿子舜天丸。他们乘战船出发，在萨南海上遭暴风雨，为朝落水。白缝姬跳入海中相救，被水溺死。

为朝到了琉球，协助琉球王子宁王女平定恶臣，宁王女原来却是白缝姬的转生，为朝大为惊愕。侍奉王家的巫子阿公协助恶臣企图让假王子继帝位，被为朝所消灭。阿公绝命之前交代自己为了当巫子抛弃了一个女儿。她为了获得假王子，就杀死了一个怀孕的女子，后来她发现被她杀死的女子竟是自己的女儿。

三岛在小说中所描写的海与死的形象是非常强烈的，但在歌舞伎里，虽然同样也出现海与死的形象，也写了作为英雄的为朝遭受挫折，他的心总是向着死，他却着力将这个人物刻画成新的理想形象。这出戏启幕是为朝在崇德天皇忌日对崇德天皇的遥拜，梦中还参拜崇德陵墓，终幕前再次出现崇德天皇忌日，为朝在海滨作同样的遥拜之后，骑上海上飞来一匹白马奔向天空的彼方。它突出其“未完的英雄”的所谓“清澄高迈”的形象并集中地突出了“为朝的忠主君”这个主题。三岛自白说：“我着力写它的同时，对我来说，也隐藏着走向堕落和恶的嗜欲。”[1]这不是活脱脱地说明它与三岛的尊皇思想脉络相通的吗?

三岛由纪夫的剧作，无论是话剧还是歌舞伎，大多是由著名导演执导，著名剧团和著名演员演出，比如戏剧大师久保田万太郎、文学座的杉村春子、俳优座的千田是也、东京艺术座的村山知义、歌舞伎的中村歌右卫门、市川猿之助等都是日本戏剧界的国宝，三岛的戏剧也得益于他们的艺术创造而誉满日本剧坛，乃至扬名西方剧坛。三岛的戏剧在日本国内公演的，近代能乐有：《卒塔婆小町》、《绫鼓》、《熊野》、《葵上》、《弱法师》、《班女》；歌舞伎有：《竟艳近姑娘与阿松》、《姬君和镜》、《卖鱼者之恋》、《地狱图》、《芙蓉露大内实记》、《走尽了的桥》、《姑

① 《评论全集》，第3卷，第902页。

娘与拾带池》、《樱姬》、《椿说弓张月》；木偶净琉璃有：《椿说弓张月》；舞剧有：《室町反魂香》、《奥尔甫斯》[1]；话剧有：《火宅》、《灯塔》、《绷狄雅塞尼约拉》、《夜间向日葵》、《年轻人，苏醒吧！》、《船的敬礼》、《再没有比白干更贵的了》、《白蚁巢》、《鹿鸣馆》、《大障碍》、《早晨的杜鹃花》、《蔷薇与海贼》、《热带树》、《十日菊》、《黑蜥蜴》、《三原色》、《喜琴》、《恋之帆影》、《萨德侯爵夫人》、《阿拉伯之夜》、《朱雀家的灭亡》、《圣女》、《我友希特勒》、《麻风王的阳台》、《春雪》等。他的小说改编成电影则不计其数。他的代表剧作《卒塔婆小町》、《金阁寺》、《蔷薇与海贼》、《班女》、《葵上》、《绫鼓》、《萨德侯爵夫人》等话剧、近代能乐剧曾经分别在美国、荷兰、德国、古巴、法国、芬兰、比利时、奥地利、波兰、瑞典、澳大利亚、巴西、墨西哥等国家公演。

三岛由纪夫本人曾经担任过话剧《船的敬礼》、歌舞伎《芙蓉露大内实记》、《椿说弓张月》以及舞剧《奥尔甫斯》等剧的导演。他还将《忧国》改编成电影，并自导自演。

他的戏剧创作成就还在于他从事日本古典剧种之一的能乐现代化工作，撰写了《近代能乐集》，同时还写了很多戏

① 奥尔甫斯，古希腊传说中的英雄。

剧论，为日本戏剧事业作出了自己的贡献。

缘此，著名评论家、前日本文艺家协会理事长山本健吉说："作为三岛氏的工作，应该说剧作是他本来的工作，即是他的正业。"美国日本文学研究家赛登斯特卡以为，"三岛如果长寿的话，他可以与中世纪能乐谣曲的作者相比，将成为日本文学史上最大的剧作家之一"。[①]

二、《近代能乐集》的创新

"如果有人问我，什么是三岛的最高杰作。我将会毫不犹疑地举出《近代能乐集》。""他的戏剧性的小说，由于戏剧性的要素过多而几乎窒息"，"小说的戏剧性，是他的小说美学，也是他的方法论"，"我们从《近代能乐集》看到了三岛出色地完成诗剧性理念"[②]。

这是山本健吉对三岛由纪夫《近代能乐集》一段总评价的话。

1948年三岛由纪夫写了话剧《火宅》之后，他一方面接受了法国剧作家科克托的奥狄甫斯为主题创作的剧本《爆炸装置》、美国剧作家奥尼尔完全运用希腊悲剧形式创作的剧本《哀悼》以及德国剧作家布莱希特根据英国剧作家基依的

---

① 转引自《三岛由纪夫——死与真实》，第244页。

② 《新选现代日本文学全集》解说，筑摩书房版。

《乞丐的歌剧》改编的《三分钱歌剧》的影响，一方面受到郡虎彦的近代能乐《铁轮》、《清姬》等作品的启发，对戏剧产生极大的兴趣，下决心致力于戏剧的改革，首先志向于将他幼时喜爱的能乐现代化。他只要一有空就涉猎6卷本的词曲《谣曲全集》，从中汲取养分。他觉得《谣曲全集》数百篇的古典能乐词曲，主要是写鬼神和幽灵，只有八九篇适合于现代化，于是他选择了超越传统和历史事实的永恒主题、并具有人情味主题的谣曲，改成近代能乐。1950年他创作了《邯郸》。尤其是1951、1952年写了《绫鼓》、《卒塔婆小町》获得好评之后，他一发而不可收地继续写了《班女》、《葵上》。1956年他将这5部近代能乐编成《近代能乐集》，在新潮社出版，三岛记明："这五篇仅是适应现代的东西，我不得不以这五篇作为种子。"[①]之后他继续写了《熊野》、《弱法师》、《道成寺》和《源氏供养》，三岛最不喜欢后一篇，故第二次汇集《近代能乐集》时，只收了前八篇，没有收入《源氏供养》这篇。这些剧本在日本各地公演过。这是三岛由纪夫将日本古典戏曲改编成现代戏的又一大尝试，引起了日本国内外的广泛注目。美国的日本文学研究家、精通能乐的唐纳德·金于1957年即将这部全八篇的《近代能乐集》译成英语。接着德国、法国、英国、西班牙、瑞典、丹

① 转引自唐纳德·金《关于〈近代能乐集〉》，《三岛由纪夫》，第161页，小学馆1990年版。

1977年7月，国立剧场小剧场演出戏剧《近代能乐集》之宣传画。

麦、阿根廷、澳大利亚、荷兰、波兰等国也相继将它翻译成本国文字出版。1958年德国首先将部分剧目搬上舞台，最初计划在6个城市公演，由于受到热烈欢迎，扩展到12个城市，后来再扩展到24个城市，一再增加演出城市和演出场次，轰动了整个德国，打破了第二次世界大战以后德国上演独幕剧的记录，可以说盛况空前。据说，三岛由纪夫的《近代能乐集》和伊窝内斯科的戏促进德国独幕剧的流行。三岛本人说：在此以前，德国上演独幕剧没有一次是成功的，起初他觉得有点危险，后来《近代能乐集》上演，无论在艺术上或财政上都获得了成功[①]，他就十分欣喜了。接着在美国纽约亚洲剧场连续公演了50天。美国大财团洛克菲勒还将该剧举荐到巴西巡回演出。之后，瑞典、法国、荷兰、澳大利亚、波兰上演过部分节目。西方观众通过三岛的近代能乐进一步了解三岛文学，也更进一步推动三岛小说在西方的翻译介绍。

三岛于1950年10月在《人间》杂志上发表了近代能乐第一作《邯郸》，这是忠实地根据同名谣曲《邯郸》改编的。他选择这个曲目，乃是因为它“含有某种现代可能性的手段”。[②]原谣曲梗概是唐朝邯郸有一名叫芦生的蜀国青年到楚国羊飞山寻求佛道，途中投宿客栈，老板娘给他一个枕头睡觉，他做了一个梦，悟到现世的荣华是一场空。配角是一

① 《关于〈近代能乐集〉》，《评论全集》，第3卷，第784页。

② 《备忘录〈绫鼓〉、〈邯郸〉》，《评论全集》，第3卷，第767页。

名叫次郎的敕使，他在芦生的梦中报梦说：芦生得了帝位。芦生醒来之前，他一直趴在芦笙的枕边。芦笙梦醒时，他立即跳到一叠台上，佯装同芦笙刚醒时的姿态，用唐朝团扇盖住脸儿。舞台急剧转换场面，展现了能乐的独特技巧。三岛改编成近代能乐时，改由小少爷次郎及其婢女菊两个人物构成，菊离开次郎家回到乡下，被丈夫遗弃。10年后，小少爷次郎长大成人，半夜造访乡下的菊家，菊时年已过四旬。他枕着菊为他备好的枕头打盹，做了一个邯郸梦，梦见自己被许多美女包围，当上大公司的总经理，打入政界成为国家元首，三年不醒，该国长老企图给他服用毒药进行“逆疗法”，图谋杀害他。这时，他醒过来，长老逼着他将毒药吃下去，他拒绝了。长老对他说：枕这个枕头睡觉的人必须悟道。你没有悟到这个世界的无常，就不能让你活着回去！于是次郎高喊道：“不！我要活下去！”便把毒药打翻在地。这瞬间一切都消失了。舞台明亮起来，菊出现，次郎对菊说：“正如我所想的，一点也不可怕。”菊家庭院的四季花瞬间绽开了。这出戏突出了新谣曲的主题：“怀疑就是阻碍信仰，一想到此，悟道的心境不是由于信仰，而似乎是由于怀疑才达到的。”青年通过这样的经历最后呼喊出：“我想活下去！”这句话，带有某种警世的意味。同时可以看出，三岛不仅尝试借助能乐的传统形式，而且参照能乐的内容，再插上想象的翅膀在近代能乐的天地间翱翔。

但是，《近代能乐集》八个戏中反响最大的要算是《绫鼓》和《卒塔婆小町》两出。它们与三岛小说的精神是一脉相通的，从不同视角表现了爱、死与美。

《绫鼓》的舞台布景：街道右侧是法律事务所，左侧是三层楼的洋裁缝店，两座楼房对峙而立。男主角法律事务所的老勤杂工岩吉，对洋裁缝店常客的贵妇华子单相思，事务所的女职员为岩吉传递情书。贵妇华子上场，正是岩吉的第30封情书送达的时候。情书被华子身边的四个男人争相传阅，他们替华子写了作弄岩吉的回信，系在作为舞蹈小道具的绫鼓上，然后扔到对面楼房的窗口。岩吉欣喜若狂，拎起绫鼓，将回信展开，信中写道："请敲响这个鼓吧，如果鼓声能通过街上的喧闹声传送到这边的窗口，我就满足你的愿望。"岩吉按来信所说，试图将绫鼓敲响。但是绫鼓是敲不响的小道具，他怎么敲也敲不响，只听见对面楼房传来一阵阵嘲笑声。他悟到自己被人愚弄了，便声嘶力竭地喊道："你们将会笑着死去，你们将会笑着腐朽下去！"……喊着纵身跳楼了。（舞台转暗）同一场景，华子走进裁缝店，法律事务所窗边出现岩吉的亡灵，两人第一次见面交谈，原来华子是个女扒手，她让岩吉的亡灵再次击鼓。鼓声高扬，可是华子却说她听不见。亡灵疯狂地击鼓，击了一百下，亡灵就消失了。华子似梦非梦地说："只要再击一下，我就会听见，可是……"至此幕徐徐降下。

三岛是根据同名古典谣曲改编的，据说原曲是能乐大师世阿弥所作，写一个卑贱的老年庭园清扫工爱上一个与自己身份不相称的高贵女御，他知道自己的感情被愚弄之后，投池自尽，变成恶鬼来作弄女御。三岛将原曲的舞台和人物加以现代化，主题不变，乃是写老人对爱情的固执，代表着善意、真实，而华子的作弄他人则代表恶意、虚伪，这些都是通过现实世界与虚幻世界的交织出现，场面是非常独特的，不仅给观众一种近代的意识和近代的感觉，而且给观众多少留下一些道德性的思考。

《卒塔婆小町》是三岛花力气最大的一部力作，他不仅着眼于将能乐现代化，而且尝试把现代的观念剧和诗剧合成而引进能乐这个古老的剧种里。他从能乐借助典据和词章，创造一种流动的无韵诗，让舞台在更深层次上酿成诗的情绪，来增加近代能的魅力。所以他写《卒塔婆小町》时，为了避免语言和音乐的生硬结合，自由地运用流畅的谣曲将日常用语唱出来，他就决心让作曲家自由取舍其唱词，以适合于能乐的表现。为此，他悟到创造近代能乐是一种创作“不具韵律的日本语的诗剧”的尝试，要从整体上“实现将超越时空的诗的广度搬上舞台”，自己“有必要进一步提高自己的日本语表现的能力”[①]。在这种创作思想指导下，他终于完

① 《卒塔婆小町备忘录》，《评论全集》，第3卷，第741页。

成了被唐纳德·金称之为“日本戏曲的最高峰之一”[1]的《卒塔婆小町》。

《卒塔婆小町》幕启，舞台场景是公园一角，一个99岁的乞丐老太婆坐在公园的长凳上，清点捡来的烟蒂。这时出现一个醉醺醺的青年诗人，他与老太婆搭话，从交谈中知道老太婆名叫小町，从前许多男人都说她是个美人，而这些说她是美人的男人都死了。80年前参谋总部的深草少将与她心心相印，她说：“你来一百次，我就满足你的愿望”，到了第一百天的晚上……随着老太婆的讲述，隐约传来了华尔兹舞曲声。舞台转换成鹿鸣馆舞厅的场面，男男女女在跳着华尔兹舞。他们异口同声地称赞小町。青年诗人眼里呈现出80年前美貌的小町的姿影。不知什么时候他已经搂着老太婆跳起华尔兹了。老太婆加以制止，他不听从，顺口说了句“你太美了”，说着就断气了。舞台又转换回公园的一角，巡警上场，收拾了诗人的尸体，老太婆依然坐在长凳上，清点捡来的烟蒂——幕徐徐降下。

三岛在这出戏里，打破了能乐的一切时间和空间的制约，交织出现实与虚幻、现在与过去的场面，尤其是通过时空的自由飞跃以及视觉性的残酷对比，创造了全新的独特能乐舞台，大大地丰富了三岛戏曲的虚构世界。三岛自作解说

---

① 《近代能乐集》解说，见《近代能乐集》，第233页，新潮文库1990年版。

这两个舞台人物形象时写道："小町是'超越生的生'，是形而上的生的权化。诗人是肉感的生，与现实一起流转的生的权化。在小町身上有一种决不败北的悲剧，在诗人身上则有一种浪漫主义的'走向悲剧的意志'，两人的接触是基于误解、好奇和轻蔑混合的相互憧憬。""小町的美完全是主观的美，而不是客观的美。老太婆必须是那样，看起来是美的。所有幻影的异常变化，必须通过诗人的人生观表现出来。"[①]可以说，《卒塔婆小町》是《近代能乐集》中最成功之作。

但是，三岛由纪夫本人最喜欢《葵上》。

《葵上》幕启，男主角若林光的妻子葵上躺在病榻上不时呻吟。旅行归来的若林光前来探视，他从护士那里知道每晚夜半必有一女客来访。不久，女客出现了，原来她就是若林光的旧情人六条康子。她站在葵上的床前，哀求若林光恢复对她完全冷却的爱，若林光不予理睬。康子不停地回忆着已流失了的昔日爱恋的情景——两人乘游艇的情景。这时舞台转换，葵上床前的大银幕上出现了飞速的游艇，若林光正想委身于康子的回忆时，隐约传来葵上的呻吟声。若林光清醒过来，康子转身就消失了，游艇也消失了。舞台转换回原先的场面。若林光抓起电话筒，给康子家拨了电话。康子接电话，若林光刚悟到方才出现的是康子的生灵。这时传来叩

---

① 《卒塔婆小町备忘录》，《评论全集》，第3卷，第742页。

门声，接着听见康子的话声：“我将手套落在房间里了。”若林光听罢，拿起手套，马上走出房间，连电话筒也没有挂上。电话筒里继续传来康子的话声。葵上从病床上滚落下来，猝然死去。舞台转暗。剧终。

一般来说，三岛的作品都有很强的哲理性，但在写作《葵上》时，他有意识地淡化哲理性的色彩，将戏剧冲突集中在两个女人的妒忌心上，使她们的妒忌心理随着语言形象的飞跃而不断地飞跃，以此挖掘人物的深层感情世界，尤其是最后场面，康子的现身与生灵，在电话声的交错处，酿造出恐怖性来，产生了很好的悲剧效果。而且剧情简要、结构精练，特别是运用幻想的氛围和自由的场面转换，使现实与虚幻互相交错，展现了三岛永恒的主题——爱、死与美，极富暗示性，也极富魅力，因此而赢得了观众。

能乐是日本传统戏曲之一，能乐的文学剧本，称作谣曲，盛行于14—15世纪室町时代，它是一种象征剧，以歌唱和舞蹈为主，溶念、唱、做为一体，且需戴假面具，这些与三岛由纪夫喜爱的希腊古典剧是相通的，三岛在这两者之间寻找到了接点。当然能乐需要有自己独特的舞台，剧本也有自己独特的结构，分为序、破、急三部分，序为一段、破为三段、急为一段，共五段。序是导入部分，交代剧情；破是展开部分，发展情节；急是终结部分，全剧推向高潮。三岛将能乐改编成近代戏时，十分注意保持古典能乐这种结构的特征。我们从《近代能乐集》的基本结构就可以窥见一斑。以《卒塔婆小町》为例，三岛是非常注意运用这一特征的，这一近代能乐的“对白缓急，一切都是序破急的呼吸。前段是序，幻影场面前半部是破，后半部是相当于急。科白用不知不觉的程度加速，达到‘急’而推向冲突的高潮”。[①]

三岛致力于古典能乐的现代化不仅限于借助其形式，而且也借了古典能乐的典据，然后溶进现代的内容和观念，却又保持古典能乐那种悲歌和哀戚的情绪，使之像古典能乐一样充满梦幻、浪漫、幽艳的氛围，造成一种幽玄的美，一种古风的忧伤情调。同时，三岛在改编能乐现代剧时尽力维持能剧的缓慢节奏，戏剧冲突并不激烈，而且这些冲突不是通过舞台动作，而是通过对白或唱词来表现，人物的欢乐或悲愤、激动和平静的表现也是如此。可以说三岛借用古典能乐，形式与精神是兼及的，而且更重于精神。

三岛由纪夫是一个富有想象力的作家，为什么要特地将中世的戏曲改编为现代戏呢？唐纳德·金这样提出问题，也作了这样的回答：

“不管怎么说，用新的形式将自古以来就有的故事叙述出来，这是古典主义的立场，三岛显然是古典派。他把希腊的戏曲和室町时代的能乐加以现代化。他这样做不是因为没

① 《卒塔婆小町备忘录》，《评论全集》，第3卷，第743页。

有种子，而是因为想发挥自己的才华，使它同古典文学的名字相称，并且纳入定型。

“要继承这种传统，就要有所选择，是捍卫语言呢还是捍卫‘心’（指精神，下同——引者注）。三岛被‘心’所吸引，除了极少数例外，他的近代能不拘泥于他所根据的原典词章，而且在很多情况下，是自由自在地改变原典的情节。（中略）总之，三岛的近代能乐，与其说是改编，不如说是从能乐的‘心’中获得灵感而创作出来的。”[①]

三、戏剧论的展示

戏剧评论是三岛由纪夫整个文学批评与评论的一个重要组成部分。三岛的一千余篇长短不一的评论中，包括文学论、艺术论、美学论、戏剧论、作家论、作品论以及社会文化论等。戏剧论最有特色，其中包括戏剧美学，戏剧方法论、戏剧本质论、歌舞伎论、能乐论、剧评、演员论、自作解说、上演杂记等广泛的评论领域和批评对象。

像在文学方面建立了独特的“残酷美”的小说美学论一样，三岛在戏剧方面构筑起自己独特的戏剧美学观，他的悲剧美学的基本特征是追求感情的“古典美”。他强调的这种

① 唐纳德·金《近代能乐集》，见《三岛由纪夫》，第158页，小学馆1990年版。

1959年，三岛由纪夫在书房里。

古典美，是一种“巨大的感情曲线”。这种古典感情，需要通过拟古典的样式美加以发挥，而它与现代人的生活感情的联系并不密切，因为它产生于安定的江户文化和稳定的生活秩序的基础上，而在现代人的生活感情分裂和社会无秩序，现代人追求这种美似是时代的错误。但他又认为谁也不能说在努力和憧憬的基础上不会洋溢出这种古典美的感情。他说：这种古典的感情是一种热情的忧郁，也是一种忧郁的热情。品格高的舞台形象总是隐藏着这种忧郁和悲哀的古典感情。他举了中村歌右卫门的舞台就是具有忧愁的源泉，同时也举了我国梅兰芳演《贵妃醉酒》的京剧舞台形象，深刻地表现了乐极生悲的诗趣，说明古典剧华丽舞台之背后，有一种虚无的哀愁侵袭观众的心。[①]三岛以为这种古典美的感情本身含有一种对近代性的反抗精神，也就是试图从近代性的深层挖掘出古典主义。他认为现代戏剧就缺乏这种调和的古典美。所以他强调：作为戏剧家是要正确而现实地将这种感情的古典美反映出来。[②]

然而，他认为要正确而现实地反映这种感情的古典美，最大的困难是文体问题。现代日本语的戏剧面临的最大问题，就是语言乃至文体的问题。因而他极力主张推动新的戏剧运动必须矫正日本近代文体的扭曲，同时不允许有一个未经加工的现代语出现。在改编《地狱图》的时候，他模仿了净琉璃正本的拟古文体。他解释说：歌舞伎是乐剧。伴奏音乐自不消说，台词也要求具有音乐性，尤其进入净琉璃的场面，情景描写和心理描写都得借助音乐。这种音乐是日本古乐，其旋律本身是古文的，所以只有用特殊的古文体才能完全调和起来。如果加上一句生涩的现代语，音乐性就完全被破坏了。[③]所以他再三强调在歌舞伎的新作里，他是“不允许有一个未经加工的生涩的现代语出现”的[④]。但他也注意到在现代要写拟古文，难免让人产生一种生理性的不协调感。他写完

① 《六世中村歌右卫门序说》，《评论全集》，第3卷，第886页。

② 《感情的古典美》，《评论全集》，第3卷，第609。

③ 《〈椿说弓张月〉的戏剧化和演出》，《评论全集》，第3卷，第900页。

④ 《歌舞伎脚本和现代语》，《评论全集》，第3卷，第906页。

《地狱图》后，自己也觉得就像读书读到半路上引起脑贫血一样。不过，他又认为这只不过是死的积累在血管中的滞涩，阻碍了血液流通罢了。所以，他继续将它作为新戏曲创作的一种尝试。他在改编《椿说弓张月》的时候，全篇都是日本韵文的七五调（古语）。这成为他创作歌舞伎剧本的基本态度。

三岛还提出戏剧之所以具有诱惑力，在于它具有最大的均衡以及破坏这种均衡的力量。他说，均衡与破坏均衡的理念，成为他的戏剧理念，并扩大而成为他的艺术理念。按照他这种理念来解释，艺术力量的巧妙之处，就在于调和破坏，而达到新的均衡。因为他认为破坏和走向破坏的冲动，必然伴随着艺术的创造的一面。他以弗洛伊德学说为例，说明人是在对生的欲求和对死的欲求的均衡中生存的。因此也可以说戏剧是艺术的模范典型。而艺术把这种生的结构本身当做一种结构，并且达到悲惨结局，就能让观众得到满足[①]。

三岛戏剧美学的核心似乎是由美、恶与自我陶醉三个要素构成。他强调美与恶是两个基本因素，戏剧之美在于它给观众留下广阔的想象力的刺激的余地，因为戏剧不是完成时的艺术，而总是现在进行时的、不断发展的，因而观众可以从戏剧的想象力中体味到一种“刺激的喜悦”。

正是出于这种对戏剧想象力的偏爱，三岛由纪夫特别执

---

① 《戏曲的诱惑》，《评论全集》，第3卷，第630—633页。

着于能乐创作。因为能乐的演员戴上能面具表演，从无形的表情背面去表达其喜怒哀乐，让观众用“心”来观赏，可以发挥自己无穷的想象力。所以三岛说：能乐出现的理想的女性形象是化成半梦幻的永恒的美的形象，而活生生的演员的脸是绝对表现不出这种美来的。这种美的形象，只有戴上假面具，才能最大限度地满足人们的憧憬和梦，才能如实地按人们各自爱好的想象力耸立起来。这种美的体验，唯有日本、唯有日本人才能真正体味到。[①]戏剧想象力就像白日做梦，给人一种幻影，仿佛舞台上的舞蹈的手指是幻影，又仿佛剧场外杂然的现代风俗是幻影，二律背反，让人捉摸，就像纺织物的经线和纬线、照片的正片和底片，戏剧的美就在想象中。

与此同时，三岛提出：恶是一种不测的力量，恶与美几乎以同等的力量存在着。在日本中世戏剧，美是作为当时社会秩序的异名，剧作家从中发现了美的孤独的状态。但现代社会秩序不从事任何美的生产。恶与美同样地被置于孤独的状态中，被社会疏远，成为一种秘密仪式的东西。三岛以歌舞伎为例，说明歌舞伎之具有迷人的魅力，主要是因为其中具有神秘的怪异的幻想的氛围，正如绽开的美丽花朵需要有尘土一样，艺术在许多时候是从污秽的地方产生的。个人艺术内里可以将污秽隐藏起来，但在戏剧这种集团艺术内里表

---

① 《能——学习其心》，《评论全集》，第3卷，第653页。

现出其丑陋，那是当然的。特别是歌舞伎应该产生奇怪的美的内里是清洁的，他将致力于歌舞伎内里的未知的世界。[①]他甚至认为“艺术必须有针刺，有毒素。不想吸这种毒，而只想从中吸到蜜是不可能的”[②]。三岛戏剧美学的第三个因素是自我陶醉。他强调戏剧艺术家包括剧作家和表演艺术家的创作过程，也是自我陶醉的过程。他以歌舞伎为例，说明男扮女角的自我陶醉，也就是对非自己的自我陶醉。

但是，这三个因素不是孤立、矛盾的，而是相互联系、相互结合的。如何联系，如何结合，三岛说：这大概是决定戏剧作家和戏剧表演家的天分和价值的基本条件。他说：“美是存在的力量。是客观性的保证。恶是魅惑的力量。它极尽伪装、人工和巧智之能事，是魅惑人、吸引人的力量。自我陶醉是强制戏剧家自身体内的美与恶化合的力量。也就是说，是一种将他自身和非他自身的东西——即所有外界、他人、他人的感动和情绪——用涂料封闭在体内的一种维持力量。”[③]三岛强调：只有这样，一个戏剧家才能有时代的个性，才能成为时代的灵魂。他举了六世中村歌右卫门为例，说明这位歌舞伎表演艺术家身上具有这三个要素的无可非议的复合体。

---

① 《歌舞伎与我》，《评论全集》，第3卷，第865页。

② 《致文学座诸位的“公开信”》，《评论全集》，第3卷，第662页。

③ 《六世中村歌右卫门序说》，《评论全集》，第3卷，第883页。

三岛由纪夫的戏剧论还涉及内容与形式、传统与现代两大问题。关于戏剧的内容与形式问题，三岛认为如果偏重内容，失去形式，就失去戏剧艺术的立足点。歌舞剧之所以承传至今，不是靠内容而是靠形式。在日本人看来，歌舞剧的内容与形式是分不开的，但在外国人看来，内容一向没有什么魅力，而只是陶醉于它的形式美。因为他们洞察到正是歌舞伎的形式比起其内容来更具深刻的东西。[①]他强调，他创作新歌舞伎的条件之一，是必须百分之百地或百分之百以上地利用和活用歌舞伎的技术财富，尤其是天才的形式美。[②]为此他写歌舞伎台本时，非常注意吸收歌舞伎形式的精髓，他的剧作是从憧憬形式美中产生的。但三岛也并非完全无视歌舞伎的内容问题，于是他提出创作新歌舞伎的条件之二就是：歌舞伎有许多内容在我们现代人中是不能引起共鸣的，是宣扬封建道德的。为此，如果写悲剧就必须排除其中的封建道德和义理人情，写喜剧时就必须摒弃其中的低级趣味。总之，一切都从人的动机出发，加以组合，创造出入间的悲剧和人间的喜剧。[③]三岛在戏剧理论上注意到古典悲剧必须排除其封建道德和义理人情，但在整个文学实践和生活实践方面，他又一味执着复古主义、执着古代武士的封建伦理道

① 《艺术时评》，《评论全集》，第3卷，第867页。

② 《关于〈卖鱼者之恋〉》，《评论全集》，第3卷，第870页。

③ 同上。

德，这不能不说是极大的乖离。

三岛在其戏剧论中谈及内容与形式时已经涉及传统与现代的问题，而他在歌舞伎、能乐现代化的实践中也碰到了这个问题，即在日本古典戏剧的历史进程中如何解决内容与形式上的民族化与现代化的问题。

首先，他强调传统与现代不是一种奇怪的混合物，也不是把现代的混乱模式同日本的戏剧传统放在二律背反的关系上，而是要把它们统一起来。他在《关于武智版的〈绫鼓〉》一文中总结了其创作的现代能乐《绫鼓》的导演武智氏为解决这一问题而采用的“逆引进法”的形式，即撤销来自古典剧在形式上的所有制约，只留下主题贯彻在现代生活中，但它又不是近代剧。它是以明显的形式将能乐的主题表现出来。所以他主张能乐的现代化，要导入古典剧的技法，在假面具和圆形剧场的条件下，用西乐伴奏，融合能乐、狂言、话剧等因素，达到传统与现代的有机统一。[①]

其次，他提出传统与现代的融合，不仅是形式上的融合，而且更重要的是感情的、精神的融合。他在《连接旧日本和新日本的东西》、《复苏“演剧的乐趣”》等文章中论及传统艺能与现代戏剧的关系时指出：“传统艺能和现代戏剧的融合，不仅是在形式上、表面上的融合，而且是经过了

① 《评论全集》，第3卷，第754页。

所有矛盾的激烈冲突的基础上的一种感情净化式的融合。”[①] 为此他批评初期话剧对日本传统艺能采取拒斥态度是一种“幼稚的洁癖”，同时提出传统艺能内部也要进行反省的论点。他并且注意到日本戏剧界，在解决传统与现代问题上存在的三种倾向：①在现代中复活古典的永恒主题；②借用古典精彩样式推出现代主题；③用近代的冷笑和精髓来证实朴素而大度的古典笑话。在这里，三岛提出：话剧创作虽是“近代”或“现代”的东西，但不能误认为是“西方”的东西，他特别强调“传统的基石”作用，认为今后话剧与明治维新以前的日本艺能精神的联系变得越来越重要了。“这不仅是从传统摄取技术性的问题，而且是要使潜藏在我们体内的真正的‘演剧乐趣’复苏起来。”[②]

他以《萨德侯爵夫人》的创作体验为例，说明他在开始写日本话剧剧本之后，脑子里不断出现日本戏剧与西方戏剧互不相容的正相反的性格。他认为西方传来的话剧，引起主客严重对立的正是语言，语言的理论介于其中，引起感情的对立，感情的对立就成为理论的、思想的对立，正是在这里产生戏剧的客观性，进而产生同观众的主观相对立的紧张。而日本人的人生观、自然观是不让主客产生严重对立的。所以日本引进西方的话剧，在理论解释、导演方法、表演技

① 《评论全集》，第3卷，第712页。

② 同上，第652页。

术等问题上，不必继续西方的传统，要在台词的字里行间固执地表现出日本传统的表演技术和导演技术。所以他创作话剧《萨德侯爵夫人》时，虽是“强行接受完全非日本的戏剧传统”，“理应与作者的意图相反，写成了最西化的作品”，但结果还是模仿了能乐的幽玄。之所以这样，就是因为作者毕竟是个日本人。①

从总体来说，三岛由纪夫并没有将日本传统戏曲，包括歌舞伎、能乐看做是一成不变的静止的艺术模式，他认为“它们是经常更新、不断继续变化”，在思想行为方面，它们存在“固有的封建性，给人以固执守旧的印象，但就是在这闭锁的躯壳内也是在不断地起变化的”。“只有对传统艺术不断地赋予生命，传统戏曲才能继续生存、继续成长。”②

三岛在建立这种戏剧理论的基础上，执拗地致力于将歌舞伎和能乐现代化，从它们中吸收形式的精髓以及其内容的传统文化精神，同时又将现代意识和内容灌注其中，使之成为新的现代歌舞伎、现代能乐。同时引进西方的话剧又注意与传统艺能精神的接轨。应该说，三岛在重新寻找古典戏剧传统的方向中，进行了实验性的尝试，并取得很大的成就，这在三岛文学系谱中是不容忽视的。

---

① 《为〈萨德侯爵夫人〉豪华版补跋》，《评论全集》，第3卷，第819页。

② 《作为“演员即导演家的演剧”的歌舞伎》，《评论全集》，第3卷，第889页。

第十二章　难解的美方程式

一、从浪漫、唯美开始

日本评论家佐伯彰一说过："我斗胆反复强调，三岛由纪夫是现代日本作家中最难评论的一个。"[①]的确如此，最难评的是因为三岛由纪夫的文学性格和美的方程式是极其复杂的。有的评论家说三岛是唯美派，有的说是浪漫派，三岛本人则自认为是古典派。其实，三岛是集唯美、浪漫、古典于一身，在继承古典主义文学的品格、气质、结构和文体形式中发挥其唯美与浪漫的文学精神，同时又在唯美与浪漫的外衣下，隐藏着国家主义意识，表现出其美学世界的多元性、复杂性和美的丑与恶。

三岛由纪夫发表处女作《鲜花盛时的森林》，虽始于二

① 佐伯彰一《三岛由纪夫评传》，第11页，中央公论社1988年版。

战期间，但战后发表的《青春时代》标志着他的创作是在战后的虚无和绝望中，满怀对时代的不安情绪，开始以异常的观点来审视和重新组合自己的美的方程式。

三岛的审美意识首先是日本中世的放荡的美，尤其是中世所形成的以井原西鹤所代表的“好色”的审美情趣——“即使放荡，心灵也不应该是龌龊的”——以及近世上田秋成物语文学的怪异性，并且融合西方现代弗洛伊德的性倒错说，构筑起自己唯美、浪漫的审美价值取向。

从三岛由纪夫的经历可以看出，他有着战争和战后的生活体验。他在人性的禁锢和解放、人的本能窒息与复苏、人的极端禁欲与彻底的性解放的激烈对立中，发现理性、道德、制度对情欲的阻抑，并企图冲破这种阻抑，在各种矛盾的紧张对立中保持微妙的平衡，由此形成其美学理念，其小说的结构开始大多是由性的美和性的对立组合而成。他的作品虽然常常以性爱和情事作为中心，展现异常的情欲，却不是单纯的性表象描写，更不是以煽动性欲为目的，而是致力于挖掘心理深层一种异常的情欲，以挖掘人性的真实和人的本能的真实。简言之，他是赞美人，而不是赞美色。他的《假面自白》、《爱的饥渴》等都意在将战后社会的压抑变成一种个人心理的压抑，并将这种压抑升华为艺术的官能、隐微的颓废，从中发现意外的美，超常识的美。

《假面自白》这部自传体小说集中表现了三岛这种审

美价值取向。他完全拂去伪善，无保留地展现人性隐秘的一面，把隐藏在意识深层的自然的自我暴露出来，冷静地自白自己的异常的性愿望。在这里作者企图以同性爱来努力突破人因性无能所感到的屈辱。也就是说，作者是将这种正常与异常的倒错，即异常的性欲与性倒错作为同一价值的东西的。其目的是通过隐藏在深层的人性，来探索人的性行为的真正动机。所以《假面自白》同自然主义赤裸裸的外向型自白不同，它通过性倒错的内向型自白，来对体内进行理智的探索。从一种社会心理的压抑出发，来对抗传统的道德、秩序和价值的束缚。三岛就是这样从浪漫、唯美开始，构筑起其观念上的美的世界的。

1959年，三島由纪夫在书桌前。

正是基于这种美学观，三岛的文学大都面向怪异的世界。他用自己的颠倒结构的思维方式，在现实的美与虚幻的美的交汇点上，来创造自己的艺术。他说过，他难以治愈的观念，就是“越活着就越要变成丑，人生就是整个的颠倒”。所以他常常从逆反中创造自己的文学，譬如从死中意识生，从丑中发现美，从老朽中开始青春，从伪善中挖掘诚实，从暴烈中寻求优雅，从违背道德中弘扬道德，等等。作家这种逆反心理的循环，这种落差意识的交错，正是成为其在肉体快乐与精神痛苦的对立中、在被阻抑的性欲与病态的焦虑的矛盾中展开故事和塑造人物的依据。《假面自白》的主人公“我”的心态就是这样怪异的颠倒。他憧憬近江生命中所具有的惊人的力量而产生同性爱，同时又对近江产生强烈的忌妒；近江对他冷淡时，他热切希望接近近江，他认为这是自己对近江的爱的表现；他爱园子，可是当园子对他表示爱时，他又觉得这是刺伤自己的心，欣喜地下决心不爱园子；园子发现他这种心态，原谅了他，他却觉得这是园子对他更严重的污辱，复又觉得这种污辱可以减除自己的痛苦；园子婚后，他仍然怀有与园子见面的欲望，却又觉得没有引起任何肉欲是违背常理的等等。作家的结论是：既然人的热情可以出现在违背道德之上，那么热情本身也可以在违背道德之上而存在。

《禁色》也是由性的美与性的对立组合而成的。作为主人公的老作家俊辅由于貌丑，年轻时曾被女性疏远乃至拒绝其求爱，年老后他将长期压抑在其生命内部的浪漫式的冲动转化为复仇，即企图通过青年悠一的美的力量——相貌美和肉体美去完成其对女性的复仇。这说明作者企图通过俊辅和悠一对女性的不同的异常情欲，来把握人的本能的真实，同时以悠一对女性毫无欲求来医治有强烈性欲而失去性能力的俊辅的丑恶心理，在生的创造力和生的破坏力的紧张对立中寻求平衡。作家在这部小说的《俊辅论》一章中，就点出其美学观念是：“艺术作品的逆反性的使命，就是美的使命和美的性格。”

三岛由纪夫力图在一切价值颠倒和现实虚妄之上来探索美，最终是为了不破坏性爱的“神圣的美”，以重新建立崩溃了的自我的统一，美的完善的统一。《金阁寺》的主人公沟口就展现了这种奇妙的复杂的颠倒心态。沟口原先被金阁无与伦比的美所吸引，但由于日本战败，他产生了一种心理性的虚脱，彷徨于不能解决的丑恶的现实，苦恼于自己的肉体残疾。这种自卑意识，使他无法再忍受传统美的魅力。于是，作为传统美的象征的金阁，便成为其厌烦和诅咒的对象。作家笔下的沟口就是要从战后社会和心理的压抑中解放出来，从对传统美的爱和憎的矛盾对立中摆脱危险的美的羁绊，于是便抱着一种对美的反感，将金阁付诸一炬，求得自我的生存和金阁永恒的存在，以达到心理上的平衡。三岛似乎在说明："人容易毁灭的形象，反而浮现出永生的幻想；而金阁坚固的美却反而露出了毁灭的可能性。像人那样，有能力致死的东西是不会根绝的；而像金阁那样，不灭的东西却是可能消灭的。"（《金阁寺》）

《金阁寺》中所编织的故事，也是从美丑的现实与观念的相克中完成从认识到行为的飞跃的。施主的女儿爱沟口，并不是出于对沟口的同情，而是她有强烈的自尊心，无法接受自信心强的男性的求爱，就将有生理缺欠而自卑的沟口作为自己的爱的对象。也就是说，她将自己的自尊与求爱者的自负放在同一天平上，拒绝了爱情上所有的平衡，在美与丑的不平衡中相中了沟口这个结巴的"绝对的丑"，以为丑就是从其美的观念中产生的。这说明作家将美看做是抽象性、观念性的东西，美只有在虚幻中才能捕捉和把握，并据此重新编排自己的美的方程式。

作家在自传《我经历的时代》中曾写道："眼看肉体与理性的均衡将被打破的时候，就会在难以打破的紧张中产生美。"[①]所以他所描绘的人物，常常是从不调和的嫌恶中，以及调和难以压抑的欲求的危机中，产生一种突发性、破坏性的冲动，一种令人目眩的文明与野蛮、优雅与暴烈的撞击，作为调和美的创造。《金阁寺》的沟口之发生破坏金阁之冲

① 《三岛由纪夫·大冈升平集》，《现代日本文学大系85》，第456页，筑摩书房1980年版。

动是如此，《午后曳航》的主人公少年阿登之杀其未来的继父的冲动也是如此，在阿登荒唐的行为中，一方面反映了阿登因母亲爱上龙二而产生的苦闷变态心理，以及他对海的憧憬，对龙二的崇敬幻灭后而形成的一种受压抑的性格；另一方面也反映了作者对美的探索和追求，企图将龙二的男性美推向极点，以龙二的死来完成一个完美的世界，追求一种悲壮美的意念。这都表明作家是要从他们突发的、破坏的冲动中求其美的调和与均衡，以保持美的永恒存在。

《仲夏之死》描写大海夺走了生田胜一家中的三口人的生命，生田与妻子朝子觉得活着是一件多么残酷的事情，而在残酷的生的现实中，却又保持一种深沉的平衡，使之忘却悲伤，以不可思议的充实感来支撑他们的生活。作家的用意似乎是以大海作为宿命的象征，以此歌颂了主人公直面宿命所产生的孤独的美。《潮骚》虽然也以大海作为纯洁爱情的依托，但它描写了贫苦渔夫新治和富家女子初江恋爱的欢乐与悲哀，新治最终凭着对海的热爱，凭着自己劳动的力量，冲破了重重难关而赢得了初江的爱。在作家的作品群中，是少有这样纯真的情感、这样纯真的爱恋的。可以说，三岛美学主体之一是男色美学，他对男性肉体的热烈憧憬和官能性的倾向，包含了浪漫和唯美的因素，这种唯美、浪漫的精神与日本传统的“好色”和“怪异性”的传统审美情趣达到了完美的结合，从而发挥到了极致。这种美是三岛文学之美的存在。

二、和洋古典主义的混合

尽管三岛由纪夫是从浪漫与唯美开始，但是他没有固执于浪漫主义那种感情的情调和瑰丽的理想，更没有唯美主义那种排斥思想和精神的性格，以及矫揉造作的艺术形式，相反，这些与三岛的文学性格相距甚远。他并不是浪漫派、唯美派作家，他的作品也并非全然充满浪漫主义、唯美主义的色彩，毋宁说，他自己讨厌人们将他说成是浪漫派、唯美派作家。他在《四处流浪》一文中就指出："我被一部分人说成是唯美派作家，可是小说这种东西，是在无尽头、无道德的人与人之间关心的基础上成立的，因此其唯一的伦理基础就是美而准确地叙述事物。当然，散文的美，是应该在美隐身的地方产生的。我从这个意义上来探索美，我就憧憬希腊了。"[①]他还断言，"培育我的固定观念是浪漫主义，但我只在样式上接受浪漫主义的影响"，"我为了使这样一个自己正当化，总是自我规定，自称为古典主义者"[②]。并且一再称他是"向古典主义倾斜"。准确地说，他的唯美与浪漫是维持古典主义形态的。那么，三岛由纪夫是如何开展他的古典主义文学的呢?

---

① 《全集》，第26卷，第302—303页。

② 《空白的作用》，《评论全集》，第2卷，第241—242页。

三岛与一般日本文学家的情况不同，他的文学基本精神不是重感情，而是重理性，这是三岛走向古典主义的根本原因。他说过："大概是我误解了。我的向理性发展的嫌恶，其实是向我内心的妖魔般巨大的感性发展的嫌恶。不然，我就不能掌握自己逐渐变成古典主义的途径了。"①

三岛由纪夫的古典主义的形成，来自两个方面的重大的影响，一是日本的古典主义，一是希腊的古典主义，以及两者审美传统的交流。前者，一方面从近世井原西鹤"男色"审美情趣中获得日本古典的情绪性和感受性，通过现代的性倒错以构筑其理想中的男性美，在创作中参照其自身这一美学观念体系，来选择题材和风格；一方面受近世日本古典《叶隐》的大义即忠主君和殉死的影响，将这种武士文化精神视作一种美学的理念，为此而贯注了自己的热情，从美学的视觉出发，在绝对主义天皇制解体过程中，确立其"文化概念的天皇"，并且在创作中常常将他的天皇观抽象为纯粹的美。所以，他强调他的"古典主义的极致的秘库就是天皇，而且正统的美的圆满性和伦理的起源，在不断的美的激发和伦理的激发的灵感中，就有天皇的意义"。可以看出形成三岛由纪夫的古典主义艺术的主要倾向是肯定他所希求的作为国家和民族统一的象征天皇的精神权威。三岛以此作为

① 《我经历的时代》，《全集》，第30卷，第469页。

他永恒不变的原则，一种关于“美”的绝对概念。作为他的作家的使命，就是要在他的文学论中尽可能表达这一绝对概念。可以说，日本古典主义是三岛的美结构的重要支柱。

三岛由纪夫的古典主义的美结构的另一重要支柱，是希腊古典主义。首先，他思慕希腊艺术不注意什么精神，只注重肉体与理性的均衡，并且在这种均衡即将被打破但可能不会打破的紧张中创造出美来。在古希腊，美与伦理是一个东西。所以他说：“我在这里找到了自己的古典主义倾向的归宿。就是说，发现了创作美的作品，同自己变成美的东西的同一伦理的基准。我感到古代希腊人似乎掌握了这把钥匙。”[①]其次，他接受古希腊对生的积极肯定的基本理念的影响，追求希腊英雄主义和男性裸体造型的宏大气魄，以及在艺术上所表现出来的严谨的完美性。最突出的表现就是他的《潮骚》，完全模仿古希腊朗戈斯的古典主义，从那里汲取主题、情节、类似的矛盾冲突和人物性格，并且注入了新的文化内容。

日本古典主义与希腊古典主义两者的混合，形成这样一种主要倾向，三岛由纪夫在美学伦理上，要求恢复“文化概念的天皇制”，企图重新建立天皇的美学；在文学创作上又以赞美生和男性肉体为典范，在古代日本武士道的善的意义上以死相赌的悲壮精神，与古希腊艺术基调的享受生、崇拜

① 《我经历的时代》，《全集》，第30卷，第474页。

生的乐天精神两者的紧张对立中，完成其古典主义式的美的方程式。也就是说，他的美理念是以建立其天皇的美学观作为基础，由这种戏剧性反时代的精神和美的非感性的追求，来支持其内面两种极端相反的概念，即生与死、活力与颓废、健康与腐败等等绝对相反的概念。这些对立的东西的交织和循环，形成两个方程式，一是血+死=美，一是生+青春=美。

首先，血+死=美这一美的方程式是，给血与死这两种世上最激烈的东西以观念性的美的形象，来组合其残酷美的结构。他对“血的饥渴”如同对“爱的饥渴”一样，表现出一种异乎寻常的强烈要求。比如《午后曳航》阿登将龙二杀死，让血与五彩缤纷的海与太阳相辉映，圆满地塑造了龙二这个男性的美的形象，以保持龙二的美的纯粹性。更有甚者，将日本武士传统的切腹作为一种美的形象，比如企图以《忧国》中的武山中尉、《奔马》中的阿勋这些人物切腹的残酷场面，来展开主题，提高其特异的残酷美，从而增加作品的力度。

其次，生+青春 = 美。三岛爱死的主题，并非排除生，作为他的美的使命，他尽可能表达这两个绝对的概念。他说过：“人的生的本能在或生或死的情况下，当然是执着生。”所以他非常热烈地表现人的生的欲求——性与爱的主题。但他的出发点与一般日本作家不同，他更多的是对男性的生、青春与肉体的憧憬，将其延伸、提升并艺术化。所以从《假面自白》开始，经过《潮骚》而至《忧国》等等，都

在客厅里。

是紧紧抓住男性的生、活力和健康，即男性的肉体行动，以其独特的方式来表现男性肉体最真实最激烈的东西。男性肉体美成为其艺术美的绝顶。

三岛由纪夫为完成这两个美的方程式，经常超越常规带着反抗和冒险的精神，采用逆结构的方法论来进行演绎，不断地从死中意识生，在虚构的世界中寻求一种虚无的美，将观念性的东西推到绝对的方向。他的作品群就是这样由他个人这种逆思想方法来构筑一种永恒的观念性的美的世界。三岛本人在描绘其自画像时，讲过这样一段话："我穷其一生只用我的美学雕塑，也同样只用我的美学破坏不是这个世界的丑怪的巨像。于是美神的幻影大概会出现同样只有我的美学的空间，并且充实这个空间。我的愿望是创造我所想象的自由人，也打倒这种自由人。因此我大概才成为穷绝于想象的自由人吧！"①

对于三岛由纪夫的美学最本质性影响的，可能就是能与他的古典主义性格融合的中世日本能乐了吧。他的《近代能乐集》自不消说，他的《中世》、《金阁寺》、《英灵之声》乃至《丰饶之海》四部曲等的文学和美学的底流，也都是源于能乐，即来源于能乐的幻想情趣、梦与转世的主题、超现实的迷离恍惚的梦幻世界。简单地说，来源于世阿弥的

① 《反抗和冒俭——自画像》，《全集》，第25卷，第243页。

《风姿花传》的幽玄情趣，对于人物的描写，不重视性格和行为之间的联系，而重视幽玄本体的美，企图借此发挥美的理想的悲剧精神。除了能乐的精神之外，能乐的形式对其作品的影响也是不能忽视的，比如为了贯穿其古典主义重理性的文学精神，非常恰当地运用能乐的“感情之节约”，赋予其“明确的、明朗的、知性的”美学特征。《英灵之声》借用梦幻能那种现世的人与另一个世界的灵魂对话的手法，通过空幻的表现来叙述自己对眼前事物的看法，以怪异的怨灵谭形式，展现其思想表达方式的特殊，对其古典主义艺术倾向的核心天皇美学，作了自己独特、大胆、有时是果断的解释。

三岛由纪夫从事古典主义文学创作，除了努力从日本文学古典世界中汲取其情绪和感觉性之外，非常重视古典式的文体和语言，将它们看做是自己的古典主义文学的生命。首先，他非常强调文体的个性，重视文体的重量感、硬质感以及考古式的精确性；其次，非常注意构成文体诸因素的语言，正确排列语言，限定一词一句的意义和语气，奇巧地在语言的独创性和普遍性的接点上，将既有语言作出普遍的排列或独特的有效组合。在创作中大多摒弃大众的语言而精心地调节自己的语言，带上几分贵族语言的色彩。所以，他非常讨厌使用“新日本语”，即新假名和简体字，而喜欢用旧假名和繁体字。再加上通过其反常的变戏法和人工装饰性的形式，以传达出自己的文学思想乃至哲理性的思想。所以在三岛的小说里，经常出现带理性的警句，而且常常是作为逆反的解说，例如美=死、爱=丑、优雅=暴烈、青春=老朽、诚实=伪善、希望=破灭等等；这种超越常识的观念性的语言组合，是三岛文体的独特性格。所以日本评论家矶田光一在谈到战后日本文坛出现三种文学模式时，特别指出第三类型就是三岛由纪夫的“文体造型”型，他以三岛的《当头文字》、《盗贼》为例，说明三岛倾注于文体的“造型”，是放弃一切现实的行动而作为一个语言的魔术师出场，逆说地表现了自己内在的对“美的死”的志向和“对破灭的希求”。他摆脱了童话的浪漫世界，转向确立硬质的造型文体和尊重知性的结构。从三岛的创作问题意识来说，将非合理的情念世界作为客观化的一种手段，知性、结构性的文体是必要的。其文体的装饰性要素是很多的，显示了他相当的成熟程度。①

总之，三岛由纪夫的作品群，主要是依靠个人的观念以及文体和语言来构筑他的观念上的美的世界。

三、危险的美与恶

“美是存在的力量，是客观性的保证。恶是魅惑的力

① 《三岛由纪夫集》解说，第416—417页，集英社1976年版。

量，是极尽虚伪、人工和巧智的力量，是迷人地把人带到天外去的力量。而自我陶醉就是一种在自身内部强行使美与恶化合的力量。”[①]这是三岛由纪夫在总题为《六世中村歌右卫门序说》里的一句话。

三岛从《忧国》开始就一步步地实践着这句话。他的一系列作品明显地反映出三岛的美意识中这种危险的美与恶的化合，以及在天皇制问题上二律背反的感情。他更多地从历史的和美学的角度，就“忠主君”、“殉死”等问题来作出自己的解释。他以恶的表现形式（如二·二六事件等）来反映美学的丑中的一个侧面——恶，更多地将恶与功利直接联系，对恶不仅通过形象，而且是通过概念去把握。三岛本人就说过：“如果世上的人是通过生活与行动来体味恶的话，我则尽可能深深地潜沉在精神界的恶里。”[②]这说明三岛的审美价值取向有了重要的变化。

三岛这种美学观的异变——追求精神界的恶，追求残酷死的美学，是与时代、社会分不开的。《忧国》问世的60年代初，围绕“日美安全条约”问题，日本产生了激烈的政治动荡。这一时期，三岛发表了《太阳与铁》、《文化防卫论》、《英灵之声》等，反对战后将天皇“非神化”，他认

① 《评论全集》，第883页。

② 《金阁寺》，《日本文学69》（三岛由纪夫卷），第170页，中央公论社1977年版。

为天皇作为国家与民族统一的象征，是神圣不可侵犯的，为天皇殉死是“近代日本人的思想正统性”的体现，而且把“二·二六事件”作为其宣扬“文化概念的天皇”的依据。强调“二·二六事件的受挫折的观念占据了我的美学观念的核心”①，竭力主张恢复“文化概念的天皇”，即天皇的绝对精神权威。他在《反革命宣言》中，进一步强调“天皇是我们历史的连续性、文化的统一性、民族的同一性的唯一的象征”，“应当复苏被侵蚀了的日本精神，必须以一死来达到这个目的”②。他在《行动学入门》中对“行动的美”所作的解释中强调“要捕捉正当战争之际的行动的一瞬间的美的闪光，而且使之永恒化。这种美的形式就保留在武道之中”③。以此为转折，“没有什么比恶、死与血，以及包含这一切的某种危险更能吸引三岛的心了”。④三岛由纪夫本人也自白，关于美，他是十分注意“对现代美的政治关系”的。⑤可以说，这个时期三岛审美价值的主体，由前期的唯美、浪漫的审美意识，转移到后期的以“文化概念的天皇”为核心的审美意识，这种转移从根本上改变了三岛的精神结构和美的结构。

---

① 长谷川泉等编《三岛由纪夫事典》，第320页，明治书院1976年版。

② 《全集》，第34卷，第12、230页。

③ 同上。

④ 松本鹤雄《战后变革时期的文学》，见《战后文学史·年表》，第106页，讲谈社1978年版。

⑤ 《关于美》，《全集》，第25卷，第279页。

如果说《忧国》之前，三岛文学的主要倾向是唯美、浪漫与古典主义的结合，那么《忧国》出现之后，他在唯美、浪漫、古典主义的外衣下暗隐的国家主义意识就日益显露出来。对天皇制传统观念的憧憬及其精神支柱——武道文化精神的执恋，就成为其美学观念的核心。

《忧国》是反映三岛前后期两种审美意识交错的最具典型意义的作品，同时也是三岛文学、美学的一个重要转折点。作者在《忧国》中，似乎是要在肉体的欲望与忧国的至诚、肉体的愉悦与肉体的痛苦的对立中塑造武山中尉及其妻子丽子，使他们两人在上述两种矛盾冲突的高潮达到完美的统一，使决心殉死的中尉看不到以上两者的任何矛盾和冲突，甚至认为两者是一个东西。所以，他们等待死的时候，心中充满了甜美的情绪，在肉体上尽情地狂欢，使爱与血、爱与死重叠而推向极致，从最激烈、最紧张中创造所谓“美”。可以说，三岛后期的审美观念中，血与死仍然成为其艺术的重要表现之一。

另一方面，在血与死中加上恶，加上他的“忧国至诚”，即为“大义”而死的所谓“悲壮美”，“神格化的天皇的美”，这与作者所谓“美之所以美，乃是因为它灭亡”，就是为天皇“自我牺牲之美”是一脉相通的。也就是说，三岛最终把文化概念的天皇当做美的根源，形象地宣扬为天皇殉死是最高的美，并为能充当这种“美的特攻队”而自豪。所以《忧国》所强调的就是主人公武山中尉在“至诚”之下，直面死的痛苦，却不惧怕死，就是以武士的精神来支配其行为，以调和肉体与精神的乖离，企图达到其肉体系列与精神系列两种价值体系的统一。三岛这种审美意识的追求，不能不使他的美学走向危险与恶的绝境。所以日本评论家松本鹤雄指出：“三岛美学的矛盾就在这里。本来美是由丑来维持的。为了描写神格化的天皇的美，他无论如何也要描写迄今他所避忌的丑的世界。”①

以《忧国》为转折，三岛由纪夫的文化概念的天皇意识更加膨胀，他进一步确立起自己以意识形态为主体的文学模式，无论在文艺观和文学创作上，其审美价值的判断都带有一种国家主义色彩。他对“二·二六事件”的主题表现出异常的关心，并且毫不踌躇地站在自己的立场上来赞美日本尚武的传统。《忧国》及此后发表的《英灵之声》和《十日菊》构成了三岛由纪夫的“二·二六事件”三部曲，它们表现了对天皇的敬畏与积怨，宣扬了“作为美学的天皇制”。

三岛由纪夫的绝笔《丰饶之海》四部曲是以东方的轮回转世思想作为基础，通过从开篇至终结始终活跃于四部曲中的本多繁帮，提示《春雪》中的清显、《奔马》中的饭沼勋、《晓寺》中的小月光公主，以及《天人五衰》中的

① 松本鹤雄《三岛由纪夫的国家主义》，见三枝康高编《三岛由纪夫——其命运和艺术》，第256页，有信堂1971年版。

安永透的轮回转世，以无止境的生与死来说明五衰[①]、重复转生，天人也是不可避免的，并以梦维系四个转世。书中描写清显的恋人聪子经过67年的变迁，不是走向衰微，而是走向净化，没有记忆，没有过去，到头来竟是一场空，一切都是虚幻，一切都不存在，以此来宣扬“色即是空，空即是色”的佛教空无观，作家似乎要在虚构的世界寻求美的存在。在三岛的深层意识中隐藏着一种对自我存在的不安感，企图在梦的无意识的世界里寻求新的欢乐，这四部曲也是三岛一再宣扬为“文武两道”的小说化，一方面是古典式的优雅，一方面却是暴力的爆发；一方面宣扬对天皇制绝对的忠（《奔马》），一方面又犯禁，表现在尊皇上的矛盾与苦闷（《春雪》），将文雅与暴烈集于一体，正如三岛本人在《二·二六事件与我》一文中谈到的，四部曲一方面表现了古典的“柔弱纤细”，一方面表现了“威武刚强”。因此，可以说，《丰饶之海》四部曲集中反映了三岛全部美学的基本特色。

从总体来说，正如松本鹤雄所归纳的：三岛的美学特征，是“日本浪漫派精神、贵族情趣和对王朝文化的憧憬的结合，转化为天皇神格化”[②]。日本《朝日新闻》在评论三

① 五衰，天人临终时的五种衰相。

② 松本鹤雄《三岛由纪夫的国家主义》，见三枝康高编《三岛由纪夫——其命运和艺术》，第261页。

岛文学时也写道："与所谓战后派文学同现实的密切结合相反，他是在完全虚构的世界里展开唯美主义"，但"自1960年起，从《忧国》、《英灵之声》到《奔马》等作品，三岛已经脱离了西欧美学，而一头栽进了称为日本主义、东洋性的精神世界，充满着'自刎'、'大和魂'、'天皇'之类的词句，开始带有'忧国之士'的风貌。"[①]这充分说明，三岛由纪夫后期的美学思想和创作活动，是在把文化概念的天皇作为美的根源，以及从历史上的天皇制理论寻找其文学、美学理论的根据。因此，我们在论述三岛由纪夫的美学价值及其意义时，不能忽视他在前期审美意识到后期审美意识的变化中，其意识形态所起的作用。事实上，三岛的作家活动，已经从艺术上的唯美、浪漫、古典主义，转向复古主义、国家主义，同时已经超越文学而及政治、社会、文化、历史等领域了。

① 转引自《参考资料文艺专辑》，新华社1970年12月17日。

第十三章　从天才到疯子？

一、誓当“丑盾”

三岛由纪夫在发表《太阳与铁》、《文化防卫论》等长篇文章，系统地论述他的“文化概念的天皇”和“文武两道”的理论，并将这种理论变为“行动哲学”的时候，便积极投入锻炼肉体，同时于1967年4月用原名平冈公威第一次到陆上自卫队富士学校、久留米候补生学校、习志野空降团基地体验自卫队生活，并试乘M24型坦克。同年12月到航空自卫队百里基地体验生活，作为文人首次试乘F104超音速战斗机。此举恐怕在世界史上也是罕见的。

1968年初，极左翼学生运动掀起了一个新的运动高潮。右翼学生中辻和彦、持丸博、万代法创刊了月刊《论争新闻》，并自任正副主编。三岛有意识地向该刊投稿，一方面宣扬自己的观点，一方面策划以大学生为中心成立一右翼团体，以实现其主张。也就是说，他企图以自己作为桥梁，促成右翼学生运动与自己的“行动哲学”两者结合在一起。为此1968年2月他去北海道千岁演习场试乘陆上自卫队第七师团的61型坦克之后，又马不停蹄地带领右翼学生入自卫队体验生活，接受严格的军事训练。2月、3月，他分别率领中辻、持丸等两批右翼学生，共约40人，赶赴陆上自卫队富士学校泷原基地体验军旅生活和接受军事训练，包括攻击阵地的战斗训练。接着7月又率领热心于争取归还北方领土的“全日本学生国防会议”的森田必胜、古贺浩靖、小贺正义等30名学生到同样的自卫队基地进行同样的体验和训练。每次入队，三岛都率先示范，从早到晚与比他年轻20多岁的学生一起摔、打、爬、滚。有时行军走险路、爬60倾斜度的山地，他也和学生们一样背上枪支、帐篷等，全副武装行进约40公里。有时在森林行军，他的手脚被藤蔓纠缠，他的脸颊被荆棘刺伤，他好强不认输，勇往直前，从不掉队。在空降团时，训练计划更严格，要接受基础攀登、降下技术以及模拟跳伞等，而且每天早集合都得检查军容，纽扣松了、鞋带乱了都得受罚，做10次30个俯卧撑。有一次三岛没有扣好胸扣，也照样受罚。一天训练下来，弄得精疲力竭。年轻人睡一大觉，就消除疲劳，可三岛年已40有余，不断积劳，有时他也慨叹自己从未曾想象过自己是多么疲劳。最让他头痛的是，空降团的饭食太硬，他嚼不烂，心想：只有咬得动这种坚硬食物的人才能算得上是个真正内行的军人。这些饭食即使嚼不烂，他也硬咽下去了。这样严格的训练，对于人到中年的三岛由纪夫来说，并不是一件轻松的事，但为了实施他的“入队体验”的目的，他甘心情愿。他感到能够战胜与学生的20有余的年龄之差，能忍受下来，也就十分自豪。从1967年至1970年11月，三岛前后12次率学生“入队体验”。这批右翼学生经过“入队体验”，或多或少地接受了三岛理论的影响，进一步向三岛靠拢。

三岛由纪夫到自卫队“入队体验”，开始是“悄悄的”，为此他用了原名平冈公威。因为他担心“用三岛由纪夫这个名字张扬出去，会像乘社会之风，扬帆游弋，影响对方的训练”。后来公开化了，他声明：“我不是受任何人委托而是自发的行为”，并且表白他这样做，“人们会把它看做是政治性也罢，非政治性也罢，我都不顾了”。[①]

为了澄清社会舆论的所谓“误解”，三岛单独接受《每日周刊》记者的访谈。

记者问：现在自卫队似乎有一种背阴的内疚似的感觉，你不感到这种气氛吗？

三岛答：正因为有这种气氛，反而使人感到不要把它拿到表面上来。在自卫队围墙里，持这种心情的人，有一种试

① 《体验自卫队、悄悄“入队”46天》，《全集》，第33卷，第16页。

图互相安慰的心理，这是很自然的。“入队体验”之前，我就考虑过要在他们当中酿成“你等着瞧吧”这种心情的小动作。不过，我在内部也强烈地感受到了。我相信，我的想法既不是军国主义，也不是法西斯主义。我所盼望的，只不过是要把国军放在国军应有的正确地位上罢了，只不过是设定国军与国民之间的正确平衡罢了。

记者问：《英灵之声》中你写了你对“人的天皇”的幻灭，自卫队队员们的天皇观，是怎样的呢？

三岛答：自卫队队员们对这个问题的不关心到了令人吃惊的程度。对此，我十分震惊。但是，我不知道这是目前的制度造成的呢，还是陛下的心情造成的？当我听说，陛下在羽田机场迎接外国使臣时，站在一旁，避开自卫队仪仗队，我真有一种难堪的心情。

记者问：对你来说，“实行”具有什么意义呢？你喜欢军人吧？

三岛答：从本质上说，我并不讨厌军人。我并不喜欢认为军人是坏。关于“实行的权化”，我想文学家也要“实行权化”。我对“实行”的种种形式非常感兴趣。很早以前，我对肉体和精神的关系就抱有极大的兴趣。所以，我对“实行”这种最极端的形式应该表现在军人身上，也是很有兴趣的。

三岛在《泷原基地是我的第二个家》一文中还说：“在那里我受到自我的尊贵和严格的教育。它教会我走向思想和

1967年，三岛由纪夫乘坐F104超音速战斗机。

行为一体化，以及精神与肉体综合的严格的正确道路，教会我流汗水受劳苦、男子汉坚韧的忍耐、忍耐，最大限度地探求自己、纪律和只有克服它的人才懂得的快乐。”

可以说，这段话是三岛对“入队体验”的总结，也是他成立一个贯彻他的这种思想的特殊组织的最初设想。

三岛起初构想成立一个名叫“祖国防卫队”的民间防卫组织，以一万名基干产业成员，作为其组织的对象，目的是所谓“以备间接侵略，保卫日本国的主体性”。但在这一系列“入队体验”之后，他修订了原先的设想，以这些经过训练的大学生为骨干，于1968年10月5日在虎门教育会馆正式成立他多年来设计的右翼学生集团——盾会。三岛由纪夫之所以取名“盾会”，是源于日本最早的“诗经”《万叶集》中的一首防人歌，作者是火长今奉部与曾布，诗曰：“今日不顾我身家，誓为大君当丑盾（原歌为“丑御盾”）。”歌的大概意思是：今日不顾自己不顾家，为了天皇而去卫戍边防。“丑”者指自己无用，“盾”者指阻挡天皇的敌人射来的箭之盾牌也。换句话说，作为战士，一旦接到卫戍令，就要自觉地舍弃自己的一切，全心全力去完成保卫天皇的任务。“丑御盾”也是古代爱国的形象。整首歌的中心思想，是宣誓为保卫天皇而献身。这恐怕可以简明地表达盾会的宗旨。

“盾会”成立大会上，作为会长的三岛由纪夫谈到“入队体验”和成立盾会的动机时说道：我在“入队体验”中，偶然体验到各种事情。我不能忘记我受到这种好意的训练，以及人际关系的美。不仅我个人，作为日本人，我也希望今天的青年人能够一起来感受这些。我抱着这种心情，特请自卫队辅助，对他们进行了一个月的训练，结果培养了正如今天大家所看到的那样的纪律，他们比一般青年更能够整齐划一行动。战后有一种风潮，就是嫌恶军队的行动。我认为这是非常伪善的。在这里，我认为这并不含有军国主义或法西斯主义的意味。日本人在市民生活中自然地会有军队的教养，经过训练，便随时都可以握枪奋起，对付外来侵略或内战。青年中必须多几个这样的人。在这里，我们有信心自己可以吸收日本的文化乃至思想成长起来。这就是我们成立盾会的动机。

盾会成立的翌月，三岛对英国杂志《欧文》（OWEN）记者谈得更具体、更明确，内容大意是：盾会是永远站在军队一边的。我们不知道何时会行动起来。但说不定这种时刻明天就会到来。盾会不搞街头的示威运动。不打标语牌。不投掷石块。不搞反对什么的运动。不开讲演会。除了最后关头的战斗以外，不参加任何运动。它是一支没有武器、拥有锻炼的肌肉、世界最小的、怠惰者的、精神上的军队……我讨厌日本战后的伪善。我虽然决不将和平主义者叫做伪善者，但日本和平宪法被左右（翼）双方利用作为一种政治的借口。结果没有一个国家像日本那样，和平主义成为伪善的代名词。在这个国家最没有危险的、让人尊敬的生活方式，大概就是左翼、和平主义者和非暴力论者。其本身是没有什么可指责的。但是这样，随着知识分子的顺从达到极限，我对所谓知识分子的顺从就抱有怀疑了。毋宁说这不是危险的生活方式吗？另一方面，知识分子、沙龙社会主义者们的社会影响力，就毫无价值地过分扩大了。[①]

三岛在盾会成立一周年所写的《“盾会”的事》一文中，也重复了这样一段话。

从盾会的取名以及三岛多次公开谈论成立盾会的动机，可以看出三岛成立盾会，是由于他长期以来不满日本战后体制。用他的话来说就是“讨厌日本战后的伪善”，苦苦追求“文化概念的天皇”以及竭力恢复尚武和武士的文化传统的必然结果。如果说，他写《文化防卫论》、《太阳与铁》等长文，是为实现他的理想而在理论上加以探求，那么他成立盾会就是要在实践上实现他的理想，即用行动充当“丑盾”。在上述谈话和文章中，三岛不仅从行动学方面，而且也企图从文学方面进行解释，这就是他所说的：“我相信文学是与战斗和责任无缘的世界。大概这就是我特别喜爱日本文学优雅传统的缘故。如果为了行动的语言全部受到污染，那么就必须甘冒一切误解行动起来，恢复日本另一个

---

① 《评论全集》，第2卷，第510—511页。

传统——尚武和武士的传统。”

“一曲美的哀切的古曲，让人联想到洒落露珠的秋野。雅乐是在11世纪所写的《源氏物语》的背景下演奏的音乐，主人公光源氏和着这音乐舞蹈了‘青海波’。我听着听着，我的心被这笛声夺去了。我感到眼前，战后日本一次也没有实现的东西，即使短暂，但完全成就了优雅与武士传统的幸福的一致性。这正是我多年来心中所追求的东西。”①

后面这段话，是指1968年夏，盾会成立前夕，三岛率领30名学生在富士学校“入队体验”时，听见从古都京都来的一个学生吹奏横笛后的一种感怀，他觉得战后日本文学优雅与武士传统荡然无存，乍听入队学生吹奏美的哀切的古曲，油然生起一种幸福感，觉着即使这支古曲声是短暂的，但它是自己多年来梦寐以求的东西，它完全成就了优雅与武士传统的统一。这段话与前面的一段话是互相呼应的，不同的是，一个是用行动哲学语言来表达，一个是用文学语言来表现，异曲同工。他表示如果这种优雅与尚武的传统受到现代的污染，作个注释的话，那就是天皇的文化、历史和传统受到污染，他就甘冒一切误解，行动起来。三岛由纪夫为了盾会，可谓呕心沥血。1969年10月3日他主持盾会成立一周年纪念活动，特地选择面对皇宫的国立剧场屋顶举行仪式。之

① 《评论全集》，第2卷，第512—514页。

前，三岛抱着热切的希望到镰仓川端康成宅邸，邀请川端康成出席并致贺词。一向讨厌政治的川端康成用非常冷淡的口吻说："不，哦，不。"这一回答，使三岛大失所望。可以说，川端的拒绝，对三岛的打击是很大的。也许这是一种征兆，3日上午，东京天空不停地下着霏霏小雨，一片蒙蒙的灰色。有名的客人寥寥无几，只有吉田茂的女儿麻生和子，近卫文麿的孙子，名演员倍赏美津子、村松英子。举行了"阅兵式"后，三岛带头面向皇宫双手合十遥拜。仪式结束后，三岛以《菊与刀》为题发表演说，重复了他刚发表的《文化防卫论》的"文武两道"的论点。散会后，外国记者追问三岛对日本传统中的英雄如何看法？三岛回答说："日本英雄全是受挫折的，而且全是悲惨的挫折！"此时此刻他的脑子里，似乎又泛起他的"夭折美学"来了。

三岛由纪夫为了保证盾会能始终贯彻他的独特的思想，以避免染上别的色彩，他拒绝一切财团的资助，完全用自己的稿费来维持盾会的日常开支。当盾会的重要成员中辻和彦等人请求右翼头目田中清玄资助《论争新闻》的时候，三岛十分愤怒，与他们发生严重的意见分歧，最后将中辻等7人除名。三岛突然失去中辻这只右臂，十分伤心和惆怅。他命其重要的左臂森田必胜接替中辻和彦出任盾会学生负责人。森田必胜是非常崇拜三岛由纪夫的，他安排盾会例会学习三岛的《文化防卫论》等著作，将三岛视同"天皇"，自始至终随从三岛的左右。尽管如此，三岛失去10个骨干中的7个，只剩下森田、小贺、小川三人，对三岛的打击还是很大的。当时的首相佐藤荣作，也曾通过副官房长官木村俊夫向三岛表示过他愿意每月捐赠盾会一百万日元。对三岛来说，自民党政府是忘掉日本人的灵魂、企图维持战后体制的“敌人”，所以他也坚决拒绝了。不仅如此，他还拒绝与任何既定的右翼团体发生联系，并且将盾会成员中参加其他右翼团体的人除名。所有这些，按三岛的想法，都是为了保持盾会的“纯粹性”。由于经费有限，三岛限定盾会会员不超过100人，确确实实是一支“三岛小队”或“三岛私家兵”，人们甚至将它戏称为“玩具军队”。话又说回来，盾会100会员中死心塌地跟着三岛走的，就是森田、小贺、小川、古贺这么几个人，而且盾会会员中还出现过批判三岛的“天皇观”的事例。

三岛在盾会成立前后多次发言提及的参加“最大限度的战斗”、“实行权化”、“‘实行’是一种极端的形式”，他都没有作进一步的解释。但在盾会成立之后，他开始以他的“实行”一步步地作出明晰的注释。

二、1970年11月25日这一天

经过多年的“入队体验”和盾会的活动，三岛由纪夫于60年代末70年代初，开始“实行”了。

这个时期，世界处在东西方两极对立的冷战时期。在世界各处掀起了一股世界性的极左思潮。日本极左翼采取所谓“革命的暴力行动”，占领安田礼堂，并在国会周围以及新宿、六本木、筑地、高田马场、银座等地，筑路障、焚警车、袭击警察局和派出所、阻止佐藤荣作首相访美等破坏性的骚动，这些极左派学生与警察发生大规模的冲突。极右翼采取与之相应的态势，蠢动起来。日本极左与极右两派处在更加严重的深刻的对立局面。作为右翼作家的三岛由纪夫，虽然没有参与任何暴力行动，但他曾与占领安田礼堂的极左翼学生对话，表示如果学生高呼“天皇陛下万岁”，那么他也同学生一起坚守安田礼堂。过激派学生在银座与警察机动队发生冲突时，三岛登上银座四丁目派出所的屋顶“坐山观虎斗”，这一晚三岛是极其兴奋的。三岛的母亲倭文重用“无所措手足”来形容他当时的情景。对于只依靠警察的力量，就能将过激派学生镇压下去，三岛的心情是非常复杂的。他一方面感到激奋，一方面又觉得警察可以简单地将过激派学生镇压下去，动用自卫队“治安出动”就没有理由。他们盾会就失去了与自卫队“共同行动”的机会。于是三岛提出“盾会今后怎么办”这个问题，征求盾会干部的意见。森田当时提出：盾会和自卫队一起包围国会，提议修改宪法如何？起初三岛对此并没有赞同。到了1970年4月初，三岛邀盾会骨干小贺正义到千代田区内幸町的帝国饭店个别谈话，探听他有没有参加“共同行动”的意向。4月10日，又向盾会另一骨干小川探询同样的问题。他们都做了肯定的答复。4月中旬，三岛就邀盾会学生负责人森田必胜和小贺、小川到自己家中进一步落实“共同行动”的计划。席间三岛提出盾会和自卫队“奋起”，占领国会，呼吁修改宪法的设想，但未提出任何具体的方案。自此以后，三岛日日夜夜地在心中摸索着依靠自卫队来“实行”盾会的“行动”计划。6月13日，三岛又邀森田、小贺、小川三人在一家饭店密商“实行”的具体计划方案，5月份以前还对自卫队抱有期望的三岛沮丧地说：“不能期望自卫队了，我们必须依靠自己来实现共同行动计划了。”他说罢，提出两个方案：一是占据自卫队弹药库，确保所需要的武器；二是拘禁自卫队首长作人质，鼓动自卫队队员响应去占领国会，强迫国会通过修改宪法的决议。但森田、小贺、小川反对，理由是两个方案同时“实行”，“兵力”分散，很难完成任务。所以经过再三研讨，最后决定采取第二个方案。之后，4月25日，三岛与亲朋故友举行“诀别”宴之后，特别是7月份之后，事实上就处在与世隔绝的状态，他身边除了盾会的人之外，只剩下一个友人，就是伊泽甲子麻吕了。

经过几个月的反复策划，到了9月9日，三岛在银座四丁目一个西餐馆约见古贺，提出盾会会员在市谷自卫队基地训练的时候，他用轿车将日本刀运进基地，由5个会员将自卫队东部方面第32连队连队长扣押在连队长室作人质两小时，然后集合自卫队员，提出他们的诉求。估计自卫队人员不可能有人愿意与我们共同行动，那么我们自己必须一死了之。而且三岛将行动月订在11月25日。之后，三岛等5人还到麴町东条会馆照相部摄影留念。21日，森田侦察到这一天连队长将不在基地，所以临时将目标改为自卫队东部方面总监。三岛并且立刻打电话给总监部约见总监，时间定在25日上午11点。在这前一周，三岛由纪夫接见了与自己意识形态相左、自己一直拒绝与之会面的评论家吉林尚，谈到了战后的体制、文武关系、天皇的必要性等他近几年来老生常谈的问题。这期间三岛给他的恩师清水文雄写了信，说："《丰饶之海》即将终结了，'这终结之后'……这句话作为禁句，我没有对家人讲，也没有对出版社讲过。对我来说，这终结也就是世界的终结了。"[①]他给美国学者亨利·斯克特·斯托克斯的英文信，也写了大致相同的内容："《丰饶之海》终于接近最后了，我好像觉得世界也将终结似的。"[②]他还分别给他的两个美国朋友、日本文学研究家唐纳德·金和莫利斯教授写了信，拜托后事。内容是让他们促成《丰饶之海》四部曲最后两卷翻译的事，以便能以完整的形式用英文出版，他相信在读者中是会找到几个知音的。给唐纳德·金的信是

① 转引自渡边广士《丰饶之海论》，第75页，审美社1972年版。

② 《三岛由纪夫——死与真实》，第27页。

用日文写的，信中还写道："我终于如我的名字那样变成魅死魔幽鬼夫[①]了。""今夏你来下田时，我非常高兴，对我来说，那也是我最后一个夏天了。我内心暗自向你告别，我们度过了愉快的时光。""很久以前，我就想过我要作为武士而死，而不是作为文士去死。"给莫利斯的信是用英文写的，内容还有"我将自己一生的感触、思想都写进《丰饶之海》里了。小说完成后我就采取行动"。两封信的签发时间只写昭和45年（1970年）11月，没有具体日子。据推测，可能是事发前不久。

同时还分别给日本广播协会（NHK）记者伊达宗克和《每日周刊》记者德冈孝夫写了两封内容大致相同的信，准备让一个盾会会员在事发当天面交他们两人。大意是："在旁人眼里，我现在大概是个疯子了，但我希望你们能理解我，我们纯粹是出于忧国之情。"

日子一天天地过去，三岛由纪夫也一步步地按计划走向死亡。23日和24日两天，三岛与其他4人租了千代田丸之内皇宫饭店519号房间，进行了8次"行动演习"，从进总监室后，三岛与总监寒暄、欣赏日本刀、三岛暗示行动、一些人捆绑总监、一些人在入口处构筑障碍物，以及不择手段拦阻自卫队队员进总监室、散发《檄文》、讲演，一直到三岛、

① 日语魅死魔幽鬼夫与三岛由纪夫谐音。

森田“切腹”，他人“补刀”等等。24日演习结束后，三岛提笔写了两首绝命诗：

男儿持长刀
刀鞘刷刷响
岁月多磨炼
今日降初霜
世上人间厌凋零
晚风催花率先落

其他4人也各自作了一首辞世诗。之后，三岛打开电视机，放大音量，大声练习讲演。整个“行动演习”结束后，下午2时三岛给《每日周刊》的德冈孝夫、日本广播协会的伊达宗克挂了电话，约定翌日（25日）上午再给他们挂电话。3时左右，他又给新潮社编辑小岛千加子挂电话说，《丰饶之海》最后一章已经完成，他明天中午以前必须去参加盾会定期例会，约她于10点来家取稿。6时过后，三岛劳累了整整两天，和森田、小贺、小川、古贺来到港区新桥的“末源”日本餐馆举行“辞世宴”。宴罢，回家路上，三岛在车厢里对众人说：“总监是个好人啊。事出无奈，着实过意不去啊。不过，在他眼前自杀，他是会理解的。”同时还作最后部署：“如果在进入总监室前后，事情过早败露，5人就咬舌自尽。”三岛回到家里，像往常一样，关在书斋里伏案完成《丰饶之海》四部曲的最后一部《天人五衰》的最后一章。他完成了这一章的最后一句：“这个庭院里空荡荡的，本多心想：自己来到了一个既没有记忆，也没有任何他物的地方。

“庭院沐浴在夏日的阳光中，一派静寂……”然后端端正正地写上“三岛由纪夫、1970年11月25日”两行字，放在一个信封里，用红铅笔在信封上写上“遗稿”二字，后来又用笔涂掉，在这个信封上加套了两个信封。

三岛为什么写上“遗稿”二字又涂掉了呢？可能是他想到如果编辑按10点准时来取，她回到出版社打开三重信封，看到“遗稿”两字时，正好是午间电视新闻报导他们的“戏剧”高潮，这样效果最佳；但如果万一编辑在车上打开信封，即在他们的“戏剧”高潮未到之前，让编辑先看到“遗稿”二字，就会把事情弄糟，所以最后还是决定涂去这两个字吧。三岛在这个信封上再加套了两个信封，在最外面的信封上，一反常态地用红水笔——平时总是用黑水笔——写上新潮社编辑小岛千加子的名字，然后用订书机订上。本来套两重信封就足够了，为什么三岛要套三重信封呢？据说在佛教里“三界”代表过去、现世和来世，用意是代表“三界唯一心”中的三呢。时已深夜，三岛当夜是否能安然入梦呢？

11月25日，三岛由纪夫比平日早起床，入浴后，细心地修剪好胡子，系好6尺的日本传统兜裆布，没有穿衬衣，直接披上盾会制服，一切像往常一样，只是表情显得有些严肃。夫人瑶子早已送两个孩子上学，家中除了女佣，只有三岛一人。他开始准备出门的东西，将一把短刀、一把匕首、标语、要求书等放在书包里，然后将他那把“关孙六”日本刀也取了出来，走进书斋里，感慨万千地在一张白纸片上写了以下两句话：

生命诚有限
但愿能永生

放在书桌上，然后走出书斋，将套了三重信封的遗稿，放在门厅显眼的桌子上。

出门前几分钟，他按前一天约定的，给德冈孝夫、伊达宗克挂了电话，让他们赶到位于市谷自卫队东部方面总监部对面的、盾会定期例会会场——市谷会馆，但他没有告诉他们将会发生什么事情，只嘱咐他们戴上记者臂章和照相机，大概是让他的新闻界朋友亲自目睹他的戏剧性场面并抢先报道出去吧。

10点整，森田必胜、小贺正义、古贺浩靖、小川正洋驾着一辆白色轿车来到位于大田区南马込三岛宅邸。小贺正义独自进屋，三岛将三封信交给了小贺。这三封是致小贺、古贺和小川的信。小贺接过信后，先回到车厢里。三岛的父亲平冈梓看见自己的儿子腰间挂着日本刀出门，便随便问了一句：“还去训练吗？”三岛也机械地应了一声：“唔。”三岛走进车厢后问了一句：“读过信了吗？你们三人不能死，明白吗？好好注意总监的动静，不能让总监自杀。就是这些。”

那三封信实际上是三岛的命令状，内容大意是，他自杀由他自己负责。森田自杀是代表忧国之士亲自示范，让后世弘扬森田精神。让三人留下来，在法庭上陈述盾会的精神。信的最后写道：“一朝为同志，生死相隔，矢志不渝。死易生却难，将生之苦难委以诸君，于心不忍。但盾会精神能否弘扬，全赖诸君努力。令诸君不畏艰辛，忍其难忍，贯彻初衷，向重建皇国日本迈进！”

车子经过三岛长女纪子的学校门前，三岛由纪夫开玩笑地说：“在这种时候，如果是电影，就会配上感伤的音乐了。”说罢，三岛唱起《唐狮子牡丹》：“义气人情一秤称，男儿世界重义气。”其他4人也和唱起来。一阵笑声和歌声打破了车厢里的沉闷空气。这时候，众人百感交集。三岛已经处在异常昂扬、兴奋和狂躁的状态。他说：“6年前我写了《忧国》，现在又写了《丰饶之海》，没想到今天自己要实际表演了。真想象不出再过3小时我们就要死的样子是怎么样的。”

车子在高速公路上飞驰电掣般地向目的地驶去。时间尚早，他们便从外苑口出了高速公路，在明治神宫外苑周围绕了两三圈，然后开往市中心——新宿区市谷本村町陆上自卫队东部方面总监部大门。到达时间是上午10点55分。总监部门卫验明三岛由纪夫身份，便爽快地让车子通过，同时用内部电话通报了三岛来访。他们来到了总监部三层的中心大楼，业务室泽本少佐早已在门口相迎，领他们上二楼进了益田兼利总监办公室。三岛由纪夫与益田总监寒暄过后，落坐在益田总监的邻座。4名会员呆然地站立着。三岛首先介绍他们盾会会员最近一次“入队体验”的情况，益田总监询问三岛有关盾会定期例会、入自卫队训练情况后，三岛将腰间的日本刀解下，摆在益田总监眼目所能及的地方，益田总监问：

“这是把好刀啊。挂上这种刀，警察不查问吗？我知道有规定，我们也不能携带军刀呀。”

三岛答道：“没关系，这纯粹是艺术品，我有鉴定书。”他出示鉴定书，又解释说：“这是‘关孙六’，是17世纪的精品。”

益田总监站起来拿过这把时价100万日圆的“关孙六”，一边欣赏一边读着刃文，感叹地说：“太美了，我从来没有看过这样好的东西。”益田总监将刀还给三岛，回到自己的座位上。这时，三岛按约定的暗号，示意他们的同伙开始行动。说时迟那时快，小贺一个箭步绕到益田总监背后，勒住他的脖颈，用毛巾塞住他的嘴巴。古贺、小川同时拿出了准备好的绳子，与小贺三人一起将益田总监的手脚捆绑在椅子上。在同一瞬间，森田将总监室大门锁上。他们用桌子、沙发筑起一堵障碍物。三岛则站在办公室中央，时而挥舞日本刀，划出一个个大圆圈，时而将日本刀高高举起，神气十足。益田总监起初还反应不过来，以为这是盾会的训练项目，说："喂，三岛，不要开玩笑了。"后来发现三岛的表情非常冷峻，才恍然大悟，知道事态严重了。

这时三岛开口说话："请集合自卫队员，我要讲话激励他们！"益田问："你们的动机是什么？"在他们对话的前后，业务室的泽本少佐发现室内有异样的动静，立即报告了他的上司原勇大佐，两人企图冲进总监室，未果，遂即发现门脚下有一张纸条，捡起来看，是他们的"要求书"，便向邻室的山崎准将作了汇报。山崎读完要求书，便带领一批自卫队校官赶到现场，叩门声、喝令声不绝于耳。几个校官将门撞开了一条缝隙，挤进了总监室。三岛再三狂呼："出去！出去！"手无武器的自卫队军官没有退出，一步步地逼近了三岛。三岛挥刀砍去，有人受伤倒下。此时山崎准将率领6人再次冲入总监室。三岛喝令："出去！不出去就杀死总监！"山崎等人后退了几步。三岛再次喝令："出去！从屋里滚出去！"山崎准将说："不要干蠢事，冷静点！"三岛又一次重复他的喝令。山崎准将带上几分冷嘲热讽的口吻说："别演戏啦！"这一瞬间三岛已将日本刀架在山崎准将的脖颈上，厉声地说："不出去就杀总监啦，明白吗？"

此时此刻，站在总监身边的小贺已手拿短刀，随时待命动手了。这时山崎才说：“有什么要求，你们说有什么要求！”三岛一刀砍伤山崎准将，双方格斗起来。这时又有几名自卫队军官破窗而入，企图袭击三岛。三岛挥舞日本刀，又伤了几名自卫队军官。至此，一共重轻伤包括山崎准将在内的8名自卫队军官。森田跑到益田总监眼前，夺过小贺手中的小刀，作出刺杀状：“滚出去！再不滚出去就动手啦！”山崎准将担心益田总监的安全，便令众人退出。此时，三岛说：“如果接受我们的要求，我们将保证你的安全，如果不接受，就杀了你，我切腹！”益田总监问：“为什么干这种蠢事？”三岛没有回答，令其中一会员宣读要求书：

一、11点30分以前，将驻地全体自卫队员集合在本楼前。

二、倾听三岛由纪夫演讲。

三、尽快召集与本事件无关的在市谷会馆的盾会会员到此地来。

四、1点10分前两小时自卫队停止一切攻击。我方也不攻击。

五、完全遵守上述条件，两个小时后保证总监的人身安全，并在本楼的门厅交还。

六、不遵守上述条件或者受到威胁，三岛立刻杀掉总监并自杀。

益田总监答应了这些条件。这时时针指向11点35分。

驻地自卫队马上将事态向防卫厅汇报，同时与警视厅联络，让警视厅派出警察维持现场秩序。5分钟后，警视厅和新闻、电视单位的直升飞机，出现在总监部大楼上空，来回盘旋。近一千名自卫队员以最快的速度在大楼前广场上集合完毕。三岛的一个同伙率先走出阳台，向自卫队员撒下三岛由纪夫预先准备好的、以盾会会长名义发表的《檄文》，内容摘要如下：

我们看到，战后的日本受经济繁荣所陶醉，忘记了国家的基础，丧失了国民精神，舍本求末，陷入敷衍和伪善，自动地跳进了灵魂空虚的深渊。我们强压住怒火，看到政治仅仅是为掩饰矛盾、保身、权欲和伪善而效劳，国家的百年大计托付给外国，战败的屈辱未雪而只是蒙受欺骗，日本人自己在亵渎日本的历史和传统。我们梦想，现在唯有自卫队才保留着真正的日本、真正的日本人、真正的武士魂。而且我们看到，在法理上，自卫队显而易见是违反宪法的；对法律的机会主义的解释掩盖了国家的根本问题——防卫，把自卫队弄成一支不用军队名称的军队，这就构成了日本人灵魂颓废、道义堕落的根本原因。自卫队不被当成国军，他们要效忠的对象也不明确。我们对于日本战后长期沉睡感到愤慨。

我们相信，自卫队不觉醒，这个沉睡的日本就不会觉醒。我们相信，国民要尽自己的微薄力量去完成的最大职责是：修改宪法，使自卫队立于建军的本义，成为真正的国军。

日本建军的本义仅仅在于“保卫以天皇为中心的日本的历史、文化和传统”。为了要纠正国家的歪曲了的根本原则，我们要挺身而出。

现在自卫队为变节无常的政治家所操纵，被利用为政党的利益和策略服务，将要走上更加自我欺骗、自我冒险的道路。这样的自卫队连灵魂都腐烂了。武士的灵魂到哪里去了？自卫队成了没有灵魂的巨大武器库，将走向何方？美国不愿意真正的日本的自主军队保卫日本本土。自卫队在今后两年内如果不能恢复自主性，就将像左派所说的那样，永远是美国的雇佣兵。

我们等待了四年，最后一年是满腔热情地等待着的。我们再也不能等待了。但是我们再等最后三十分钟。我们一起为道义而死吧！我们是为使日本恢复日本的真正面貌而死的。难道可以只珍惜生命而不要灵魂吗？没有高于生命的价值，那是什么军队。现在我们就要让诸位看看高于尊重生命的价值在哪里！它既不是自由，也不是民主，而是日本，是具有我们热爱的历史和传统的国家日本！有谁愿意为反对阉割了这一点的宪法而粉身碎骨吗？如果有，现在就和我们一道起来，一起去死吧！我们是热切希望具有至纯的灵魂的诸位，作为一个男子汉、一个真正的武士而觉醒，采取了这样一个行动的！

自卫队员有的捡起“檄文”读了起来，有的不屑一顾，他们疑惑：为什么一个国内外知名的大作家会干这种事。这时三岛出现在阳台上，额头缠着写上“七生救国”四字、红太阳居中的白头巾，挺起胸膛，双手叉腰，在直升飞机震耳欲聋的骚扰下，拉开嗓子眼，开始了他煽动性的讲演：

自卫队是日本最后的希望，是日本魂的最后根据地。战后日本陶醉于经济繁荣，忘记了国之大本。日本精神哪里去了？政治家不考虑日本，只追逐权力。自卫队才是真正的日本魂。但是，我们被人背叛了！（自卫队员吼叫：住口！住口！混蛋！）

请安静，请安静！我相信自卫队才是真正的日本魂！（自卫队员：下去！下去！下去！）

日本失去了精神支柱，你们不知道，日本也不知道，自卫队必须把这纠正过来！（自卫队员起哄声）

请安静！去年11月21日发生什么事了？发生反对首相访美的运动，被警察镇压了。从那天起，就完全失去了修改宪法的机会。因为自民党的政治家自信动用警察力量就够了，你们明白吗？政府没有要求出动自卫队，自卫队一步都动弹不得。修改宪法就变成不必要了。现在失去了修改宪法的机会，你们明白吗？（自卫队员：不明白！不明白！别胡说！）

你们好好听着！去年10月21日以后，你们就成为维护宪法的军队了。维护否定自卫队存在的宪法了。（自卫队员：宪法有什么不好？！）

你们不明白吗？现在失去修改宪法的机会。我们等待你们觉醒，等待你们奋起。因为失去了支柱，失去了存在的依据，自卫队永远不能成为国军了。自卫队为什么必须奋起呢？（自卫队员：下来！小兔崽子！）

你们要保卫日本、日本、日本的传统历史和文化。保卫天皇……（自卫队员的怒吼声、嘲笑声打断了三岛的话头）

听着、听着，大家好好静静地听着！我是冒着生命的危险来向你们呼吁的！不明白吗？自卫队……自卫队应该和我们一同奋起。我们要坚持修改宪法！你们不能成为美国……美国的……

一千名自卫队员的“住嘴！滚蛋！把他揪下去！”的怒吼声此起彼伏，将三岛的话完全掩盖住了。三岛虽已精疲力尽，却还用那沙哑的嗓门继续说：

你们还算是武士吗？还算是男子汉吗？是男子汉，为什么要维护宪法？为什么要维护否定自卫队的宪法？你们已经没有前途，你们已经无法挽救了。你们违宪了。自卫队违宪了。你们全体违宪了。你们不知道这是太可笑了吗？你们为什么不觉醒？为什么让日本处在现在这种状态？

自卫队的吼声像浪潮般地涌向三岛由纪夫。三岛无法讲下去了。

一个自卫队员发问：“你说得多动听。那么，你为什么伤害我们的同志？”

兰岛答：“因为他们抵抗！”

自卫队员：“别说得那么动听啦！”

三岛问：“你们没有一个人跟随我吗？”

三岛等待自卫队员的反应。可是，没有一个自卫队员如三岛所期待那样响应，相反地，自卫队员的咒骂声又起。

三岛还不甘罢休，说：“你们知道武士吧？对日本人来说，剑道是意味着什么，你们知道吗？你们还是不是男子汉？还是不是武士？”

三岛有点沮丧，声音逐渐地低沉下去：“好了，你们不是男子汉。你们不奋起。你们什么事也不干。宪法怎么样也无所谓，怎么样都好。我对自卫队幻灭了！”

自卫队回应的是：“下来！”“滚蛋！”

三岛最后无奈地说：“我看透了，诸位不会为修改宪法而奋起。那么，我在这里三呼天皇陛下万岁结束我的讲话。”

说罢，三岛用最后的力气三呼“天皇陛下万岁，万岁，万万岁！”站在三岛背后的森田必胜也随着振臂三呼天皇陛下万岁。尔后两人从阳台回到总监室。三岛嘟囔了一句：“他们好像没怎么听我的讲话啊！”马上解开衣扣，脱下上衣，赤裸着上半身。总监制止说：

“别那样！别干那种事！”

三岛说：“无可奈何啊！请你活下去。这件事你没有责任。”

总监：“住手！别那样！”

三岛再也没有回答。他脱下裤子，从手腕上脱下那块时价50万日圆的美制金表送给了小贺，然后在距离总监二米多远的地毯上正襟危坐下来，用手紧紧地攥住短刀，鲜血从紧握短刀的手渗了出来。小川给三岛递过预先准备好的日本纸和毛笔，三岛在清醒、冷静之下，用自己的血在日本纸上写下一个“武”字，然后按中世纪日本武士切腹的程序开始了戏剧性的一幕：三岛将短刀捅进自己的左侧下腹，再次三呼天皇陛下万岁，然后作了最后一次深呼吸，说了句“下刀吧，不要让我太痛苦了”，就将头低垂在森田面前，森田双眼盯着三岛的脖颈，震颤着手给三岛补了一刀。时间晚了一步，三岛的身子已经倒在地毯上。森田的第一次补刀只砍了三岛的肩部，血染整个地毯，三岛痛苦地呻吟着。旁边的三个同伙喊叫：“再补一刀！”森田大概过于紧张，第二次补刀深深砍进三岛的躯体，三岛的头颅仍未落地。可是森田再没有力量，兴许也再没有勇气补第三刀了。精通剑道的古贺浩靖接过森田手上的日本刀，代补了一刀，三岛的身首异地了。整个总监室充满了血腥味。后来解剖表明，当时三岛痛苦得咬断了自己的舌头。仍然被捆绑在椅子上的益田总监连忙说："我们向他礼拜吧！"他说罢默默地低下头来，念起"南无阿弥陀佛"。

古贺从血泊中将三岛手上的短刀取下交给了森田必胜。因为按他们的计划，森田是应陪伴三岛"切腹"的。森田接过短刀，脱去上衣，效仿三岛正座，三呼天皇陛下万岁，然后用短刀切腹，因为无腕力，切得很浅，让在后头补刀的古贺将日本刀准确无误地落在他的脖颈上，首级滚落在地。古贺、小贺、小川三人大哭起来，正座祈祷。益田总监说："好了，你们不要再干了。"

三人回答："我们明白。我们遵从三岛由纪夫会长的命令，平平安安地释放总监。"于是三人解开捆绑总监的绳子，然后将三岛、森田两人的尸体并排在一起，用他们的盾会制服覆盖上，再将首与身并排，三次瞑目合十膜拜。

这场人为的悲剧完全是按照三岛的预定计划，甚至是按照预先"演习"的方式进行的。旁人眼里，这是一出闹剧，三岛由纪夫却是在认认真真地表演。

这时，警察冲进总监室，古贺、小贺、小川三人主动将双手伸出来。警察将他们的双手扣上了手铐。他们被逮捕了。新闻记者也像雪崩似地涌进了总监室，从不同角度猎取自己的新闻。

话说德冈孝夫、伊达宗克两位记者接到三岛的电话后，按时赶到市谷会馆，马上接到一名盾会会员交来三岛前一天写就的信，信中谈到他担心他们这次行动会被掩盖起来，使他的真心真情不能广传天下，所以邀请他们前来采访。信中还写道："在旁人眼里，我现在大概是个疯子，但我希望你们能理解我，我纯粹是出于忧国之情。"还附上"檄文"，他们五人的合照和五人的个人照片，背面都写上各自的姓名、年龄、籍贯等。两人读完信后，按三岛所嘱，到了会馆楼顶平台亲睹这场人间悲剧。另外，一名自卫队教官按三岛他们的要求，前去市谷会馆召集盾会会员时，无一会员愿意前去集合。

这场震惊日本国内外的戏剧性切腹悲剧，就这样，在12时20分拉下帷幕了。但它给人们留下长期的疑惑、不安、指责、谈论……直至今日。

三、事后余波

"三岛事件"通过现代化的传媒——广播电视和传真新闻，很快地传遍了日本列岛、传遍了世界的各个角落，掀起

1971年1月24日，以川端康成为葬仪委员长，于东京筑地本愿寺为三岛由纪夫举行葬礼。

了一阵又一阵巨大的冲击波。

日本各家电视台、广播电台12点午间新闻便头条播出三岛由纪夫在市谷自卫队东部方面总监部动作的消息，而且作了跟踪报导，下午一遍又一遍插播“切腹自戕”的最新消息。三岛由纪夫夫人瑶子送儿女上学以后，去马事公苑练习骑马。12点20分乘车回家途中，在车厢里打开收音机，传来了广播员亢奋的声音“作家三岛由纪夫等五名盾会会员，手持日本刀……”，她深受强烈的震动，虽不想听下去，但又不能不含泪听下去。尽管她已预感到三岛总有一天会自杀，但以为将在一两年后发生，因为三岛原先计划在1971年才完成《丰饶之海》第四卷《天人五衰》的，她万万没有想到会发生在今天，而且就在这之前几分钟。丈夫平时就说过瑶子缺乏想象力，她还不完全相信电波传来的声音。回到家中，丈夫不在家里，她相信广播消息是真实了。她急匆匆地跑到二楼，躲在寝室里久久不露面。

三岛的父亲平冈梓正在茶室里盘腿坐着，一边抽烟一边收看电视午间新闻。他看见荧屏上出现快讯“三岛由纪夫……”的字样，不禁愕然，双眼直勾勾地盯着荧屏，字幕继续闪过“闯入自卫队”。他心想：“闯入”自然就会被抓住，还没等他理出个头绪，荧屏闪过“切腹”二字。他惊呆了，转念又想：现在外科医术进步，只要及时送往医院，哪怕残废，总可以捡回一条命，但愿他握笔的右手没伤就好了。这时候荧屏出现“介错[①]……死亡”。他的脑袋轰然，将“介错”误读成“介抱”[②]，心想：经过护理，仍然死亡？他还责怪医生为什么没有做到万全护理。后来友人来电话说明，他才恍然大悟。三岛的母亲倭文重在街上耳闻这一噩耗，一进家门，就软瘫瘫地倒在门厅的地板上，昏厥过去了。

警视厅的值班警官接到第一道消息时，不敢相信自己的耳朵，还问道：“他还有脉搏吗？立刻全力抢救！”《每日新闻》采访部接到现场采访记者用电话发回的第一条消息，采访部主任也不敢相信，让记者、编辑再核对事实，而且想

① 介错，古代日本武士为切腹者补刀断其头的意思。

② 介抱，日文是护理补救的意思。

将这条消息的标题修改为“三岛负伤住院”。总之，人们都难以置信，一个这样名驰天下的大作家，在20世纪70年代伊始，为什么还用这种中世纪的武士封建传统的切腹办法，来完成自己的追求呢？社会各阶层作出了种种反应。

当时首相佐藤荣作在第64届临时国会第一天发表完欢迎天皇的演说后，刚刚步出会场，记者们将他团团围住，让他谈谈“三岛事件”的感想。佐藤首相在广播、电视的报导之前，已从防卫厅长官和警视厅长官那里获得了报告，他简单地说了一句：“我只能认为他是疯子了。”他回到首相办公室，警视厅新派来的秘书官马上向他汇报事情的详细经过。首相紧绷着脸，表情黯然。午饭后，首相又再次受到采访记者的追问：“事情越闹越大了，首相对事件背景怎样看？”首相回答说：“唔，事情的确闹得很大，究竟是什么原因呢？”“总之，暴力行为是不容许的。他脱离常轨了。只能认为他是疯子了。”

中午12点30分，防卫厅长官中曾根康弘在防卫厅内举行记者招待会，概要地说明了事件经过，然后说：这是非常遗憾的事件。三岛由纪夫这样知名度高的作家，竟然扰乱法律秩序，为幻想所驱动去杀伤人，强行向自卫队提出要求，实在让人迷惑不解。国家秩序是由庄严的法律秩序来维持的。对于用个人的思想和脱离常轨的行动，来破坏日本国民千辛万苦建立起来的民主主义秩序的事态，是必须彻底弹劾的！

“三岛事件”成为日本全国新闻的焦点，无论电视、广播，还是大报小报和周刊杂志都采取多种形式进行“热点透视”，有的用广角，有的用长距离镜头捕捉最新的信息、最新的视点。翌日，日本三大新闻不约而同地发表了社论。《朝日新闻》的标题是：《三岛由纪夫的绝望与陶醉》，说：“支配他的行动的，比起政治性的思考来，恐怕更强烈的是特异的美意识。”“他将虚构的世界置于今世，是很有才能的作家。但他的这种强烈的美意识总是驱动着他行动，企图将虚构变为现实的东西。”“他主张的国家改造的可能性是不存在的，于是他就越来越忍受不了绝望和自我陶醉的诱惑。”“我们应该承认，他批评的事实在我们的社会是存在的。但是历史不是反复地教导我们吗？解决这些问题的道路，不是他所实行的直接行动主义。民主主义不是文人剧玩火的舞台。”

《每日新闻》以《警戒暴力的风潮》为题的社论指出：“我们尽管也认为三岛的死，从本质上说是文学性的，是非政治性的，但他这样死法所刻下的心理波纹，随着时间的推移，恐怕会转化为‘政治性的东西’，这是必须警惕的。”“正如三岛所说的，在经济高速增长下，讴歌繁荣声中，存在着一种精神空虚的状态和若干政治社会的变形，这是成为招致左右翼对立的原因。在这种社会状况下，不难想象少数过激势力，不问左右，都会以三岛由纪夫的死为契机而感到它会带来更大的危机感。”

《读卖新闻》社论《“三岛事件”的反社会性》指出，这次事件与“五·一五事件”和“二·二六事件”在“本质上是不同的”，因为“现在没有当时的背景”，但文章批评警备当局对盾会没有警戒、自卫队让他们“入队体验”、协作训练等之后写道：“发生这一事件，外国将会再次出现批判日本极右和复活军国主义。不过，这始终是异常的人的异常事件，是丝毫也不会动摇我国的民主主义的社会基础的。”

事件发生的当天各报晚刊发行数激增，而且不到一小时全部售空。《新潮》、《现代周刊》等众多周刊杂志竞相以最快速度出版专刊，印数几十万册，转瞬告罄。尤其是《朝日画报》，刊登了三岛首级的照片，仅一小时，三千册就被抢购一空。

各界的反应不一，有的认为他是死谏，是“军国主义”思想；有的认为是“爱国主义”精神的表现；有的认为是虚妄的结果，徒劳无益；有的认为是他的文学枯竭而走向行动；也有的则认为是其美学的实践。

文学界也有各种各样的回响。右翼作家石原慎太郎于事发不到一个小时就赶到市谷自卫队东部方面总监部，受阻于门外，他面色苍白地表白：“三岛的行动是现代型疯狂症之一。有人将我的人生，与他相提并论。其实无论是思想还是行动，我与他是不同的。”

三岛所敬仰的恩师川端康成于下午2时20分穿着丧服，从镰仓赶到东京市谷的现场，然后到大田区南马三岛宅邸吊唁，在这全过程他都没有言语，后来发表短文说：“关于三岛之死的行动，现在我只想保持沉默。”

翌日，作家司马辽太郎著文提出三岛的死“是彻头彻尾的‘文学死’”。文学界引起了一场三岛的死，究竟是“文学死”还是“政治死”的议论。许多作家都从美学的批评出发，将三岛的死作为文学问题来理解。评论家江藤纯说：“三岛事件，与其说是政治事件，毋宁说是三岛用自己的肉体去写的一首诗。这是悲痛的不祥的事件，同时又是像在什么幻影中产生的梦一般的事件。”

作家野间宏则从历史的批评出发，指出：“三岛内在隐藏着一股狂劲，在狂劲中不得不明确地打出战争期间的思想。最近整个日本都在起变化，比如以太平洋战争肯定论为背景等，使这种思想获得明确表现的可能性。”“三岛没有真正经过战争体验，却在体内温存着战争。其结果就表现为今天这个行动。如果他经过战争体验的话，他就不会采取这种行动了。”“以这一事件为契机，危机意识形成了，而且这种危机意识朝着同历史相反的方向形成的时候，就会流向反社会的方向。反对民主主义的思想就会得到加强，持武器的势力就会纠合在一起，这种可能性是存在的。”

作家中野重治批评了日本政府对三岛事件宣传的欺骗

性，认为“自卫队与盾会之间没有什么对立，说什么政变云云，未免太厚颜无耻，至于把三岛当着疯子，更是厚颜无耻了”。同时他也指责了《赤旗报》的报导，“是令人讨厌的虚伪”。

极右翼分子和团体更是蠢动了起来，企图利用三岛事件来推波助澜，他们出动宣传车到处狂叫或散发传单，说什么：“决不让三岛的血白流！我们一定要发起行动！”“要建立维新行动队！”等等。两名右翼分子赶到三岛宅前，跪下来哭着叫嚷：“该我们干的事，却让三岛先生干了！”

根据陆上幕僚总监部就“三岛事件”对自卫队的影响，向东京及其周围的近千名自卫队员进行了无差别的抽查，结果有的回答与“檄文”共鸣，甚至有的回答有“很大的共鸣”。在防卫大学学生心理调查中，有不少学生在“尊敬人物”一项，填上了“三岛由纪夫”的名字。据有识之士分析，26万自卫队员中大约有3%—5%是三岛由纪夫的同情者。所以防卫当局也十分吃惊。

在种种议论声中，三岛的身首经过缝合、化装，按照三岛的遗愿以神道仪式埋葬了。平冈梓家世世代代是信奉佛教的，但三岛由纪夫认为“佛教将大和魂非男性化了”，所以他独自相信日本古老的神道。他在遗嘱中希望自己的葬礼一定要按神道仪式进行，不过作为平冈家的仪式，也可以举行佛教式。关于戒名，他提出自己不是作为文人而是作为武人而死的，所以戒名一定要有“武”字。遗属商量结果：三岛毕竟是作为文人成长起来的，于是，采取折中方案，“武”字在上，“文”字在下，将其戒名称为“彰武院文鉴公威居士”。

经过若干岁月，人们的反应更趋冷静和理性。

在三岛由纪夫自戕前一周，与三岛作了长长对谈的古林尚，在1972年发表的《“三岛事件”内含的东西》一文中，对于三岛由纪夫“自杀事件”作了独到的分析和总结：三岛由纪夫对于战后日本经济结构的腐败，特别是支撑着它的日本人的心情的颓废，十分激愤。他要摆脱腐败透顶的战后体制，寻求“道义”的革命。而他认为“道义”的颓废的元凶是现行宪法。特别是问题的焦点是天皇和自卫队的地位。三岛由纪夫认为天皇应该是文化、历史、传统的中核的绝对者。天皇不是政治权力的代表者，而应该是如明澄的镜一样地映出日本文化的整体性和连续性的。即他追求的是作为民族统一性的象征的极致的核心——天皇的幻影。从这个意义上说，就必须禁忌与政治黏合的明治宪法下的天皇概念，何况现行宪法下的“人的天皇”等，是难以言喻的颓废。在三岛由纪夫看来，现在的天皇、现在的宣传、现在的政治，即战后体制的一切都是具有欺骗性的。在欺骗之上，要确立“道义”是无望的。那么在哪里寻找真正的“道义”的渊源才好呢？于是他将希望寄托在一个唯一的可能体——国军，所以就注目于自卫队。（中略）因此，他认为文武两道的确立，正是真正的日本文化的风采，日本文化首先要恢复文武两道本来的风采。三岛由纪夫晚年就是这样思考文化的基本理想状态。（中略）为此，他判断，仍然可以期待作为武士集团的自卫队，实现“道义的革命”。自杀的行为，就是以死纠正自卫队的怯懦，具有“谏死”的意味，同时也是完成“文武两道”精神所需要的，这是他的最终目标。死的目标既然放在这里，结局就只有采取古代切腹和斩首的模式了。可以说，对他来说，“奋起”在理论上、美学上都是顺理成章的必然归宿。[①]

三岛由纪夫死后多年来，一些出版社的编辑约评论家、三岛文学研究家奥野健男写《三岛由纪夫传》，但由于他对三岛的天皇论和盾会持有不同意见，而且对莲田善明的评论也与三岛相异，故一直谢绝执笔。但是，经过了22年的思考，他觉得条件成熟了，所以他于1993年3月，推出《三岛由纪夫传说》，书中写道：“三岛由纪夫是为自己的文艺道路而死的，绝不是为政治，更不是为自卫队等而死的！”“三岛由纪夫的过激的‘檄文’和行动，还有那凄厉的肉体演技的一生的临终，是在文化和政治的结合点上的瞬间结合的。这种虚无的、华丽的、鲜红的火花，无疑将会永远地作为残像而影印在人们的眼里。”[②]

---

① 《国文学解释与鉴赏》，1972年第12期。

② 《三岛由纪夫传说》，第470、474页。

四、殉教的偶然与必然

三岛事件发生的1970年，正是中国处在特殊的历史时期，也是处在国人严厉批判日本正在复活（或者已经复活了）的军国主义的历史时期，当时对三岛由纪夫采取的“极端的形式”的行动自不消说，对三岛的文学也视作政治的载体，抱着满腔激情而加以批判，并且将他固定在军国主义这个政治的位置上。

如果说，当时的种种反应，是即时的反应，大多包含着某种固定的印象，或者某种政治的激情，那么经过22年历史的积淀，我们如何客观地看待“三岛由纪夫现象”呢？在今天，我们再观察“三岛问题”的时候，不能就一时一事，也不能停留在表面行为上，是否应该深入挖掘其深层意识，剖析其全部历史，包括其政治的、文学的和精神的历史呢？为此，我们的再思考，既要有历史的批评，也要有美学的批评，同时似乎也不能忽视精神分析，或许唯有这样才能就三岛由纪夫的行动和文学，作出比较实事求是的评价。

首先，三岛由纪夫的意识形态，无疑是非常强烈的，主要表现在他的天皇观上。他的一切行动，包括他的政治行动和文学活动，都是以恢复“文化概念的天皇制”，即非政治化的天皇制作为中心，如果离开这一点，就很难把握“三岛由纪夫现象”的本质。人们批判三岛由纪夫的时候，往往误解了这一点，以为三岛是主张复活战时的绝对主义天皇制，即政治化的天皇制，于是就与日本帝国主义的侵略战争联系在一起，同军国主义划上等号。其实，我们从三岛提出恢复天皇制的主张，就可以清楚看出其所谓“文化概念的天皇制”与政治概念的绝对主义天皇制是存在着质的不同的。三岛之所以提出“天皇制”问题，主要是他面对战后的日本体制——实行美式民主主义，废除了神化的天皇及天皇制，以及战后日本左翼和近代文学派坚决批判和反对天皇制的绝对主义体制，促进近代自我的觉醒，感到困惑和沮丧。他认为天皇是日本国家与民族统一的象征，战后天皇人格化，失去了天皇的绝对精神权威，在美军占领下，国家失去独立，使国家与民族分离，丧失了国家与民族的尊严。尤其是他目睹天皇与美占领军总司令麦克阿瑟站在一起矮人一截的形象，目睹作为日本象征性国家元首的天皇，在欢迎外国国家使节访H阅兵时，只能站在一旁，不能按照通常的国际惯例一起参与检阅自卫队等等，甚为不满。因此他以为要恢复国家与民族的尊严，就必须恢复天皇的绝对权威。但是，战后以来，三岛对绝对主义天皇制是持某种批判态度的，他指出：战前战时“将天皇陛下同政治权力粘在一起的弊害”，同时反对“复古主义者只希望复活政治概念的天皇制”的做法。因此，三岛不愿与他认为腐败的当权者和鼓吹复活绝对主义天皇制和军国主义的极右翼同流，他拒绝他们的主动资助和联合行动，而是我自为之。可以说，三岛心目中的天皇，不是近代的天皇，更不是昭和天皇，不仅如此，而且他在一些作品和文章中流露了对近代的天皇镇压“二·二六事件”和宣布《人的宣言》，放弃太阳神地位的愤懑和诅咒。所以说，他心目中的天皇是神代以来的天皇，是古代神化了的天皇，是不具备任何政治权力的天皇。他所主张的“自卫队二分论”，即将自卫队一分为二，一为国军，一为盾会所属，目的就是为了保卫天皇这个日本的“历史的连续性、文化的统一性、民族的同一性的唯一象征”。也就是说，他企图用天皇的绝对精神权威来左右日本战后历史的发展。从总体来说，三岛所主张的“文化概念的天皇”的思想，在某种程度上是与自古以来日本人的传统神话观、历史观、道德观、民俗观和民族主义情绪相连的，他就是将自己的美学依据，进一步植于天皇制之中，企图在文化上构建其天皇美学的空间，并在文学上、行动上进行艰难的尝试。他本人也明明知道，“这种文化与行动的思考形式，在政治形态下多少孕育着一些危险性”，但他还是渗入强烈的国家主义的意识形态。正是在这一点上，三岛走进了对天皇及天皇制从肯定→否定→重新的肯定的误区，但他又企图将以天皇为中心的国家主义意识作出美学的解释，并在文学上加以美化。尽管这是一种妄想，三岛却是诚心诚意，实实在在地去追求，其所贯注的感情，简直达到宗教般的热烈与狂迷的程度。

其次，60年代中期以来，日本经济高速增长，经济空前繁荣，但文化贫弱了，精神也空虚了。三岛由纪夫与其他日本文人一样，对此抱着极大的忧虑，希望重振日本文化传统和文化精神。但是三岛却与众不同，他开出的药方仍然离不开他的“文化概念的天皇”，他认为要捍卫日本文化传统，就必须捍卫天皇。企图通过进一步树立天皇的绝对精神权威，以填补国人的精神空白。于是，他更积极地在他原有的天皇美学框架之内，建立起“文化防卫”和“文武两道”的理论。他从美学的视点出发，提出重建“天皇制是日本文化的共同体”，并要发扬“日本文化拥有将行动和行动模式艺术作品化的独特传统”，这样就要恢复“文武两道”，尤其是恢复“被排除在文化概念之外的武的要素”。于是，人们就很容易对此产生误解，将三岛主张的武道等同于二战时期日本侵略军的武士道。其实三岛在提出“文武两道”的时候就批评了战争期间政治势力利用了武士道文化精神“作出了政治性的解释”，从而提倡恢复文化概念的“武”的要素。即他所说的“武”或“武道”不仅是作为一种行为模式，而且是作为一种文学模式，以《叶隐》的重人情义理的武道，即绝对忠主君的观念和以死相赌的生活方式，作为实现其文化传统的基础。他信奉《叶隐》的精神，将其伦理、行动都还原于美学中，但他却不问《叶隐》的年代与20世纪70年代相差多少个世纪，不问彼时此时的社会文化背景，一味将两只眼睛盯住天皇的文化传统，盯住大义和绝对自我牺牲的美，并将这些封建的文化传统和美，化作自己的血和肉，乃至化作自己的灵魂。可以说，三岛对一切政治都愤恨，转而钦佩天皇的绝对者的力量，但他并无政治野心，他的愤怒感情是文学家的感情。他企图采取一种大义的力量，而他认为只要创造出一个伟大的象征，就能取得这种力量。这一点，正是他的行动和文学的出发点。

三岛由纪夫从孩提时开始从变态的心理出发，不自觉地嗜血与死。青年时期，他在文学上美化了血与死，并且受到莲田善明尊重“死就是文化”的“感情教育”的潜在影响。但三岛又非常害怕死，战时他撒谎逃避兵役、战后害怕飞机失事，多次婉拒国外的邀请，同时害怕老死，对他来说，血与死是极端对立的观念和矛盾的感情，这些都是不自觉的，主要还是一种生理官能的反应。到了60年代，三岛将死作为一种教义，已经不仅在官能上，而且在伦理上、美学思想上引起他极大的共鸣。他将他这种对“死的文化”的变态心理引进美学领域，对危险的美与恶进行艺术创造，以反应其末世感的变态美。举个例来说，从他写《忧国》主人公武山中尉的“切腹”，到他自编、自导、自演《忧国》，在舞台上亲自演“切腹”的戏，到策划“十一·二五”事件前和盾会同伙“预演切腹”，都是有意识安排的。这是与实现其天皇观联系起来的，所以也是非常自觉的，以至其后推而广之，及于行动。

应该说，三岛的殉教不是偶然。远的不说，就说60年代以来，对于他在战争期间逃避兵役，未能实现他为天皇殉死的幻想，深感内疚。他觉得当时是由于自己缺乏死的力量和勇气，所以眼下在实现死的理想之前，就要积极增强对死的力量和勇气。他访欧归国，积极锻炼肉体和“入队体验”的原因之一，大概也是为了对“切腹”所需要的力量和勇气作肉体上的和心理上的准备吧。

在旁人看来，自我“切腹”是非常残酷的、非常原始的行为。而在三岛看来，“切腹”却是一种日本传统文化，它包括“艺术表现”和“传统行动”两个方面。所以他一方面将《叶隐》的自杀行动艺术作品化。他在许多作品（据不完全统计，小说、剧本就有27部）、评论和戏剧电影的表演中，充分表现了他对死，特别是对切腹死的感情，并将它发展为“残酷美”的美学理念，完成了他的“艺术表现”；另一方面，他将《叶隐》作为其“行动哲学”，为实践他的“切腹”这种“传统行动”而进行积极的准备。他在《叶隐入门》等文章中反复强调“‘切腹’是日本独特的思考，是积极的自杀，是为保护名誉的自由意志的极限表现”[①]。“我毫不犹豫地说，‘切腹’是艺术，对其本质闭上眼睛的人是

① 《叶隐入门》，《全集》，第33卷，第17页。

愚蠢的。”[①]如果说《叶隐》的文化精神是他的文学与行动的母胎，并非言过其实。难怪“三岛事件”后，东京地方法庭审判这个案件时，审判长特别研读了《叶隐》，为审判作准备。于是三岛树立了独特的生死观：人总是要死的，肉体总是要衰老的，为什么要等到老丑才死呢？他主张“夭折的美学”，并且身体力行地实践这种“夭折的美学”。他早就说过：“趁肉体还美的时候就要自杀。”（《镜子之家》）

三岛由纪夫从1966年起就不断对友人明白地表达考虑死的问题。1966年他与岩谷大四对谈“文武两道”时，他强调他所说的死的原理，就是切腹。就他而言，死于刀下，并不介意，但决不死于劣文笔。[②]1967年他在致涩泽龙彦的信中说：“我越来越倾向于道德的受虐狂，可能在不久的将来会产生令人震惊的结果，乞望你期待。”[③]1968年，他与中村光夫以“人与文学”为题对谈时还进一步说：“一自杀，文学整体就行动化，成了一种魅力”，“在某种意义上说，自杀是艺术。如果没有准备就自杀，那是会失败的。”[④]他在1969年2月26日《每日新闻》著文《关于〈丰饶之海〉》又称：“我有点害怕《丰饶之海》四部曲完成，因为一是小说完成

① 《关于残酷美》，《全集》，第31卷，第128页。

② 植林康夫《病态的昭和文坛史》，转引自《日本文学》1987年第4期，第238页。

③ 涩泽龙彦《三岛由纪夫备忘录》，第159页，立风书屋1983年版。

④ 自川正芳编《批评与研究三岛由纪夫》，第409页。

多半是我的人生的完成，一是小说的结局可怕。”[①]他采取行动之前，给美国摩里教授的信更概括地写道：他采取行动是经过四年周密的考虑的。

总之，这个时期以来，三岛由纪夫在各个方面，无论是在他所说的“艺术表现”还是“传统行动”方面都不断地构筑和拓展他的天皇美学和“残酷美”的空间，他就在这个空间里自由自在地遨游，并为他的自我毁灭做好了舆论的准备。他朝向死亡又走近了一大步。

所以说，细心观察的人自然会明白，“三岛事件”不是偶然的事件，亦即不完全是一些论者所说的，是由于煽动自卫队哗变，无人响应，才决定切腹的，因为这样的结果，早已在他的意料之中，他是经过四年周密的考虑，周到的计划，尔后才采取的这种切腹行动的。一个收藏着三岛由纪夫全部英文译作的美国富商的遗孀，读了三岛的文章，早有所感应，她在三岛切腹之前，就曾预言过三岛必然会自杀的。

再则，三岛由纪夫最后的极端行为，也是他的自我过度膨胀和超我彻底崩溃的必然结果。对于他的死，人们似乎也可以从精神病理的角度来分析，根据弗洛伊德的精神分析法，每个人有两种基本的本能，即生命本能和死亡本能，这两种冲动的目标和欲望是完全背道而驰的。毁灭自我的死亡

① 《关于〈丰饶之海〉》，《全集》，第34卷，第28页。

本能冲动，会受到生命本能的压抑而减弱或转向。但有时候，生命本能失去这种力量，这时死亡本能就可能借助自杀的方式表现出来。

三岛由纪夫的自杀，是不是也存在这个原因呢？三岛长期以来由于家庭和社会环境极度压抑自己的感情，情绪落差很大，心理机制形成一种超自我的两面价值，即在他的深层意识中同时存在两种矛盾的感情。以对死的态度为例；他以死亡本能作为自我理想，将自己生命的目标都表现于死亡，抱有一种毁灭自我的生命本能的冲动，然而在他的潜意识中又有希腊古典主义的生的本能欲望，与他原来的自我产生了矛盾，即死的本能与生命本能产生了矛盾。这种死的本能冲动与生的本能欲望是完全对立的，而且生命的本能由于他的天皇观屡屡受阻，未能实现，他的生命本能受到严重的压抑，这种压抑汇入他的超我自身所具备的压抑机制了。然而，在战后民主主义潮流蓬蓬勃勃地发展，日本文化中的自我已经逐渐得到确立的情况之下，三岛要将当今时代倒转回中世纪以前的天皇时代和武士时代，这已经成为虚妄，但他却还是想在虚妄之上，将幻想变为“现实”。这是不可能实现的“现实”，也是三岛无法抗拒的历史必然。于是三岛将其虚妄的目标寄托在自卫队实现“道义革命”上，但是当他“入队体验”几年，知道这已无可指望之后，他再没有力量扭转这种局面，最后绝望了。他就觉得与其带着绝望而活

1967年，在门内正壁的彩色陶板画旁。

着，不如为了实现不了的理想而死亡。他内心非常矛盾和痛苦，企图用“压抑”来控制自己的欲望，处在一种精神极度紧张的状态，一种极度的虚无的状态，以致他最后无法忍受下去。他的自我的理想发展到超自我的崩溃，就产生一种自我破坏的冲动、死亡的冲动，于是十分迷恋死亡。他意识中的死亡本能由于潜意识中的生命本能受压抑而增强，于是他只好借助自杀，强使自身内部追求的美与恶的化合，在毁灭自己之前，必须将自己变得更美。实现其“切腹”，就是美的极致的幻想。这样，“切腹自戕”便成为他的生命历程的必然了。所以说，三岛这种冲动，不是无意识的冲动，而是有意识的冲动。

三岛由纪夫的自我毁灭，看似非理性，实际上完全是在清醒的、冷静的、三岛所规范的理性之下完成的，而且计划是非常周到的。他的殉教不是偶然，而是必然的。最后他用这种中世纪发明的、用以证明自己忠诚的方法剖腹自戕，如果不是与常人决然不同的思考方法，如果不是坚定的对天皇绝对权威的无限信仰，如果没有态度上的沉着和感情上的极端冷静，恐怕是不可能实现这种办法的。那么，简单地说，三岛自杀的目的是什么呢？用他自己的话来说：“为了当前日益衰落的日本古老的美的传统，为了文武两道的固有道德，我决心自我牺牲，以唤起国民的觉醒。”[①]他选择了全身心的反时代的生活方式就可以证明，他既讨厌自民党、极

① 致美国摩里教授的信。

右翼，攻击自民党忘记日本人的灵魂，是维持战后体制的敌人，在《镜子之家》、《奔马》等作品中还轻蔑极右翼；同时他又坚决反对共产党、社会党和极左翼，尤其反对他们否定天皇的态度。他认为政治家无论左或右都是维护现行宪法的，所以他采取了一种似乎超然左右的立场和独特的态度，一种虚无主义的态度。他对自己的文学和行动赋予强烈的政治意识（从本质上说是右翼的政治意识），却又竭力企图摆脱政治，以文化形态表现出来。他在内阁官房长官的招待会上甚至说，他已经不说政治语言，只讲文学语言了，请政治家将它译成政治语言。他解释，所谓文学语言，就是要复活天皇的文化传统、武士道文化精神和日本的灵魂。[①]我们从三岛一生的所作所为，可以比较容易理解三岛这些话的含义。可以说，三岛的国家主义的政治意识，变成狂热的国粹主义和复古主义。当然，从日本近代史来看，国家主义可以发展成为使天皇制绝对主义化的超国家主义，走向军国主义的道路。在三岛由纪夫来说，他的国家主义和“文化概念的天皇制”也不是不存在发展成为军国主义和绝对主义天皇制的可能性，但可能性不等于就是现实，将可能性变为现实还需要诸种因素的促成，两者是不能等量齐观的。而且三岛由纪夫的国家主义与其说表现出他的政治态度，不如说更多地表现为他的文化态度，他的扎根于日本历史潮流的复古主义思

① 转引自村松刚《三岛由纪夫的世界》，第492页。

想，是以文化形态表现出来的。

日本有句谚语："天才与疯子只一纸之隔。""三岛事件"事发的前一天，他身边的唯一友人伊泽甲子麻吕曾问他：

"天才的文学家，只会被人称作精神错乱吧？"

三岛答道："可能是吧。关于疯狂的意思，无聊的批评家写了许多文章，佐藤荣作可能说我是疯子，中曾根也会谈类似的话吧！"①

三岛在文学上确实是个怪异的鬼才。他自己预言的佐藤荣作可能会说他是疯子，也应验了，可谓神奇了。那么，三岛由纪夫有没有捅破这一纸之隔，让天才变成疯子呢？笔者在这里愿意引用美国精神医学学者罗·列夫顿的一句话来回答："他走向他憧憬的日本传统文化中难以消失的'完美的死'的同时，也就意味着这是对此举的嘲弄。"②

不管怎么说，三岛由纪夫特殊的人生经历，造就了三岛由纪夫的文学和行动既充满人性，又异常残酷，既充溢强烈的政治意识，又不愿意历史的重复，企图将历史与美学分开，将它艺术化。这种矛盾和感情，都带有超出常理的激烈和戏剧性。

三岛由纪夫的一生，是浪漫的古典式悲剧的一生。

---

① 转引自村松刚《三岛由纪夫的世界》，第497页。

② 加藤周一等著，矢岛翠译《日本人的生死观》下卷，第175页，岩波书店1981年版。

附章　国际上对三岛由纪夫的评价
——海外的受容情况

[日本]千叶宣一

三岛由纪夫以20世纪文学方法的优胜作为神圣的使命，对自我成长、肉体化的美，以及思想主体性的伦理，抱有绝对的信心，矜持地殉逝了。由于他那伟大的可能性和朝气，他本人和别人都期待的国际文学奖和诺贝尔文学奖，提名他为有力的候选人。但是，这反而使机会闭锁在永远的未来。美国唐纳德·金教授始终积极保护三岛文学的价值和意义，在国际评价的热潮中起着命运式的作用。《不列颠百科全书》（1972年版）第一次将三岛由纪夫列为独立的条目，在处置上占很大版面，与J. 乔伊斯和M. 普鲁斯特同等篇幅。执笔者金教授最后论及切腹时这样写道："发生三岛这样的事件，其动机发人深思。他的死，令人惋惜，惋惜死神夺走了这位世界上无与伦比的天才作家。"在日本文坛上无限孤高的三岛由纪夫正在作死的准备的时候，给金氏寄去最后一封信："唐纳德·金先生：（前略）我终于如我的名字那样成了魅死魔幽鬼夫了。金先生的训读法是学问式的真正正确的。关于我的行动，我相信你完全理解，毋庸赘言。很久以前，我就想过我要作为武士去死，而不是作为文士去死。如今我写信向你致意，像是一般的礼节，可是金先生对我的亲切、友情、温存，我是感激不尽的。承蒙你的关照，使我能对自己的工作抱有信心，同金先生的交往是充满快乐的。真是太感谢了。我还有一个冒昧的请求，请予谅察。那就是我放心不下的《丰饶之海》这件事，谷崎氏死后，克纳福出版社突然对谷崎氏变得冷淡了，对出版他的作品有可能不很痛快了。我的《丰饶之海》第一、第二卷已基本上翻译出来，它出版大概不成问题。问题是第三、第四卷，给你添麻烦了。我同样也拜托莫利斯先生了，但愿你能同莫利斯先生商量设法将四卷全部出齐，这点请予体察。这样，我相信世界的某个角落一定会出现了解我这个人的读者。今夏你来下田时，我非常高兴。对我来说，那也是我的最后一个夏天了。我内心暗自向你告别，我们度过了愉快的时光。我衷心地祈盼着你健康长寿，不断发表卓越的研究成果。三岛由纪夫；1970年11月。”

唐纳德·金氏于1971年8月20日出版的《文学时报增刊》（3，625号）的日本文学特辑上，发表了题为《三岛与现代的舞台》的文章，论及围绕三岛之死的诸多矛盾，认为最根本的是围绕着最后几天、恐怕是最后数小时他劳心关于英译《丰饶之海》之谜，尽管他已同美国出版社签定了合同，有了明确的保障，可是他还是担心自己死后全四卷本的出版工作会不会中止……文章问道："一个为了祖国的堕落而愤慨，盼望着通过最戏剧性的、无以言喻的忠诚姿态，唤醒同胞实现日本的理想的武士，为什么对自己的作品之英译竟如此操心呢？"他接着洞察到这是"难道一个人牺牲自己，是为了使自己生前所重视的世界声誉和兴趣发出最后的闪光，以掩盖那短暂的软弱吗？我无论如何不这样认为，下述的看法看来是真实的：他是一个伟大的作家，他能使自己像武士一样勇于结束自己的生命，但他不能完全抛弃他的真正的职业"。金氏指出，该作品的构思是古希腊四部曲（由悲剧三部、讽刺剧一部组成的四部曲），其书名《丰饶之海》是背叛吾珥形象，暗示了月亮的干燥了的海，宇宙的虚无主义的形象被双重地叠印出来。

《丰饶之海》第一卷《春雪》已由米歇尔·加拉嘎译出，于今年6月由克纳福出版社出版，在《萨达迪评论》杂志上刊登了包括金氏的书评在内的一些文章，逐渐引起了反响。事实上，塔特尔出版社最近再版了《春雪》。加拉嘎氏也计划今年年底出版《奔马》，《晓寺》由宾夕法尼亚大学E. 达尔·松达斯教授着手翻译，《天人五衰》的译者则决定由赛登斯特卡担任。三岛对该书的出版倾注了异样的热情，甚至对图书装帧设计都贯穿了自己的美学。去年6月起，以

《纽约评论》为舞台，小说家G. 比达尔和哥伦比亚大学I. 莫利斯教授之间，围绕着J. 贝斯塔英译版《太阳与铁》展开了数次战斗式的论争。比达尔氏对三岛作了否定的评价，他认为三岛的死与其说是日本式的死，不如说是世纪末西欧式的死，他是通过信仰肉体志向生活艺术化的罗曼蒂克行动家，在他的文学里看不到本质性的发展，像海明威和菲茨杰拉德那样是三流作家，从气质上说，他也是对语言缺乏关心的作家。莫利斯氏则指出：三岛作为语言的工匠，探索了日本语的文学性的可能，他反对战后的国语改革，是个积极恢复死语和汉字的作家。莫利斯尖锐地反驳说：比达尔氏在认识事实的阶段上就已经误解了。总之，这种没有结果的论争，在于只根据英译的作品来考察三岛文学观，与能够主体性地精读三岛文学全貌的外国的日本学研究者，用本国的标准来观察三岛文学观之间存在批评条件的相位差。这种对立倾向，是围绕着反映媒介者的文学观和翻译能力的另一种文学的翻译文学的批评基准而存在的，今后恐怕还会进一步增大吧。

给三岛文学最常见的评价是：他是日本第一流的小说家、最辉煌的日本年轻作家、日本最有天赋的小说家等等，他是一个名副其实的世界的杰出的年轻作家，他的天才在国际上树立起来了。他不仅是日本的，而且是世界的第一流作家之一。其文学本质的价值之所以得到了评价，引起国际上的注目，乃是因为早在1956年评选国际文学奖的过程中，当时美国《纽约时报》文学副刊（1956年12月2日）就将《潮骚》和《金阁寺》与莫拉维亚及波伏瓦的作品同等地刊登出来，并且获得了评价，还成为《萨塔拉评论》的推荐图书，赢得了初步的声誉。特别是有定评的名译《近代能乐集》诸作品，包括美国纽约在内，还有由先锋派剧团在德国、澳大利亚等世界各国近30个主要城市上演，掀起了神圣的令人迷津的旋涡。1965年，贝洛和贝克特等先锋派文学的旗手们获奖了，担任另一个诺贝尔文学奖——国际文学奖评选委员的唐纳德·金氏所支持的《宴后》，在奥地利的萨尔茨堡的评选委员会上，与法国萨罗特的《黄金果》决一高低。1967年，《午后曳航》和《仲夏之死及其他》在北非突尼斯的评选会上，与波兰流亡作家——写对老境生活的苦恼和恐惧的同情吧（？）——贡布洛维奇的《大波斯菊》同前次一样地展开了大决战。实际上，三岛由纪夫的作品曾前后三次登上了最后决胜的战场。接着1965年又被推荐为诺贝尔文学奖候选人。美国《绅士》月刊杂志计划出版的《世界百人》只选了他一人作为代表日本的艺术家登场。这是1970年3月的事，他正在悄悄地开始走向真正死亡的准备。

在考察三岛由纪夫的国际名声形成过程的时候，不管你喜欢不喜欢，在占主导的基调上，唐纳德·金氏所起的作用，具有决定性的意义。三岛自戕不久，1971年1月（6日至12日）澳大利亚堪培拉国立大学召开第28届东方风俗研讨会议，唐纳德·金教授在数百位东方风俗学研究家面前，作了题为《三岛由纪夫》的讲演，他献上如下的悼词：

“三岛在他的体力心力达到巅峰的时候死去了。他表现出这样一种政治姿态：试图唤醒日本自卫队去改变物质繁荣下的社会不足的一面，他的这种姿态或许是他的一种表现方法，而这种自我放任的表现方法，与他那显赫的死是不相称的。他可能还有一点希望成功地改变日本的政治方针，但正如他的希望一样，他死去了，戴着他多年前就已戴上的假面具死去了。”

（译自《国文学》1972年12号，文章所列三岛文学翻译作品年表从略）

附　录

一、三岛由纪夫年谱

1925年

1月14日，出生于东京市四谷区永住町2号。父亲平冈梓（农林省官吏），母亲倭文重（原东京开成中学校长桥健三的次女）。这家的长子，本名公威。这是祖父定太郎（原桦太厅长官）借用其兵库县印南郡同乡、恩人古市公威男爵的名字命名的。公威12岁以前，一直由祖母夏子（她父亲是大法院审判官永井岩之丞）抚养，受到她的溺爱，即所谓“祖母的孩子”。

1928年（3岁）

2月23日，妹妹美津子诞生。

1930年（5岁）

1月19日，弟弟千之诞生。

1931年（6岁）

4月，入学习院初等科学习，体弱经常缺课。他对诗歌、俳句的感兴趣，向学习院初等科杂志《小樱》投习作稿件，被采用刊登。少年时代喜欢读小川未明、铃木三重吉的童话，还爱读讲谈社的《少年俱乐部》。

1937年（12岁）

4月，进入学习院中等科学习。加入文艺部。这时离开住在四谷的祖母膝下，回到住在涩谷区大山町15号的双亲身边。由于祖母常带他去看歌舞伎和能，从这个时候开始，他喜欢歌舞伎和能。

7月，他写了一篇随笔，回忆初等科时代的情景，题为《春草抄——初等科时代的回忆》，刊于《学习院辅仁会杂志》。此后在中等、高等科上学期间，在该杂志的每期上发表诗歌、小说、戏剧等。此时认识了文艺部的前辈东文彦、德川义恭、仿城俊民。

1938年（13岁）

3月，成为作家前的第一篇小说《酸模——秋彦的幼年回忆》（辅仁会杂志）。

7月，短篇小说《铃鹿抄——扫墓归途，貉的信奉者》，散文诗《晓钟圣歌》（辅仁会杂志）。

9月，自己将这个时期的诗歌习作结集装订起来，取名为《来自圣堂的咏唱》（未发表）。

1939年（14岁）

1月18日，祖母夏子逝世（享年64岁）。3月，独幕剧《东方的博士们》（辅仁会杂志）。

11月，长篇《馆（第一章）》（未完，辅仁会杂志）。

从这年开始，清水文雄担任公威班上的作文课和文法课。

1940年（15岁）

1月，以笔名“青城散人”写了《绣球花随笔》（未发表）。

2月，以“平冈青城”的笔名，在《山栀》（淡淡亭刊）上发表俳句、诗歌，持续两年之久。拜川路柳红为师，并把这时期的诗作，编成《公威诗集》Ⅰ、Ⅱ、Ⅲ三集。《木叶角鸱之歌》等习作诗集。一部分作为《十五岁诗集》发表。这年以“青城”笔名写的诗集还有《鹤之秋》（未发表）。

11月，《彩绘玻璃》（辅仁会杂志）。中等科时代，爱读堀口大学译的拉迪盖《奥热尔伯爵的舞会》、王尔德的《撒罗米》以及里尔克、谷崎润一郎的作品等。

1941年（16岁）

9月，在国文学老师清水文雄的推荐下，发表了《鲜花盛时的森林》（文艺文化，至12月连载）。清水文雄建议用笔名“三岛由纪夫”，从此时起就用此笔名。

1942年（17岁）

3月，学习院中等科毕业。成绩名列全班第二。父亲梓主动辞去农林省水产局局长官职。

4月，上学习院高等科文科乙类（德语）班，主任教授是新关良三。三岛当上文艺部委员，后任委员长。这时候，与《文艺文化》的同仁清水文雄、莲田善明、池田勉、栗山理一等进行交流，接受日本浪漫派的间接影响。喜欢伊东静雄的诗，收集保田与重郎的著书等。

7月，与东文彦、德川义恭等三入，创刊同仁杂志《赤绘》。《鲜花盛时的森林之序及其一》、《芒菟与玛耶》、诗《马》（赤绘创刊号）。

8月26日，祖父定太郎辞世（享年80岁）。

11月，《水面的月》（文艺文化）。

12月，短篇《玉刻春》（辅仁会杂志）。是年将观赏歌舞伎的感想结集成《公威剧评集》Ⅰ、Ⅱ（未发表）。

1943年（18岁）

3月，《世代流传》（文艺文化，连载至10月）

6月，诗《恋供养》、短篇《祈祷的日记》（赤绘）

10月，东文彦去世（23岁），《赤绘》停刊，只办了两期。这时候，通过莲田善明认识了富士正晴，后来又认识了林富士马。也是这时候，初次访问了保田与重雄。

12月，短篇《曼荼罗物语》（辅仁会杂志）开始热衷于中世文学，尤其迷于谣曲。直至晚年，一直爱好能乐。

1944年（19岁）

3月7日，出版会私下答应申请《鲜花盛时的森林》的出版许可。20日前后颁布限制出版非常措施令。

4月24日，正式获得出版《鲜花盛时的森林》的许可证。

5月，在原籍（兵库县印南郡志方村）接受征兵体格检查，列为第二乙种合格。归途在大阪初次拜访了伊东静雄。

8月，短篇《夜车》（文艺文化），后改题为《中世一杀人恶习者留下的哲学日记之摘要》。直至翌月上旬，被动员在沼津海军工厂“勤务劳动”。

9月9日，学习院高等科毕业，名列前茅。拜领了天皇赐下的银表，当夜去天桥演舞场。

10月1日，入东京帝国大学法学系法律学科就读。3日、8日去浅草松竹座，10日去明治座，接连不断地看戏。这期间，被动员去群马县中岛飞机场小泉工厂“勤务劳动”。此时，七丈书院计划出版他的处女作品集《鲜花盛时的森林》，资材不足，富士正晴、莲田善明为此奔波。初版4000册，一周内全部告罄。用稿费购买了许多旧书。

11月11日，在上野与月庄举行《鲜花盛时的森林》出版纪念会。这期间，在清水文雄、栗山理一等人的介绍下见了野田宇太郎。

1945年（20岁）

2月，应召入伍体检时，军医把他的感冒发高烧误诊为胸膜炎，即日被遣返回东京。这期间，在中河与一所主持的

《文艺世纪》上发表《中世》第一回。15日，《马戏团》初稿脱稿。

5月，被动员“勤务劳动”，住进神奈川县海军高座工厂的宿舍。这期间，他爱读《和泉式部日记》、《古事记》、《日本歌谣集成》、《室町时代小说集》、泉镜花的作品等。

6月，承蒙野田宇太郎的厚意，在《文艺》杂志上发表了短篇小说《也速该狩猎记》。第一次领到杂志的稿酬。这时期，认识了作家庄野润三、岛尾敏雄。在林富士马主持的《曼荼罗》传阅杂志上发表了两篇诗歌《巴拉阿德》、《不要再讽刺了》。

8月15日，因发烧而返回举家疏散之地豪德寺的亲戚家，获悉停战。19日，面对未曾预料到的战败，写下《叙述1945年8月19日的一些心绪以待后鉴》（未发表），记录了当时的心境。

10月，发表《菖蒲前》（现代）。23日，妹妹美津子（在的圣心女学院就读期间）患伤寒病故（17岁）。

1946年（21岁）

1月，开始写《盗贼》。带着《中世》和《烟草》这两篇作品，初次到镰仓拜访川端康成。《中世》第三回（文艺世纪），《中世》第二回因战乱未发表。

5月，参加伊东静雄主办的同仁杂志《光耀》。同仁有林富士马、庄野润三、岛尾敏雄等人。这时期，曾同庄野润三一起拜访了佐藤春夫。

6月，经川端康成的推荐，短篇《香烟》在《人间》杂志上发表。从此登上文坛。佐藤春夫写了序文。

11月，《海角的故事》（群像）。

12月，完成《中世》（人间）。在成城学园素心寮举办的莲田善明追悼会上献诗。这时期，曾同矢代静一等人在高原纪一的公寓里会见了太宰治、龟井胜一郎。

1947年（22岁）

3月，《恋与别离》（妇人画报）。

4月，《轻王子与衣通姬》（群像）。

8月，《夜间的收拾》（人间）。

11月，作品集《海角的故事》（樱井书店）。28日，东京大学法学系毕业。

12月13日，高等行政科文官考试合格。24日，在大藏省银行局储蓄处任职。这期间，发表《春子》（人间别册）、《扬声器》（文艺大学）、《企图自杀者》——《盗贼》第二章（文学会议）。这时期，曾与白天派的作家（加藤周一、福永武彦、中村真一郎、洼田启作）进行交流。

1948年（23岁）

1月，《马戏团》（进路）、《妇德》（令女界）。

2月，《恋爱的终局，物语的开始》，《盗贼》序章（午前）、《蝴蝶》（花）。

3月，《邂逅》，《盗贼》第三章（思潮）、《嘉例》，《盗贼》第五章（新文学）、《重症者的凶器》（人间）。

4月，《殉教》（丹顶）、《家属团聚》（文学季刊）、《师弟》（青年）、《亲切的男子》（新世间）。

5月，《菖蒲》（妇人文库）、《德尔哲尔伯爵的舞蹈会》（世界文学）。

6月，《头文字》（文学界）、《慈善》（改造）、《宝石买卖》（文艺）。

7月，《好色》（小说界）、《罪人》（妇人）。参加《近代文学》第二期同仁。头年第一期同仁会进一步扩大，参加者有：野间宏、中村真一郎、椎名麟三、梅崎春生、武田泰淳、安部公房、寺田透、高桥义孝、船山馨、三岛由纪夫等人。

9月22日，辞去大藏省职务，进入专业作家生活。

10月，《美的生活者》，《盗贼》第四章（文学会议）、《虚伪的洋伞》（妇人公论）。加入皇宫骑马俱乐部（国际骑马俱乐部）。

11月，独幕剧《火宅》（人间）。《山羊之首》（文艺春秋附册）。将陆续刊登于各杂志的小说章节汇集成长篇《盗贼》（真光社）。川端康成作序文。长篇《假面自白》开笔，1949年4月29日脱稿。

12月，《狮子》（序曲创刊号）。该杂志只出一期就停刊。参加创刊的同仁有：椎名麟三、梅崎春生、船山馨、寺田透、中村真一郎、岛尾敏雄、埴谷雄高、三岛由纪夫等人。作品集《夜间的收拾》（镰仓文库）。

1949年（24岁）

1月，《大臣》（新潮）、《恋重担》（群像）、《幸福病的疗法》（文艺）、《关于毒素的社会效用》（风雪）、《川端康成的一种方法》（近代文学）。

2月，《群魔通过》（别册文艺春秋）、独幕剧《爱之不安》（文艺往来）、《中村芝完论》（剧场）、作品集《宝石买卖》（讲谈社）。《火宅》在俳优座创作剧研讨会上首演（导演青山杉作）。

3月，《侍童》（小说新潮）。

5月，独幕剧《灯塔》（文学界）。

7月，《讣音》（改造）。一气呵成的长篇《假面告白》（河出书房）。

8月，作品集《群魔通过》（河出书房）。

10月，独幕剧《尼俄柏》（群像）、独幕剧《圣女》（中央公论文艺特辑号）。

12月，《亲切的机械》（风雪）、《火山之休假》（改造文艺）、《孝经》（展望）》、《怪物》（别册文艺春秋）。昔日的《赤绘》同仁德川义恭逝世。《灯塔》在关西实验剧场第4届公演会上首演（导演小山贤市）。

1950年（25岁）

1月，《果实》（新潮）、《鸳鸯》（文学界）、《纯白之夜》（妇人公论，连载至10月）。

2月，《灯塔》在俳优座创作剧研讨会上公演（导演三岛由纪夫）。

3月，四幕剧《魔神礼拜》（改造，连载至4月）。

4月，《王尔德论》（改造文艺）。

5月，作品集《灯塔》（作品社）。

6月，作品集《怪物》（改造社）。一气呵成的长篇《爱的饥渴》（新潮社）。

7月，《青年时代》（新潮，连载至12月）、《星期日》（中央公论夏季文艺特辑号）。

8月，《远乘会》（文艺春秋附册）。乔迁至目黑区绿丘2323号。

9月16日，与岸田国士、小林秀雄、福田恒存、大冈升平等人推进文学立体化运动，创建“云之会”。

10月，独幕剧《邯郸》（人间），后收入《近代能乐集》。

12月，《牝犬》（文艺春秋附册）、《纯白之夜》（中央公论社）、《青年时代》（新潮社）。《邯郸》在文学座美工室第5届公演会上首演（导演芥川比吕志）。

1951年（26岁）

1月，《家庭审判》（文艺春秋）、《禁色》（群像，连载至10月）、独幕剧《绫鼓》（中央公论文艺特辑号），后收入《近代能乐集》。

3月，《伟大的姐妹》（心潮）、《箱根工艺品》（小说公园）、《椅子》（文艺春秋附册）、作品集《假面告白及其他》（改造社）。

4月，《死鸟》（改造）、作品集《圣女》（目黑书店）。6月，《我对批评的态度——批评家懂小说吗》（中央公论文艺特辑号）、处女评论集《狩猎与获物》（要书房）。

7月，《新古典派》（文学界）、作品集《远乘会》（新潮社）。

8月，《夏子的冒险》（周刊朝日，5日至11月25日连载）。《纯白之夜》由松竹拍成电影（导演大庭秀雄）。

10月，《携带用》（新潮）、作品集《灯塔》改题为《三岛由纪夫短篇集》（创艺社）。三幕舞剧《竞艳姑娘近与松》，在第5届柳桥绿会上首演（监修芦原英了）。

11月，《禁色》第一部（新潮社）。

12月，《离宫之松》（别册文艺春秋）、《夏子的冒险》（朝日新闻社）。25日，以朝日新闻社特别通信员的名义，起程环游世界，翌年5月10月归国。

1952年（27岁）

1月，在北美。独幕剧《卒塔婆小町》（群像），后收入《近代能乐集》。《纵横字谜难题》（文艺春秋）。

2月，在南美巴西。三幕剧《再没有比白搭更贵的东西》（新潮）。《绫鼓》在俳优座第3届学习会上首演（导演岛田安行）。《卒塔婆小町》在文学座美工室第6届公演会上首演（导演长冈辉子）。

3月，在巴黎停留期间，完成戏曲《夜间的向日葵》。与木下惠介、黛敏郎等交游。

4月，游历伦敦、希腊、意大利，5月10日归国。

6月，《仲夏之死》开笔。

8月，《秘乐》，《禁色》第二部（文学界，连载至翌年8月）。

10月，《仲夏之死》（新潮）、游记集《阿波罗之杯》（朝日新闻社）。《圣女》在创艺座首演。

11月，《日本制》（朝日新闻晚刊，自1日至翌年1月30日连载）。

12月，《美神》（文艺）。这时候参加了吉田健一、福田恒存、中村光夫等人的“钵木会”。

1953年（28岁）

1月，《夏子的冒险》由松竹拍成电影（导演中村登）。

2月，作品集《仲夏之死》（创艺社）。

3月，《日本制》（朝日新闻社）。为写《潮骚》，赴三重县伊势湾的神岛旅行采访。

4月，四幕剧《夜间的向日葵》（群像）、《江口初女备忘录》（文艺春秋附册）。

6月，《旅途的墓碑铭》（新潮）、《急停车》（中央公论）、《夜间的向日葵》（讲谈社）。《夜间的向日葵》文学座在大阪首演（导演长冈辉子）。

7月，《不满的女人们》（文艺春秋）。《三岛由纪夫作品集》全6卷（新潮社，至翌年4月出齐）。

8月，《恋都》（主妇之友，连载至翌年4月）。再次寻访神岛。

9月，《焰火》（改造）、《秘乐》，《禁色》第二部（新潮社）。《潮骚》开笔。

10月，《拉迪盖之死》（中央公论秋季小说特辑号）、《绫鼓》（未来社）。舞剧《室町反魂香》在第7届柳桥绿会上首演（编舞尾上菊之承）。

12月，根据芥川龙之介原作改编独幕剧《地狱图》，由中村吉右卫门剧团首演（导演久保田万太郎）。《日本制》由大映拍成电影（导演岛耕--）。文士剧《假名样板忠臣藏》，饰矶川十郎左卫门一角。

1954年（29岁）

1月，独幕剧《葵上》（新潮），后收入《近代能乐集》。《关于卑俗的文体》（群像）。

6月，三幕剧《青年人，苏醒吧！》（群像）、《博览会》（群像增刊号）。一气呵成长篇《潮骚》（新潮社）。

7月，《上锁的房间》（新潮）、《复仇》（文艺春秋附册）、音乐剧《溶化的天女》（新剧）。

8月，《写诗的少年》（文学界）、《女神》（妇人朝日，连载至翌年3月）。三度与东宝《潮骚》外景队一起赴神岛旅行采访。

9月，《恋都》（新潮社）、七场轻歌剧《绷第亚塞尼约拉》，由松竹歌剧团在京都公演（导演村山知义）。

10月，《志贺寺上人之恋》（文艺春秋）、《上锁的房间》（新潮社）。《潮骚》由东宝拍成电影（导演谷口千吉）。

11月，《水声》（世界）、独幕剧《卖鱼者之恋》（演剧界）、《以学生身份写小说记》（文艺）、戏剧《青年人，苏醒吧！》（新潮社）、《文学的人生论》（河出书房）。《卖鱼者之恋》由中村吉右卫门剧团首演（导演久保田万太郎）。《青年人，苏醒吧！》由俳优座首演（导演千田是也）。是年，《潮骚》获第1届新潮社文学奖。

1955年（30岁）

1月，《海与晚霞》（群像）、《沉泷》（中央公论，连载至4月）。独幕剧《班女》（新潮），后收入《近代能乐集》。

2月，《熊野》由歌舞伎座首演（艺术指导藤间勘十郎）。

3月，《报纸》（文艺）。启恋酒的关键》第2至4景，在的日剧音乐大厅公演（导演丸尾长显）。

4月，《商人》（新潮600号纪念号）、《山魂》（文艺春秋附册）、《沉泷》（中央公论社）。

5月，《熊野——宗圣馆之场、清水寺之场》（三田文学）。

6月，《幸福号启航》（读卖新闻，自18日至11月15日连载）。《女神》（文艺春秋社）、《空白的作用——青年的作用》（新潮）、《艺术需要性爱吗》（文艺）。《船的致意》在文学座美工室第22届公演会上首演（导演三岛由纪夫）。《葵上》（成井市郎导演）、《再没有比白搭更贵的了》（长冈辉子导演）由文学座公演。

7月，《牡丹》（文艺）、《拉迪盖之死》（新潮社）、《〈盗贼〉创作笔记》（向日葵社）。

8月，独幕剧《三原色·附演出备忘录》（知性）、独幕剧《船的致意》（文艺）。

9月，三幕剧《白蚁巢》（文艺）、从16日起，在自己家中开始锻炼肉体。

10月，《白蚁巢》在青年座剧团第3届公演会上首演（导演菅原粤）。

11月，一气呵成评论《小说家的休假》（讲谈社）。根据拉辛原作《菲德拉》改编成《芙蓉露大内实记》，由吉右卫门·猿之助剧团首演（导演三岛由纪夫）。在文士剧《屋顶的狂人》中，饰弟末次郎一角。

12月，独幕剧《芙蓉露大内实记》（文艺）。《绫鼓》（能形式）按圆形剧场形式在“创作剧之夕”上公演（导演武智铁二）。《白蚁巢》获第2届岸田戏剧奖。

1956年（31岁）

1月，《金阁寺》（新潮，连载至10月）、《过长的春天》（妇人俱乐部，连载至12月）、戏剧集《白蚁巢》（新潮社）、《幸福号启航》（新潮社）。

3月，《十九岁》（文艺）。《大障碍》（文学界）。歌剧《卒塔婆小町》，由关西歌剧团首演（导演武智铁二）

4月，《永恒的旅人——川端康成其人及其作》（文艺春秋附册）。戏曲集《近代能乐集》（新潮社）。

6月，作品集《写诗的少年》（角川书店）。任“中央公论悬奖小说”评选委员。

8月，《自我改造的尝试》（文学界）。

9月，《龟能追上兔吗？——所谓后进国的诸问题》（中央公论）。

10月，《施恶鬼舟》（群像创刊十周年纪念号）、评论集《龟能追上兔吗？》（村山书房）、《金阁寺》（新潮社）。

11月，《关于陶醉》（新潮）。任“中央公论新人奖”评选委员。《鹿鸣馆》在文学座创立30周年纪念公演会上首演（导演松浦竹夫）。

12月，《走尽了的桥》（文艺春秋）、四幕剧《鹿鸣馆》（文学界）、《过长的春天》（讲谈社）。根据科克托的电影《奥尔非》改编成舞剧《奥尔非》，在喜多村峰瑞新作舞蹈发表会上首演（导演三岛由纪夫）。《潮骚》初次在美国出版，这是三岛的作品第一次在海外出版。后来德国、意大利、法国、瑞典、丹麦、芬兰、南斯拉夫等国先后分别翻译出版。

1957年（32岁）

1月，独幕剧《道成寺》（新潮），后收入《近代能乐集》。与小林秀雄对谈《美的形式》（文艺）、《个性的锻炼场》（文学界）、《在后台写的演剧论》（艺术新潮）。《金阁寺》获第8届读卖文学奖。

3月，润色拉辛五幕剧《布里塔尼居斯》译本，由文学座首演（导演矢代静一）。《鹿鸣馆》（东京创元社）。

4月，《美德的踉跄》（群像，连载至6月）。《大障碍》在文学座美工室公演会上首演（导演松浦竹夫）。

5月，拉辛《布里塔居斯》，安堂信也译、三岛由纪夫修辞（新潮社）。两幕剧《金阁寺》，新派5月公演（改编兼导演村山知义）。《过长的春天》由大映拍成电影（导演田中重雄）。

6月，《现代小说能古典化吗》（新潮，连载至8月）、《美德的踉跄》（讲谈社）、《班女》由俳优座画室剧团首演（导演田中千禾夫）。

7月，独幕剧《早晨的杜鹃花》（文学界）。应美国克纳福出版社的邀请赴美访问。在密歇根大学作题为《关于日本文学》的讲演。随后旅行墨西哥、多米尼加、海地、哈瓦那、南美等地。12月，在纽约停留。

8月，《显贵》（中央公论）。《早晨的杜鹃花》由新派·歌舞伎联合公演（导演长冈辉子）。

9月，《现代小说能古典化吗》（新潮社）。

10月，《美德的踉跄》由日活拍成电影（导演中平康）。

11月，《三岛由纪夫选集》全9卷（新潮社，至1959年出齐）。唐纳德·金译《近代能乐集》（美国克纳福出版社）。后来法国、英国、西班牙、瑞典、丹麦、德国、阿根廷也先后翻译出版。

1958年（33岁）

1月，游历西班牙、罗马、希腊，于10日归国。作品集《走尽了的桥》（文艺春秋社）。

3月，随笔《旅途的画册》（新潮）、《殉情论》（妇人公论）。17日，长篇《镜子之家》开笔。继续练习拳击，至10月。

4月，《日记》（后改题为《裸体与衣裳》）（新潮，连载至1959年9月）。5月，三幕剧《蔷薇与海贼》（群像）、游记集《旅途的画册》（讲谈社）、《蔷薇与海贼》（新潮社）。6月1日，经由川端康成媒妁，与画家杉山宁的长女瑶子（日本女子大学英文系二年级学生）结婚。

7月，《作家与结婚》（妇人公论）、随笔《不道德教育讲座》（周刊明星，连载至1959年11月）。《蔷薇与海贼》由文学座首演（导演松浦竹夫）。

8月，《金阁寺》由大映拍成电影《失火》（导演市川昆）。

10月，长篇《镜子之家》第一、二章（声创刊号）。《声》（季刊）创刊之际，与神西清、大冈升平、中村光夫、福田逸治、吉田健一等编辑该杂志。《走尽了的桥》在第11届柳桥绿会上首演（编舞西川鲤太郎）。

11月，《嗜姑娘取带池》由歌舞伎座首演（导演久保田万太郎）。在文士剧《音菊文春歌舞伎》中，饰胡子意休一角。西德上演《近代能乐集》（卒塔婆小町、绫鼓、邯郸、葵上）。后来美国、瑞典、法国、荷兰、澳大利亚、波兰、古巴等国也先后翻译上演。

12月，独幕剧《嗜姑娘取带池》、独幕剧《地狱图》（在日本上演）。《蔷薇与海贼》获读卖周刊话剧奖。［美］列递斯·威萨比译《假面自白》（美国新方向出版社）。后来英国、德国、意大利也先后翻译出版。

1959年（34岁）

1月，《文章读本》（妇人公论别册附录）、《性爱的文明》（声）。3日，《镜子之家》第一部脱稿。5日，第二部脱稿。开始习剑道。《不道德教育讲座》由日活拍成电影（导演西河克己），饰作者一角。

2月，《灯塔》由东宝拍成电影（导演铃木英夫）。

3月，独幕剧《熊野》（声），后收入《近代能乐集》、《不道德教育讲座》（中央公论社）。

4月，皇太子殿下成婚之际，作诗《祝婚歌》，并由黛敏郎作曲，10日广播。NHK交响乐团演奏，W. 休西塔指挥。

5月，《十八岁与三十四岁的肖像画——文学自传》（群像）。1日，乔迁大田区马入东1之1333号。英国乔治王朝式的新宅落成。19日，《镜子之家》第二部脱稿。《不道德教育讲座》由松竹新喜剧5月公演会改编上演。

6月，《文章读本》（中央公论社）。2月，长女纪子诞生。

7月24日，《女人不能占领》开笔，至8月18日脱稿。

9月，《镜子之家》第一部、第二部（新潮社）。编纂图片集《六世中村歌右卫门》。《女人不能占领》在东宝现代剧公演会上首演（导演长冈辉子）。13日，《热带树》开笔。

10月，四幕剧《女人不能占领》（声）。30日，《热带树》脱稿。

11月，与美国剧作家威廉斯对谈《剧作家看日本》（艺术新闻）、评论集《裸体与衣裳》（新潮社》。30日，《宴后》开笔。在大映电影《唐津风野郎》中，饰朝日奈武夫一角（导演增村保造）。1960年3月首次上映。在《文春初次露面歌舞伎》中，饰办天小伙计一角。监修《樱姬》，由歌舞伎座上演（导演久保田万太郎）[美]艾班·莫里斯译《金阁寺》（克纳福社）。后来英、法、德、意、瑞典、丹麦、荷兰、西班牙、芬兰等国，也先后翻译出版。

1960年（35岁）

1月，三幕悲剧《热带树》（声）、《宴后》（中央公论，连载至10月）、《小姐》（年轻女性，连载至12月）。《热带树》由文学座首演（导演松浦竹夫）。

2月，《续不道德教育讲座》（中央公论社）。28日，拍电影期间负伤住院，至3月11日出院。

3月，为《唐津风野郎》主题歌作词，深泽七郎作曲。自唱（国王唱片社）。

4月，王尔德作·夏耿之介译独幕剧《莎乐美》，由文学座首演（导演三岛由纪夫）。

6月，采访18日国会周围反对日美安全保障条约的游行示威，写了《一种政治意见》（每日新闻25日）。

7月，独幕剧《弱法师》（声），后收入《近代能乐集》。8月15日，为写《野兽的游戏》前往浜名湖、安良里旅行采访10天。28日，《宴后》脱稿。

9月，《百万圆薄脆饼》（新潮）。

11月1日，偕夫人环游世界，至翌年1月20日归国。《明星》（群像）、《宴后》（新潮社）、《小姐》（讲谈社）。

12月，游历英国、葡萄牙、西班牙，在法国与科克托相会。

1961年（36岁）

1月，旅游德国、意大利、希腊，从阿拉伯联合酋长国绕道香港，20日归国。《忧国》（小说中央公论冬季号）、《明星》（新潮社）。

2月2日，《野兽的游戏》开笔。《小姐》由大映拍成电影（导演弓削太郎）。

3月15日，《宴后》发表后，原外相有田八郎以该小说侵犯其私生活为由起诉。

4月，《不存在的东西之美学（新古今集）珍解》（国文学）、《背逆美的东西》（新潮）。达到剑道初段。

5月16日，《野兽的游戏》脱稿。20日，开始构思《黑蜥蜴》。

6月，《野兽的游戏》（新潮周刊，连载至9月4 日）。

7月15日，《黑蜥蜴》脱稿。18日，《十日菊》开笔。

8月19日脱稿。小说《走尽了的桥》改编成舞台剧，由新派公演（改编兼导演桥本滋民）。

9月，《草莓》（大众读物）、《野兽的游戏》（新潮社）。15日，应美国《假日》杂志社的邀请，出席在加利福尼亚大学举办的日本研讨会，作题为《关于日本青年》

的讲演。在美国停留至29日。

11月，评论集《美的袭击》（讲谈社）。14日，《美丽的星星》开笔。《十日菊》在文学座创立25周年纪念公演会上首演（导演松浦竹夫）。

12月，三幕剧《十日菊》（文学界）、三幕剧《黑蜥蜴》（妇人画报）。

1962年（37岁）

1月，《帽子的花》（群像）、《暖水瓶》（文艺春秋）、《美丽盼星星》（新潮，连载至11月）、《爱的疾驰》（妇人俱乐部，连载至12月）。

2月，《十日菊》获第13届读卖文学奖（戏剧部门）。

3月，独幕剧《源氏供养》（文艺）。《三岛由纪夫戏曲全集》（新潮社）。《黑蜥蜴》在产经大厅首演（导演松浦竹夫，主演水谷八重子、芥川比吕志）。《黑蜥蜴》由大映拍成电影（导演井上梅次）。

5月2日，长子威一郎诞生。9日，完成《丰饶之海》的构思。

6月，前往晴海教习所学习驾驶汽车。

8月，《月》（世界）。31日，《美丽的星星》脱稿。

9月，为写《午后曳航》，赴横滨港收集材料。

10月，《作为现代史的小说》（每日新闻晚刊，连载9至10日）、评论《谷崎润一郎论》（朝日新闻，连载7至19

日）、《美丽的星星》（新潮社）。

12月，《第一性》（女性明星，连载至1964年12月）。为河出书房编纂文艺读本《川端康成》。

1963年（38岁）

1月，《葡萄面包》（世界）、《珍珠》（文艺）、《肉体学校》（小姐杂志，连载至12月）、《我经历的时代》（东京新闻晚刊，自10日至5月23日连载）、《爱的疾驰》（讲谈社）。22日，《午后曳航》开笔，至5月12日脱稿。

2月，《林房雄论》（新潮）。

3月，《蔷薇刑》（集英社·细江英公图片集）。

6月，润色萨尔多《托斯卡》译本，由文学座公演（导演成井市郎）。

7月，《罗曼蒂克演剧的复兴》（妇人公论）。4日，歌剧《美浓子》开笔，17日脱稿。

8月，《雨中喷泉》（新潮）、《票》（中央公论）、《林房雄论》（新潮社）、《关于残酷美——切腹》（电影艺术）、《艺术断想》（艺术生活，连载至1964年5月）。3日，《剑》开笔。28日，脱稿。30日至9月6日，赴彦根、近江八景，收集材料写《绢与明察》。

9月，《天下太平的思想》（论争），一气呵成长篇《午后曳航》（讲谈社）。

10月，《剑》（新潮）。26日，《绢与明察》开笔，至

1964年8月13日脱稿。

11月，《我的创作方法》（文学）。20日，文学座要求停演《喜琴》。27日，发表《致文学座诸君的"公开信"——艺术中有针刺》（朝日新闻）。退出文学座。12月，作品集《剑》（讲谈社）。唐纳德·金译《宴后》（克纳福社）。后来英、法、丹麦、芬兰、意大利、荷兰、德国、南斯拉夫也先后翻译出版。

1964年（39岁）

1月，《极限与现实》（新潮）、《绢与明察》（群像，连载至10月）、《音乐》（妇人公论，连载至12月）。NLT剧团成立，与岩田丰雄一起任顾问。

2月，三幕剧《喜琴》（文艺）、《肉体学校》（集英社）、戏剧集《喜琴·附·美浓子》（新潮社）。《三岛由纪夫短篇全集》（新潮社）。

3月，《剑》由大映拍成电影（导演舟桥和郎）。

4月，评论集《我经历的时代》（讲谈社）。

5月27日，萌发《春雪》的主题思想。《喜琴》由四季剧团首演（导演浅利庆太）。《野兽的游戏》由大映拍成电影（导演富本壮吉）。

6月20日，赴美洽谈有关出版事宜（至7月2日）。

7月，《三岛由纪夫自选集》（集英社）。

8月2日，与家属在下田东急饭店度过两周。其后按往年惯例8月份在下田度过。《美丽的星星》由东京电视12频道放映。独幕剧《箱根工艺品》，在大阪新歌舞伎座首演。

9月28日，就《宴后》的争执打官司，东京地方法院宣判败诉（1966年11月28日以和解了结）。

10月，《实感的体育运动论》（读卖新闻，连载10月5日至12月5日）、三幕剧《恋的帆影》（文学界）、《绢与明察》（讲谈社）。采访东京奥林匹克，写了报道（每日新闻11日至18日刊登了4次），并在各报上发表。《恋的帆影》在日生剧场首演（导演浅利庆太）。

11月，《宴后》被提名为国际文学奖候选作品。《绢与明察》获第6届每日艺术奖（文学部门）。

12月，《第一性——男性研究讲座》（集英社）。

1965年（40岁）

1月，《月澹庄绮谭》（文艺春秋）、《三熊野诣》（新潮）、《现代文学的三方向》（展望）。16日，《忧国》脚本脱稿。

2月，《孔雀》（文学界）、《反贞女大学》（产经新闻，连载2月7日至12月26日）、《音乐》（中央公论社）。因扩建私宅三楼（9日至5月30日），住进新日本饭店。

3月，《三岛由纪夫短篇全集》全6卷（讲谈社，至8月出齐）。10日，应英国文化振兴会的邀请赴英国。尔后绕道法国，28日归国。

4月，与池田弘太郎合译神秘剧《圣塞巴斯蒂昂殉教》（批评，1至2期）。值1963年1月以来停刊的季刊《批评》复刊之际，加入编辑同仁，成员有：佐伯彰一、远藤周作、村松刚、日沼伦太郎、秋山骏等。30日，《忧国》拍成电影，身兼原作、改编、导演、主演等角色（1966年4月首映）。

5月，《弱法师》、《班女》由NLT剧团首演（导演寺崎嘉浩、水田晴康）。

6月，短篇《早晨的纯爱》（日本）。28日，《萨德侯爵夫人》开笔，8月31日脱稿。

7月，作品集《三熊野诣》（新潮社）。

8月，评论集《眼——艺术断想》（集英社）。

9月，《春雪》（《丰饶之海》第一部，新潮，连载至1967年1月）。被提名为诺贝尔文学奖候选人。5日，偕夫人旅游美国、瑞典、法国、德国、泰国、柬埔寨等地，10月31日归国。

11月，三幕剧《萨德侯爵夫人》（文艺）、《太阳与铁》（批评，连载至1968年6月）、《萨德侯爵夫人》（河出书房新社）。18日，游历奈良圆照寺，收集《丰饶之海》素材。《萨德侯爵夫人》由NLT剧团首演（导演松浦竹夫）。

12月，《肉体学校》由东宝拍成电影（导演木下亮）。约翰·内杉译《午后曳航》（克纳福社）。其后英、法、意大利、德、荷兰、瑞典、芬兰、丹麦、挪威、波兰、冰岛、南斯拉夫等国也先后翻译出版。

1966年（41岁）

1月，《伙伴》（文艺）、《复杂的他》（女性七，连载至7月）。《萨德侯爵夫人》获文部省第20届艺术节奖（戏剧部门）。任芥川奖评选委员。

2月，《危险的艺术家》（文学界）、《终结的美学》（女性自身，连载至8月）。电影《忧国》获图尔电影节二等奖。

3月，《反贞女大学》（新潮社）。

4月，《茶水泡饭民族主义》（文艺春秋）、《忧国·电影版》（新潮社）。

5月，《电影的肉体论》（电影艺术）。

6月，《英灵之声》（文艺）、作品集《英灵之声》（河出书房新社）。《爱的饥渴》由日活拍成电影（导演藏原惟缮）。

7月，《自我陶醉论》（妇人公论）、《我的遗嘱》（文学界）。9日，参加在东京日经大厅举办的丸山明宏独奏会，特约演唱自作词《被假花杀害的船员之歌》。

8月，《复杂的他》（集英社）、《三岛由纪夫评论全集》（新潮社）。21日至31日，赴京都、奈良大神神社、广岛、熊本等地收集《丰饶之海》素材。

9月，《晚会服》（女士，连载至1967年8月）、《三岛书信教室——书信圆舞》（女性自身，连载至1967年5月）。

10月，《来自荒野》（群像）、与林房雄对话《日本人论》（番町书房）。润色雨果《吕伊·布拉斯》译本，由NLT剧团公演（导演松浦竹夫）。

11月，两幕剧《一千零一夜》在日生剧场首演（导演松浦竹夫）。11日，应邀参加两陛下主持的“秋季游园会”。25日，《丰饶之海》第一卷《春雪》脱稿，共710页。爱德华·塞登斯特卡译《仲夏之死·其他》（美国新方向社）。其后英、德、意大利、委内瑞拉等国相继翻译出版。

1967年（42岁）

1月，《钟》（文艺春秋）、两幕剧《一千零一夜》（演剧界）。

2月，《青年像》（艺术新潮）、《奔马》（《丰饶之海》第二部，新潮，连载至1968年8月）。武智铁二的电影《黑雪》吃官司，三岛作为被告证人出庭东京地方法院，就其艺术性提供证言。28日，同川端康成、石川淳、安部公房联合就中国文化大革命发表抗议书。获杂志艺能记者俱乐部选出的杂志艺能记者会奖（话题奖）。

3月，《古今集与新古今集》（国文学考）、《“道义的革命”理论——关于矶部一等会计的遗稿》（文艺）、作品集《来自荒野》（中央公论社）。

4月11日至5月27日，初次到久留米陆上自卫队士官候补生学校、富士学校、习志野空挺队入队体验生活。

5月1日，出售诗乐《天与海》（指挥·唱片）。

6月27日，《朱雀家的灭亡》开笔。7月31日，脱稿。

7月，开始在后乐园体育馆习空手道。

8月28日至31日，旅游京都仙洞御所。

9月，一气呵成评论《叶隐入门》（光文社）、《晚会服》（集英社）。29日，应印度政府的邀请偕夫人赴印度访问。后赴老挝、泰国旅行，为《麻风王的阳台》、《丰饶之海》、《蔷薇宫》进行采访。在孟买与夫人分手，独自到贝纳列斯旅行，10月23日归国。再次被提名为诺贝尔文学奖候选人。

10月，四幕剧《朱雀家的灭亡》（文艺）、《朱雀家的灭亡》（河出书房新社）。《朱雀家的灭亡》由NLT剧团首演（导演松浦竹夫）。

12月，《三岛由纪夫长篇小说全集》第一卷（新潮社）。在航空自卫队百里基地试乘稻叶二佐驾驶的F104超音速战斗机。唐纳德·金译《萨德侯爵夫人》（美国古洛浦·谱列斯社）。后来英、法也相继翻译出版。

1968年（43岁）

2月，《F104》（文艺）。《三岛由纪夫长篇小说全集》第二卷（新潮社）。25日至30日，与祖国防卫队队员一起去自卫队富士学校泷原分屯地入队体验生活。

3月，图片集《仙洞御所"宫廷之庭园"》（淡交新社）。参加文京公会堂的团伊久麻吕通俗音乐会演出（日本电视）。

4月，与中村光夫对谈《人与文学》（讲谈社）。

5月，《卖命》（花花公子，连载至10月）、评论《所谓小说是什么》（波，连载至1970年12月）。退出NLT剧团。与松浦竹夫共同创立浪漫剧场剧团，任干事。

6月，《为年轻武士的精神讲话》（袖珍拳击啊！连载至1969年4月）。任《批评》12期责任编辑，编了“特辑·颓废”（评论《颓废美术》）。10日，“日本文化会议”开始活动，就任理事，至1970年春。23日，《奔马》脱稿。《复杂的他》由大映拍成电影（导演岛耕二）。

7月1日，开始写《晓寺》。25日，领后来成为盾会会员的一些人再度去自卫队富士学校泷原分屯地，入队体验生活一个月。此后每年3月、8月，都率领盾会会员入队体验生活。《文化防卫论》（中央公论）、《三岛由纪夫书信教室》（新潮社）。

8月11日，晋升为剑道五段。

9月，《晓寺》（《丰饶之海》第三部，新潮，连载至1970年4月）。“盾会”正式成立。23日至29日，出席联合国教科文组织日本文化研究会议（京都国际会馆）。

10月，芭蕾舞《米兰达》（心）、《致桥川文三氏的公开信》（中央公论）、《太阳与铁》（讲谈社）。《米兰达》，文化厅艺术节执行委员会主办，在日生剧场首演（导演桔秋子）。监修科克托《双头鹫》译本，在东横剧场公演（导演松浦竹夫）。

11月，《自由与权力的状况》（自由）、《所有日本人都是荒谬的》（血与蔷薇创刊号）。

12月，三幕剧《我友希特勒》（文学界）、《卖命》（集英社）、《我友希特勒》（新潮社）。阿尔谱列德·H. 马克译《禁色》（美国克纳福社）。其后在英国也翻译出版。

1969年（44岁）

1月，《让东大做动物园吧》（文艺春秋）、《现代青年论》（读卖新闻，1日）、《维新的年轻人》（报知新闻，1日）。《北欧的市镇与海——〈永恒的旅人〉川端先生》（每日新闻，12日）。《春雪》（《丰饶之海》第一部，新潮社）。28日，《麻风王的阳台》开笔。《我友希特勒》在浪漫剧场剧团旗上公演会上首演（导演松浦竹夫）。

2月，《反革命宣言》（论争周刊）。《奔马》（《丰饶之海》第二部，新潮社）。

4月，评论集《文化防卫论》（新潮社）。5日，出席在日本武道馆举行的世界剑道选手大会。

5月，《萨德侯爵夫人》（新潮社）、《黑蜥蜴》（牧羊社）。12日，在东大驹场与东京大学全学共斗会议的学生面对面辩论。

6月，《麻风王的阳台》（中央公论社）、《三岛由纪夫与东大全共斗辩论》（新潮社）。主演的电影《斩人》在京都开拍。

7月，三幕剧《麻风王的阳台》（海·创刊号）、《北一辉论——以〈日本改造法案大纲〉为中心》（三田文学）、《为了年轻武士》（日本教文社）。10日至12日，赴冲绳旅行收集材料写《椿说弓张月》。《麻风王的阳台》由东宝提携，云剧团在帝国剧场首演（导演松浦竹夫）。

8月，《古事记》与《万叶集》，收入《日本文学小史》（群像）。在电影《斩人》饰田中新兵卫一角（导演五社英雄）。

9月，《行动学入门》（袖珍拳击啊！连载至1970年8月）。《春雪》在东宝现代剧场特别公演（导演平山一夫）。

10月，朗诵《椿说弓张月》上卷台词（日本哥伦比亚）。

11月，《兰陵王》（群像）、《椿说弓张月》（海）、《椿说弓张月》（中央公论社）。《椿说弓张月》在国立剧场开张三周年纪念歌舞伎公演会上首演（导演三岛由纪夫）。3日，在国立剧场屋顶举行盾会成立一周年纪念，列队游行。

12月8日，赴韩国旅行（4天）。阿尔谱列德·H. 马克译《爱的饥渴》（克纳福社）。其后英、西班牙也相继翻译出版。

1970年（45岁）

1月，《同志的心情与非情》（潮）、《道理的感觉——所谓变革的思想》（读卖新闻晚刊，19日起连载三次）。

3月，《三岛由纪夫文学论集》（讲谈社）。美国《绅士》杂志将其作为从日本选出的唯一艺术家编入《世界百人》专刊。

4月，《从性的变质到政治的变质》（电影艺术）。任日本文化会议理事。退出《批判》同仁。

6月，《〈怀风藻〉与〈古今和歌集〉》（群像），收入《日本文学小史》。《关于士道——致石原慎太郎的公开信》（每日新闻晚刊，11日）。

7月，《天人五衰》（《丰饶之海》第四部，新潮，连载至1971年1月）、《晓寺》（《丰饶之海》第三部，新潮社）、《纽约时报》星期日版（8月2日）刊登《三岛由纪夫特辑》。

8月，在伊豆下田东急饭店完成《天人五衰》的终章。

9月，《作为革命哲学的阳明学》（诸君）、对谈集《尚武的时期》（日本教文社）。17日，筱山纪信编图片集《男人的死》（预定由蔷薇十字社刊），就有关拍照的景物和计划进行洽谈。

10月，《行动学入门》（文艺春秋）、评论集《作家论》（中央公林社）、对谈集《源泉的感情》（河出书房新社）。

11月，完成木偶净琉璃《椿说弓张月》上卷。11日至17日，在池袋东武百货店举办《三岛由纪夫展》。17日，《男人的死》拍摄终了。25日，《丰饶之海》最终卷《天人五衰》终章完稿，交新潮社。下午零时15分在自卫队市谷驻地东部方面总监室自戕。翌日，不讣告亲友，在自宅举行密葬仪式。享年45岁。戒名彰武院文鉴公威居士。

12月，由文化人、学生自愿参加者在池袋丰岛公会堂举行追悼晚会。艾利克·桑德斯托罗姆译《美丽的星星》（瑞典·波尼艾社）、《太阳与铁》（法国·加利马尔社）出版。

1971年

1月14日，在多摩灵园平冈家墓地入葬。24日，在东京筑地本愿寺举行葬礼。川端康成任治丧委员会委员长。《三岛由纪夫短篇小说全集》全6卷（讲谈社），《三岛由纪夫少年作品集》（新潮社）。

2月，《天人五衰》（《丰饶之海》第四卷，新潮社）。

3月23日，召开第一次公审三岛事件会。

5月，评论集《兰陵王》（新潮社）。

11月，木偶净琉璃《椿说弓张月》上卷，在国立剧场开张5周年纪念文乐公演会上首演。

1972年

1月，《我的思春期》（集英社）。《三岛由纪夫全集》全35卷·附卷一（新潮社）。举办“松竹·三岛由纪夫独占连续公演”，《鹿鸣馆》（日生剧场）、《春雪》（日生剧场）、三岛歌舞伎名作选《嗜好姑娘取带池·熊野·卖鱼者之恋》（歌舞伎座）、《麻风王的阳台》（日生剧场）、《萨德侯爵夫人》（纪伊国屋大厅）、《我友希特勒》（日生剧场）。

1975年

10月，在墨西哥上演《萨德侯爵夫人》，其后美国、比利时、芬兰、德国、法国也相继翻译上演。《蔷薇与海贼》在美国（达拉斯）翻译上演。《金阁寺》以歌剧形式在德国上演。《叶隐入门》（英国·纪念品出版社）翻译出版（1977年）。

（根据渡部真吾树编纂的年谱译出）

二、主要参考书目

《三岛由纪夫全集》，新潮社1976—1983年版。

《三岛由纪夫评论全集》，新潮社1989年版。

平冈梓《吾儿三岛由纪夫》，文艺春秋社1972年版。

平冈梓《吾儿三岛由纪夫（死后）》，文艺春秋1974年版。

奥野健男《三岛由纪夫传说》，新潮社1993年版。

佐伯彰一《三岛由纪夫评传》，中央文库1988年版。

野口武彦《三岛由纪夫的世界》，讲谈社1969年版。

村松刚《三岛由纪夫评传》，新潮社1991年版。

矶田光一《殉教的美学》（第二次增订版），冬树社1974年版。

三枝康高《三岛由纪夫一血与青春》，樱枫社1977年版。

长谷川泉《三岛由纪夫的知性命运》，至文堂1990年版。

涩泽龙彦《三岛由纪夫纪要》，立风书房1983年版。

白川正芳编《批评与研究——三岛由纪夫》，芳贺书店1974年版。

三枝康高编《三岛由纪夫——命运与艺术》，有信堂1972年版。

田中美代子编《三岛由纪夫》，角川书店1980年版。

日本文学研究资料刊行会编《三岛由纪夫》，有精堂1975年版。

H. S. 斯托克斯《三岛由纪夫——死与真实》（德冈孝夫译），钻石社1985年版。

唐纳德·金《日本文学史》近代·现代篇五（德冈孝夫译），中央公论社t989年版。

田坂昂《三岛由纪夫论》，风涛社1970年版。

福岛铸郎《资料总集三岛由纪夫》，新人物往来社1975年版。

尤尔斯纳尔著《三岛的空虚梦幻》（涩泽龙彦译），河出书房新社1982年版。

秋山骏等《三岛由纪夫》，小学馆1990年版。

吉田和明《三岛由纪夫》，现代书馆1985年版。

斋藤顺二《三岛由纪夫及其周边》，教育出版中心1984年版。

小川和佑《三岛由纪夫少年诗》，冬树社1991年版。

渡边广士《丰饶之海论》，审美文库1972年版。

读卖新闻社编《三岛由纪夫的形象》，读卖新闻社1971年版。

三好行雄编《三岛由纪夫必携》，学灯社1983年版。

《国文学》编《美与殉教·三岛由纪夫》，至文堂1972年12月号。

《现代周刊》编《三岛由纪夫紧急特辑号》，讲谈社1970年12月增刊。

长谷川泉、武田胜彦编《三岛由纪夫事典》，明治书院1976年版。

矢代静一《旗手们的青春》，新潮社1985年版。

松本健一《莲田善明·日本传说》，河出书房新社1990年版。

后 记

1992年下半年在日本横滨市立大学任客座教授期间，我利用该校图书馆给予的优裕条件，正式开始动笔写三岛由纪夫传。

其实，三岛由纪夫这位天才作家早已引起我的研究兴趣，因为：一是他本人非常复杂，其意识形态留下许多需要评价的问题，其文学艺术成就非常丰富但又非常偏颇；二是，他在日本战后文学史上占有不可忽视的地位，颇有值得研究的地方。三是，长期以来，由于我国特定的历史条件的限制，大大地影响了他及他的文学声誉，也影响了对他及他的文学作品多层次的立体式的研究，因而对他的政治思想和某些作品，产生了一些偏颇的看法，也有再研究、再认识的必要。

“文革”后期，三岛及其文学被定位在军国主义上。笔者也曾按一种既定的要求和材料去“研究”他。20世纪70

年代末改革开放不久，云南一家出版社约我们翻译三岛由纪夫的作品，我们与一位长期从事中日文化交流工作的老上司商量，他觉得时机不成熟。这时《世界文学》编辑部收到一篇三岛由纪夫的译稿，作为编辑我同样也是拿不定主意的，因为那时候还没有足够的材料去重新研究甚至怀疑既定的论点。主编当然也就更没有可能拍板，因为他是要承担政治责任的。直至1985年，文联出版公司约我翻译三岛由纪夫的《春雪》，我也对他们谈到这种不定的心情。幸好他们请示了一位重要领导，得到首肯，这才定下心来将《春雪》翻译出版，与读者见面。尽管如此，要进一步客观地研究三岛由纪夫，提出符合实际的新论点，还是不具备条件，一方面是既定的政治定位仍然根深蒂固地残留在我的脑子里（也许还残留在一些同行的脑子里，譬如数年前在某学术刊物上，笔者发表一篇三岛作家小论，编辑给加上了一个既定的政治定位），起着一种阻碍独立思考的作用；另一方面是手头上没有足够的材料去否定既定的论点，作出贴近客观实际的新的结论。

1991年旅美期间，我欣喜地在加州亚洲图书馆发现了新潮社出版的35卷本的《三岛由纪夫全集》、4卷本的《三岛由纪夫评论全集》，以及诸多研究资料集，儿女们整整一年有余，每10天一次，陪我去亚洲图书馆借书还书或复印资料；1992年7月赴日作学术访问，更有条件广泛收集和研究有关三岛由纪夫的众多材料，寻访三岛的文学踪迹，与日本学者广泛交流，尤其是千叶宣一教授特地从北海道来到东京，与渭渠和我两次就三岛文学一些棘手问题长谈十余小时，彼此深入而精细地交换了意见，我受到了很大的启迪。同时千叶宣一教授还应允将他的大作《三岛由纪夫文学的海外收容状况》作为本书附章，为本书增添了不少光彩。千叶先生的深情厚谊，是难以用语言罄尽的，我愿在此借用千叶先生的一句话“我们的邂逅，是我的人生的喜悦，也是架起日中学术文化交流的美丽的桥”，以表达我们此时此刻的心情。我开始用这些新的材料去再思考，对于三岛由纪夫的天皇观、“文化防卫”论、“文武两道”论等有了更多的了解。无疑，对三岛由纪夫国家主义的政治观和复古主义的文化观是不应忽视的，应该作出必要的科学分析和批判，但不能简单从事，更不能只根据他的右翼政治态度来评定其作品。

为了充分汲取历史教训，在详细占有材料的基础上，有必要重新客观而冷静地从意识形态、传统观念以及精神病理学诸方面进一步研究这样一个复杂的人物。正是为此目的，笔者试图运用历史的批评与美学的批评两者结合的批评方法，撰写此书，以求抛砖引玉。如果它能够成为对三岛由纪夫及其文学再思考的起点，笔者也就满足了。

在写作本书的过程中，承蒙长谷川泉教授、千叶宣一教授、伊豆利彦教授，以及矢野玲子、伊藤贵和子和堀田千津子诸女士惠赠宝贵的图书资料，稻垣治先生还惠赠他珍藏了二十余年的《现代周刊》“三岛由纪夫紧急特集号”和实况录音《三岛由纪夫之死》；横滨市立大学和文学系三谷邦明教授提供了良好的研究环境，在此一并致以衷心的感谢。

本书也贯注了儿女们的亲情、辛劳和心血，当时他们在繁忙工作之余助力的情景，至今仍历历在目，难以忘怀。

现在，《怪异鬼才——三岛由纪夫传》问世了，我将它奉献给读者，这是一次尝试性的工作，粗疏乃至错误在所难免，敬请同行和读者批评指正。

唐月梅

1993年初冬于北京团结湖

三岛由纪夫文学系列
编委会